I0809855

Día a día con Jesús

Devociones para todo un año

Javier Fritzler
Walter Schlund

Editorial Concordia

Propiedad literaria © 2006 Editorial Concordia
3558 South Jefferson Avenue, Saint Louis, Missouri, 63118-3968 U.S.A.

Editor: Rev. Héctor Hoppe
Foto y diagramación de la tapa: Florencia Fau-Pieske

Derechos reservados. Ninguna parte de esta publicación debe ser reproducida, almacenada en un sistema de recuperación, o transmitida en alguna forma o por algún medio, electrónico, mecánico, fotográfico, grabado, o de otra forma, sin previo permiso escrito de Editorial Concordia.

A menos que se indique de otra manera, los textos bíblicos que aparecen en esta publicación son de la Santa Biblia, Nueva Versión Internacional. © 1999 por la Sociedad Bíblica Internacional.

Editorial Concordia es una división de Concordia Publishing House.

Impreso en los Estados Unidos de América.

6 7 8 9 10 15

Este libro es un obsequio para

presentado por

en ocasión de

fecha

Libres de la ley, esclavos de Cristo

Lo llamaron Jesús. Lucas 2:21

Todos los planes de Dios para con los suyos se cumplieron "habiendo llegado el tiempo" y así también se cumplirán todos sus propósitos según su sabia disposición.

Llegado el tiempo, Jesús nació en Belén y al octavo día, también llegado el tiempo señalado por la ley, fue sometido a ella en el rito de la circuncisión. El bendito varón circuncidado tiene un nombre muy significativo: Jesús, que significa salvador. Al cumplir con lo señalado por Moisés, se hace miembro del pueblo del pacto, ubicado bajo la ley, obligándose a cumplirla a la perfección. La ley también nos fue dada a nosotros, pero como nos es imposible cumplirla caemos bajo su maldición (Deuteronomio 27:26). Pero Jesús, sometido a su propia ley, se compromete a cumplirla por nosotros.

Hoy, primer día del año, recordamos que tenemos un maravilloso substituto que hizo lo que a nosotros nos resultaba imposible: cumplir a la perfección los mandamientos; él, al ceñirse a la ley, nos desató a nosotros, pero no para reírnos de la ley que perdió su fuerza condenatoria, sino para vivir gozosamente de acuerdo a ella.

Con este espíritu emprendamos un nuevo año, libres de la condena de la ley, pero benditos "esclavos" de Cristo quien nos compró pagando un precio muy alto: derramando su preciosa sangre, y dando su vida para salvarnos.

Maestro, eres nuestro amo y Señor, ¡queremos servirte todos nuestros días! Ayúdanos a afirmarnos en tu ley, que es ley de amor. Amén.

WS

Una mirada fija

Fijemos la mirada en Jesús. Hebreos 12:2

Por la gracia de Dios hemos comenzado un nuevo año, y cada vez que lo experimentamos surge la frase: "¡Año nuevo, vida nueva!", significando el espíritu que nos anima: un vivo deseo de corregir los errores del pasado y aborrecer los pecados que ofendieron a nuestro Dios; además, perfeccionarnos en una vida santificante.

Este noble propósito choca con la frase: "el camino al infierno está sembrado de buenas intenciones". ¿Qué podemos hacer para revertir esta realidad? ¿Cómo lograr que la intención se convierta en hecho? Cuando era niño recuerdo que quise trazar una línea recta en la arena, y al no lograrlo, mi padre señaló: "Camina recto con la mirada puesta en un objetivo fijo y tus huellas marcarán una línea recta."

"Fijemos la mirada en Jesús" desde un comienzo y no la apartemos, el sendero de un nuevo año estará inspirado en aquél que es el camino ya trazado en nuestro bautismo, y así podremos seguir con rectitud sus pisadas. Pero para que sea llevadero y agradable nuestro paso, es necesario analizar a la luz del Espíritu qué seguiremos llevando y cuáles son las cosas inútiles que como pesado lastre estorban nuestro propósito.

¡Detente, piensa, observa, analiza! ¿A qué renunciarás? Puesto los ojos en Jesús, él te dará discernimiento y sabiduría. Así estarás desposeído de una carga inútil, aunque llevarás la inevitable por ser leal a Cristo: tu propia cruz, pero confía, él la llevará contigo, oirás permanentemente su voz: "No temas, yo estoy contigo."

Señor, ¡déjame verte a cada instante de mis días! Amén.

WS

La necesaria violencia

No vine a traer paz sino espada. Mateo 10:34

Los actos de violencia en todo orden parecieran imparables; en realidad no se puede concebir la vida sin violencia. La misma manera de llegar al mundo, y los actos de supervivencia pueden ser violentos.

Pero si se insiste que debe haber una forma de evitarlo o atenuarlo, deberíamos diferenciar entre la violencia cruel, terrorista, inhumana que nace del pecado, y la violencia necesaria.

No existe quien sea más "violento" que nuestro Dios: manifestó su poder en un "Big-Bang" simplemente con su Palabra: "¡Sea!" y ¡fue! (Génesis 1). Luego aniquiló la humanidad con el diluvio y mostró su justicia y juicio con fuego y azufre sobre Sodoma. Truenos y relámpagos mostraron su santidad en el monte Sinaí. ¿No es violento el ritual del día de la gran expiación? (Levítico 16). Éste prefiguraba el acto más violento que se haya conocido: Dios el Padre descargó toda su ira sobre el cordero que pendía en la Cruz, abandonándolo por completo. Lo hizo por nosotros, para salvarnos, porque nos ama. ¡Violencia necesaria!

Somos la iglesia combatiente, no se puede concebir un soldado pasivo. Es verdad que somos llamados a ser pacificadores (Mateo 5:9) pero esto no significa ser tibios, indiferentes, sino por el contrario, significa esgrimir la espada que nos fue dada para atacar al enemigo y defender nuestra causa. El Espíritu Santo como viento recio actuó en Pentecostés, también nos llama a ser apasionados con nuestras armas como lo demostraron los apóstoles, los padres de la iglesia, y los reformadores en su época.

Señor, permite que en nuestra lucha seamos fríos o calientes, ¡jamás tibios! Amén.

WS

Principios

El comienzo de la sabiduría es el temor del Señor. Proverbios 9:10

María estaba gestando un trámite en una oficina cuando recibió de un empleado una propuesta deshonrosa. "¡De ninguna manera!", replicó, "¡va contra mis principios!"

Principio: "Norma de conducta inclaudicable". En el creyente su "principio" de conducta va mucho más allá de una convicción de orden moral. Es también una convicción, pero con fundamento mucho más profundo y sublime: ¡el temor y amor a Dios!

Así es como hemos aprendido en la escuela bíblica: que el cumplimiento de la ley de Dios surge del "temor y amor a Dios". El que cumple los mandamientos en ese sentido es porque Dios le amó primero, y el amor de Dios se despliega sólo a través de la cruz de Cristo. Así podemos decir que sólo quien se refugia en el amor de Cristo puede con agrado "amar los mandamientos y regocijarse en ellos" (Salmo 119:47). Como demostración de su integridad y fidelidad a sus principios, José pudo decir: "¿Cómo podría yo cometer tal maldad y pecar así contra Dios?" En forma semejante respondieron sabiamente Juan y Pedro ante las autoridades: "¿Es justo delante de Dios obedecerles a ustedes en vez de obedecerle a él? ¡Nosotros no podemos dejar de hablar lo que hemos visto y oído!" (Hechos 4:19, 20).

El que vive de acuerdo al principio de "temor y amor a Dios" se goza en las tribulaciones que pueda llegar a sufrir, y se goza en tener un "estilo de vida" acorde a las enseñanzas del divino Maestro.

Señor, que mis principios estén de acuerdo a tu santa voluntad siempre. Amén.

WS

Murmuración de Miriam y Aarón

Obedezcan a sus dirigentes y sométanse a ellos... Obedézcanlos a fin de que ellos cumplan su tarea con alegría y sin quejarse, pues el quejarse no les trae ningún provecho. Hebreos 13:17

Moisés, líder del pueblo escogido por Dios –Israel– había tomado por esposa a Séfora, mujer egipcia; esto había producido la desaprobación de Aarón (sacerdote) y Miriam (profetiza); además, el celo y la envidia se vieron reflejados en sus palabras (v. 2) contra su hermano Moisés. Encontramos aquí dos situaciones: 1) Moisés se caracterizaba por su humildad y mansedumbre, y siendo objeto de murmuración, no reacciona agresivamente, sino por el contrario, llegado el momento, intercede por su hermana. ¡Fiel reflejo y tipo de Cristo nuestro Señor! (Deuteronomio 18:18). 2) La murmuración de Miriam y Aarón son signos análogos en el Nuevo Testamento: la extensión de la gracia a los gentiles fue lo que excitó el odio más profundo del pueblo judío, que pretendiendo "exclusividad", no aprobaba la extensión de la misericordia divina a todas las naciones.

Miriam es el tipo de Israel; Séfora, de los gentiles. El Señor se enojó con Miriam castigándola con una enfermedad que la obligaba a estar "fuera del campamento". Así también Israel hoy se ha marginado sólo por su incredulidad, pero llegará el tiempo en que, cuando se cumplan "siete días", vuelva a injertarse (Romanos 11). La voluntad de Dios es la salvación universal de toda la humanidad; la unión matrimonial de Moisés y su mujer gentil, prefigura esta verdad. Jesús, el esposo, eligió por esposa a su iglesia, la cual está formada por "todas las naciones" sin distinción alguna.

El evangelio surgió de los judíos, se extenderá a todas las naciones gentiles, y volverá nuevamente a incorporar a "la hermana rebelde", siendo una sola unidad, un solo cuerpo, cuya cabeza es Cristo.

Señor, gracias por llamarnos a ser parte de la iglesia universal. Amén.

WS

La derrota en Horma

SEÑOR, tú eres la esperanza de Israel, todo el que te abandona quedará avergonzado. Jeremías 17:13a

El justo juicio era inexorable: todos los mayores de veinte años que se dejaron llevar por la incredulidad de los diez espías incrédulos, no heredarán la tierra prometida. Cuarenta días de exploración, cuarenta años de castigo. Semejante juicio habría movido los corazones humildes y sensatos a humillarse con santa resignación, pero en lugar de aceptar la disciplina, con presunción, confiados en sí mismos, deciden... ¡enfrentar a los cananeos! Así es la insensatez de aquel cuyo corazón y pensamiento está alejado de Dios. Cuando tenían la oportunidad de salir vencedores con el poder de Dios como lo experimentaron en el mar Rojo, se ponen a llorar y lamentar. Ahora que Moisés les advierte "el Señor no irá con ustedes", ¡deciden armarse de coraje en sus propias fuerzas! El pueblo en su incredulidad abandonaba a Dios; ahora en su vana presunción fue abandonado por Dios. No habían querido andar con Dios por fe, Dios no va a andar con ellos en incredulidad.

¡Cuán miserable son las inclinaciones de nuestra naturaleza, ya que muchas veces somos como Israel en Cades Barnea: rehusamos avanzar cuando hay que hacerlo, o como en Horma, avanzamos cuando la orden es detenernos! Sin embargo, qué hermoso y simple es el camino de la fe: dejarse llevar mansamente de la mano de Dios y sus sabios designios, obedecerle ciegamente y plasmar en nuestra mente y corazón el pensamiento paulino "Si Dios está de nuestra parte, ¿quién puede estar en contra nuestra?" (Romanos 8:31).

Señor, líbranos de la insensatez de confiar en nosotros, ¡sé tú siempre nuestra fuerza! Amén.

WS

¿Creyentes independientes?

Padre, así como tú estás en mí y yo en ti, permite que ellos también estén en nosotros, para que el mundo crea que tú me has enviado. Juan 17:21

Me preocupaba la inasistencia de María a nuestras reuniones, cultos y programas; sus hijitos de 8 y 11 años sí asisten periódicamente a la escuela bíblica. Al preguntarle las causales, su respuesta fue la que se está generalizando entre muchos "creyentes": "Creo en Dios a mi manera, no creo en la necesidad de congregarme, me agrada ser independiente."

El querer ser hijo de Dios, independiente de la familia de Dios y del cuerpo de Cristo, es como pretender que el pie camine sólo separado del resto del cuerpo. Pretender ser así, independiente, muestra dos realidades: 1) un espíritu egoísta no comprometido en la causa del reino de Dios; 2) verse privado de los grandes privilegios que significa ser parte de la "comunión de los santos": compartir y nutrirse en los medios de gracia, la Palabra, el Bautismo, y la Santa Comunión; compartir la alegría de la salvación y encontrar oídos que escuchen situaciones de prueba y dificultades; el privilegio de ser embajadores de Cristo a un mundo entenebrecido y confuso. Además, quien se aísle así ¿cómo pretenderá gozar de la vida eterna donde todos juntos, alabaremos a Dios y nos sentaremos en una misma mesa?

Quien se aparta del redil corre el peligro de perderse, como el leño apartado del fuego, en apagarse.

Sólo quien ha comprobado cuán miserable es su naturaleza ante Dios, y compruebe el profundo amor de Cristo, verificará la imprescindible necesidad de formar parte del cuerpo, ejercer su función de acuerdo a los dones, y disfrutar del servicio a Dios y al prójimo en el espíritu de Cristo.

Señor, sólo unidos a ti y a los hermanos, somos iglesia. Amén.

WS

Moisés se despide

Yo estimo a los pobres y contritos de espíritu, a los que tiemblan ante mi palabra. Isaías 66:2b

Las conmovedoras palabras de Moisés en Deuteronomio imploran por el privilegio de entrar en la tierra prometida que tantos años imaginara en su mente.

La rotunda negativa del Señor señala su inexorable disposición de otorgar el merecido castigo, no importa a quien corresponda. Moisés y Aarón habían sido rebeldes a la palabra de Dios (Números 20:1-13). Dios perdona pero no deja pasar por alto su disciplina y las consecuencias del pecado. Adán fue echado del paraíso, Moisés profeta, Aarón sacerdote, Saúl rey, recibieron idéntica desaprobación en sus cargos; Aarón tuvo que despojarse de sus vestiduras y entregársela a su hijo Eleazar (Números 20:24-26); Moisés, su bastón de mando a Josué (Números 27:12-20) y Saúl, su cetro a David (1 Samuel 15:16-30), todos, sencilla y trágicamente por no haber obrado de acuerdo a la palabra de Dios. Si así sucedió con aquellos "paladines de la historia", también nosotros a cada traspié a la Palabra sufriremos la debida consecuencia.

Pero en este libro donde Moisés recapitula a su pueblo cuarenta años de vivencias, teniendo él ya ciento veinte años, demuestra una vez más su característica de "manso y humilde": reconoce ante su pueblo su error, lo confiesa, y con mansedumbre otorga el mando a su sucesor ¡claro ejemplo para todos los que tengan responsabilidad y privilegio de conducir en la iglesia! "El que se humilla será enaltecido" (Lucas 18:14); tal es así que en el monte Ebal fue sepultado por Dios mismo y en su próxima aparición resplandecía junto a la gloria del Señor en el monte de la transfiguración.

¡Lámpara sea a mis pies tu Palabra, Señor! Amén.

WS

Malas palabras

Eviten toda conversación obscena. Por el contrario, que sus palabras contribuyan a la necesaria edificación y sean de bendición para quienes escuchan. Efesios 4:29

En un congreso mundial de la lengua hispana, un conocido humorista argentino sugirió "amnistía a las malas palabras". La tan condenada "mala palabra" por "la moral y las buenas costumbres" quedaría "absuelta y libre" al lenguaje popular, a partir de la aprobación informal de la concurrencia que respondió con un fuerte aplauso.

¿En base a qué podríamos juzgar que una palabra sea "mala"? La moral responde: "toda expresión grosera, soez, indecente, obscena." San Pablo va mucho más allá recomendando a los santos de Éfeso (4:29): "Ninguna palabra corrompida salga de vuestra boca" (RV). "Corrupto" es todo aquello echado a perder, podrido, que huele mal, como el hedor del cuerpo de un animal en descomposición. Jesús también señaló: "Lo que contamina a una persona no es lo que entra en la boca, sino lo que sale de ella" (Mateo 15:11).

Toda palabra, pensamiento o acción que surja de la naturaleza caída, muerta, tendrá "hedor de corrupción"; aún en el regenerado, lo que surja de su vieja naturaleza. Al decir Pablo "ninguna palabra corrompida..." está significando toda expresión, acción o pensamiento que no coincida con la Palabra pura, que es Cristo. Cuando hablamos "en Cristo" emanarán de nuestra boca palabras puras, de edificación, palabras de vida, con perfume de resurrección y de vida; toda palabra que no pase por esta vía, tendrá hedor corrupto, de muerte, de destrucción.

Crucifiquemos nuestra vieja naturaleza, disolvámosla en la cruz de Cristo, para estar así capacitados con palabras y acciones puras, tal su naturaleza, para edificar en su reino.

Señor, permanece en nuestros corazones, de tal manera que nuestras palabras y acciones lo demuestren. Amén.

WS

Ofrenda

Lleven una vida de amor, así como Cristo nos amó y se entregó por nosotros como ofrenda y sacrificio fragante para Dios. Efesios 5:2

Muchas veces el concepto de "ofrenda" entre los creyentes se limita al diezmo o dádiva en dinero.

"Ofrenda" es todo aquello que ha sido "ofrecido". No se puede ofrecer lo que no se posee; nadie puede amar verdaderamente sin haber palpado en espíritu el amor de Dios; nadie puede perdonar de verdad sin haber percibido el absoluto y total perdón de Dios a través de Cristo; nadie puede ofrendar (ofrecer) sin haber recibido la más preciada ofrenda de Dios.

Las ofrendas indicadas en la ley de Moisés tenían la característica de "olor agradable" (incienso, holocausto), como símbolo o tipo de la más maravillosa ofrenda llena de amor expresada en la cruz del Calvario. El "olor grato" del sacrificio de Cristo por nuestra salvación emanaba de la motivación de su ofrenda: "el gran amor con que nos amó" (Efesios 2:4). El creyente que ha llegado a comprobar la magnitud de ese amor expresado en esa ofrenda podrá entender y aceptar con gozo la invitación de San Pablo: "Les ruego por la misericordia de Dios que se presenten ustedes mismos como ofrenda viva, consagrada y agradable a Dios" (Romanos 12:1 RV).

Todo lo que somos y tenemos es dádiva de la gracia divina; así, el privilegio de ofrendar será el fruto agradecido por tantas mercedes. No hay mayor amor demostrado que aquel que da su vida por sus amigos; ¿cuál será en nosotros el fiel reflejo de esta verdad? Haciendo realidad las palabras del poeta:

¡Mi espíritu, alma y cuerpo, mi ser, mi vida entera, cual viva santa ofrenda, entrego a ti, mi Dios! Amén.

WS

¿Amar a Dios?

Ama al SEÑOR tu Dios. Deuteronomio 6:5

Cierto es que por mi propia razón o poder no puedo creer en Dios, ni acercarme a él sino que su Espíritu me llama, perdona e ilumina, y me mueve a amarlo con todo mi corazón, ser, y mente.

Mis decisiones diarias, ¿tienden a construir sobre el cimiento puesto por el Espíritu? ¿Por qué tengo que amar a Dios?

Puedo amarlo... porque él me amó y entregó todo por mí.

Puedo amarlo... porque es el único camino a la vida plena.

Puedo amarlo... porque fuera de su amor sólo hay eterna soledad.

Puedo amarlo... porque nada se compara con vivir bajo la protección de sus alas.

Amar a Dios no es una obligación. Es la respuesta a su amor.

Ese amor se desplegó cuando Jesucristo dejó su trono para hacerse un hijo de hombre, cargó una cruz que no le correspondía, murió por amor y resucitó vencedor para darme una vida completamente nueva.

No tengo que amar a Dios. Quiero amarlo. En todas mis decisiones de hoy recordaré que quiero amar a Dios con todo mi corazón.

Espíritu Santo obra en mí, guíame, quiero amarte más y serte fiel en cada paso, en cada decisión de mi vida. Lléname con tu perdón y paz. Dame firmeza y seguridad. Amén.

Reflexión: Medito en las manifestaciones del amor divino en mi vida.

JF

Éste sí, aquél...

Ama a tu prójimo. Mateo 22:39

¿Es Dios un juez que, declarando una sentencia, mueve su índice, marcando el ritmo de sus palabras, que suenan con un tono grave y potente?

Muchas veces me sucede que tengo prójimos y prójimos. Algunos que merecen y otros que no merecen ser amados. Tú, a veces, ¿también tienes dos listas? Medita.

Esto es algo muy común entre nosotros, lo que no significa que eso sea lo que Dios espera.

La Biblia tiene muchísimas manifestaciones del amor de Dios.

La más importante es que él mismo vino a buscarnos a rescatarnos, a cambiar nuestra humana manera de pensar. Dios quiere que disfrutemos a pleno la vida que nos da, desde ahora y por la eternidad.

Dios es amor, y con estas palabras, "Ama a tu prójimo", no se presenta como un juez sino que quiere manifestarnos su más profunda esencia, y espera poder usarnos como un canal a través del cual él fluya en plenitud hacia los demás.

Hoy quiero ser un canal de Dios, en cada pensamiento, mirada, palabra, y en cada actitud.

Dios de amor, permíteme ser un instrumento tuyo. Tú sabes cuánto me cuesta amar a ciertos prójimos. Te pido que el amor de Cristo me cambie, para que ese amor rebose a todos cuantos me rodean.

Reflexión: Medito en cómo fortalecer mi amor a todos mis prójimos.

JF

¡Ánimo!

¡Ánimo, hijo, tus pecados quedan perdonados! Mateo 9:2

¿Hay batallas en tu espíritu y no llevas las de ganar? ¿La tentación ha sido más fuerte y has pisado en la trampa? ¿Estás siendo probado, pero el oro aún no brilla? ¿Estás abatido? ¿Tienes miedo de Dios? ¿El pecado te ha hecho creer que ya no tienes perdón? ¿Que no mereces que Dios te perdone? Es cierto. No mereces que Cristo te perdone. Pero Cristo te perdona porque te ama. Así de simple. Ánimo, hermano, Jesús murió en la cruz por tus pecados. Venció. Resucitó. No permitas que nada te separe de su amor y de su perdón. Descansa en sus brazos. Deja que él seque tus lágrimas. Que quite el peso de tu corazón. Cristo viene a librarte. Confía.

Enfrenta todas las batallas con Cristo. Búscale en cada tentación. Dios quiere purificarte, permite que quite tu escoria. No tengas miedo. Él te ama. Te perdonó. Borró tu cuenta negra. Pagó por ti. Murió y resucitó para que seas verdaderamente libre. Nada ni nadie puede arrebatarte de su mano. Su perdón es segura protección. Recibe de sus labios la más dulce absolución: ¡Ánimo, hijo, tus pecados quedan perdonados!

Padre, enséñame a vivir en la alegría del perdón. Amén.

WS

Vengan

No he venido a llamar a justos sino a pecadores. Mateo 9:13

¿Quién es bueno o justo? El apóstol Pablo dice que no hay ni siquiera uno bueno. Todos nos hemos apartado de Dios. Hemos buscado nuestro propio camino. Pero hay quienes son buenos en su propia opinión. Se han embelesado en sus propias adulaciones, se han dormido en sus propios laureles. Contabilizan todo lo que han hecho. Ellos son los únicos grandes y hasta Dios es deudor. Sabios pero engreídos. Fariseos. Hipócritas. Conocen el amor de Dios sólo por definición. Los mueven loables intereses egoístas. Corazones duros que desprecian a Jesús. Nadie es bueno. Pero muchos se creen buenos, aún nosotros. Párate frente al espejo... ¿Cómo te ves?

Mientras hay vida hay esperanza y para Dios nada es imposible. Él no despreció a nadie. Al duro de corazón le llamó la atención para que vea su pecado. A todos cuantos reconocieron su necesidad de perdón los consoló. Los perdonó. Les dio vida nueva, paz, libertad y gozo.

Te crees bueno, Cristo quiere ayudarte. Humildemente ponte a sus pies, acepta su espejo, mírate como él te ve. Tus pecados te aplastan... Cristo te dice ven, he venido para llevar tu carga. Te amo. No temas. Ven.

Hoy disfrutaré del paternal abrazo de Dios.

Espíritu Santo: Tú me conoces mejor que nadie. Nada puedo esconderte. Ayúdame a arrepentirme de mis pecados, cambia mi corazón. Corrígeme. Permíteme disfrutar de tu amor. Te lo ruego en el nombre de Jesús mi salvador. Amén.

Reflexión: Cristo me encontró. El pasado quedó atrás. Tengo un presente muy diferente.

JF

Visión

–Dejen de llorar –les dijo Jesús–. No está muerta sino dormida. Entonces ellos comenzaron a burlarse de él. Lucas 8:52-53

Al poco tiempo de recibir nuestro primer hijo, nos compramos nuestro primer automóvil. Un modelo muy viejito. El tiempo no pasó en vano para él, todo lo contrario, acentuó su deterioro. El niño creció. Un día revisando revistas viejas vimos la publicidad del auto cuando era nuevo. ¡Qué diferencia! ¡Lo que la fábrica había entregado y lo que nosotros teníamos ahora! Nuestro chiquitín exclamó: "¡Yo pensaba que nuestro auto había sido siempre igual!" Su natural desconocimiento le pintó una realidad que no era.

A la gente de nuestro texto, también. Ellos tenían una realidad muy bien conocida: la muerte. Desconocían a Jesús. Por eso se burlaron de sus palabras. Jesús sabía cuál era su meta. Tenía en claro para qué fue a esa casa. Simplemente dejó que se rieran. Mantuvo su rumbo. Jesús tiene vida en sus palabras, y vida entregó. Todo cambió. Ya no se rieron de él. Se gozaron con él.

Cristo hizo lo inesperado. Lo normal, lo conocido, no es la única regla ni la única opción. Cristo tiene poder y vida, y su Palabra contiene a ambos. Ella es la única capaz de transformar nuestra ignorancia y abrirnos el camino a la visión de Dios.

Hoy me gozaré mirando a través de los ojos de Dios.

Señor Jesús, ¡cuánto me limita mi ignorancia! Trae luz a mi vida. Ayúdame a creer. Dame una nueva visión. Quiero ver las cosas como las ves tú. Amén.

Reflexión: ¿Qué planes tiene Dios para mi vida? ¿Cómo mantengo el rumbo? ¿En quién baso mi seguridad?

JF

Seguridad

No tengan miedo. Juan 6:20

Nunca olvidaré esa noche. Solo. En medio de la oscuridad corría y corría. Ellos venían detrás de mí. Resbalé. Caí y caía, no terminaba de caer. Gritaba pero no salía la voz de mi garganta. Comencé a llorar... Con mucho amor me dijo: "No tengas miedo, estoy aquí. Ya pasó." Me abrazó fuerte. Cuánta seguridad encontré en los brazos de mi madre. Era sólo un sueño.

Cuando mis chiquillos lloran por la noche vuelvo a experimentar la seguridad que aquellas palabras trajeron a mi corazón: "No tengas miedo, estoy aquí." Seco sus lágrimas, y un beso sella un nuevo descanso.

Quizás por todo esto es que me resultan tan dulces estas palabras. Pero me suenan más seguras y poderosas cuando provienen del *Logos*, de aquel que es la Palabra. Aquella palabra del Génesis que crea mientras suena. Palabras del todopoderoso, del "Yo Soy". Del único Dios vivo y verdadero que me habla a mí. Y en toda mi vida, en toda situación, ante todas las adversidades juntas, aún en la hora de mi muerte me dice: "No tengas miedo". Cristo es mi refugio, mi castillo, mi puerto seguro. En medio de la tormenta, mi faro.

¿Qué me perturba hoy? Jesús me escucha y confiado encuentro reposo y paz en su Palabra.

Querido Jesús, te doy gracias porque en tu amor encuentro brazos seguros contra mis miedos. No permitas que ninguna situación me haga olvidar que tú eres Dios todopoderoso.

Reflexión: ¿Tengo temor de compartir lo que Dios hizo por mí? Si tu respuesta es afirmativa, vuelve a leer esta devoción.

JF

Soberano

De oídas había oído hablar de ti, pero ahora te veo con mis propios ojos. Job 42:5

¡Clic! hizo el corazón de Job. Dios le quitó la venda de sus ojos. Después de la dura siembra comenzó su cosecha.

¿Conoces la historia de Job? Es apasionante. "No hay nadie en la tierra como él" opinaba el Señor al comienzo de la historia. Job era la fidelidad e integridad en persona. Intachable, pero aún perfectible.

Ante la prueba externa, firmeza: "Desnudo salí del vientre de mi madre y desnudo he de partir" (1:21).

Ante la tempestad interna: "Si de Dios sabemos recibir lo bueno, ¿no sabremos también recibir lo malo?" (2:10).

Pero como todo ser humano, cuando sumamos pruebas, tiempo, no encontrar una salida, silencio de Dios, más las opiniones desafinadas de algunos "amigos", aparecen los frecuentes "¿por qué?"

La misericordia se expresa. Descorre el velo de la ignorancia: Dios es soberano. Está por sobre todo, desde y por la eternidad. Su amor da o quita según su divino parecer. Porque simplemente y aunque nos resulte difícil de entender: Dios es soberano.

Él nos ama, nos modela perfeccionando nuestra visión y relación con él.

¿Te has enojado con Dios? ¿Las pruebas son tan duras que no lo puedes ver? ¡Persiste! Dios es soberano. Con Cristo eres vencedor.

¿Has visto hoy a Dios?

Señor, te ruego que perfecciones mi comunión contigo. Fortalece en las pruebas mi amor por ti. Haz un clic en mi corazón. Quiero verte. Amén.

Reflexión: En Cristo veo a Dios. En las "tormentas" sé que él está a mi lado. En su soberanía está mi calma.

JF

Confianza

Yo, el SEÑOR, no cambio. Malaquías 3:6

La tecnología, la música, los medios de comunicación cambian; todo cambia, y también la gente. Las actitudes, la forma de vida. Muchas veces para bien. Otras no.

Ayer teníamos más confianza, la palabra tenía valor. Hoy nos cuidamos de las comas o de las letras pequeñas. Estamos en el mundo y tenemos que adaptarnos, competir, progresar, cambiar acorde a las nuevas exigencias. Corremos más para no quedarnos, para que no nos pisen.

Lo que ayer era lo más moderno hoy es obsoleto. Si no tenemos lo último no somos nada, no existimos. El mundo vive creándose un continuo terremoto.

Todo cambia. Siempre ha sido igual. No hay imperio que no haya caído. Tarde o temprano todo pasa y es historia.

La vida también corre y pronto se acaba.

Gracias Señor por tu Palabra, porque sólo tú no cambias, por tu amor y por tus llamadas de atención. Gracias por tu ley que nos muestra cuán lejos estamos de ti.

Hoy te doy gracias por la vida que se derramó en la cruz por mí. Porque en los brazos de Jesús estoy seguro. Por tu perdón y paz. Por la libertad. Por tu Espíritu que es mi ancla, mi motor, mi energía. Por ser mi cimiento firme, mi roca, refugio seguro. Porque tú no eres historia. Eres presente y me has hecho tu hijo.

Gracias por la confianza que tú, Dios todopoderoso, me das. Afirma mi fe, cúbreme bajo las alas de tu eterna gracia. Amén.

Reflexión: Las promesas del Señor son de fiar. No tienen doble intención ni letra chica.

JF

Como una vasija

Ustedes... son en mis manos como el barro en las manos del alfarero. Jeremías 18:6

Dios quiere trabajar con mi barro, en mi vida. Tengo imperfecciones, mis piedras, de las que me agarro y no quiero que Dios las saque. Porque son mías, porque "no están tan mal", "si todo el mundo las tiene", "si aquel tiene más".

He sido mi propio alfarero. Y si Dios ha querido ser el alfarero, yo el diseñador, el que decide qué sacar y qué no, qué hacer y cómo. He sido el dueño de mi vida, el soberano. Pero los resultados no han sido los anhelados. Todo lo contrario.

Alguien me reveló mi error. Me mostró el diseño original. Me enseñó paso a paso cómo ser una vasija. Intenté, intenté, pero siempre fallé. Frustraciones, lágrimas, dolor. Quería, pero cada vez era arcilla seca, y tenía más piedras.

Hasta que Cristo me amó tanto, tanto que dio su vida por mí. Hizo suyas mis imperfecciones. Una a una quitó todas mis piedras y las llevó a su cruz. A mi arcilla seca le agregó su agua. Hizo un barro nuevo, ¡él sí sabe trabajar! Ahora disfruto. No quiero las piedras ni estar seco. Cuando me corrige me sabe a caricia, con paciencia y amor me moldea. Aún en el horno, estoy seguro. Él está conmigo.

Jesús es mi alfarero. Hoy dice: "Ven a mí, y con mi agua serás un barro nuevo."

Señor, le has hecho la cruz a mis piedras. Moldea mi arcilla, haz una vasija nueva.

Reflexión: Su Palabra es agua de vida. ¿Cómo está mi barro?

JF

Un objetivo claro

El Señor... me ha ungido para anunciar buenas nuevas a los pobres. Me ha enviado a sanar los corazones heridos, a proclamar liberación a los cautivos y libertad a los prisioneros, a pregonar el año del favor del Señor. Isaías 61:1-2

Generalmente antes de un viaje importante, ya hemos pensado donde ir. Difícilmente carguemos el auto, preparemos todo y salgamos sin saber a donde vamos.

Responder a las preguntas que empiezan con qué, para qué, dónde, cómo, quién, cuándo, a quién... nos ayudan a clarificar nuestras objetivos como persona, familia, iglesia y sociedad. Tener establecida una ruta, saber hacia dónde vamos, nos orienta cuando nos desviamos, nos corrige, nos evita trastornos, nos clarifica para alcanzar una a una las metas, y así el objetivo final. Planificar nos plantea problemas con antelación que resultan más fácil de solucionar. Nos muestra a todos la tarea que tiene cada uno.

Dios como maestro ejemplar entregó su planificación, sus promesas, con antelación. La Biblia tiene la única ruta a la salvación eterna: Jesucristo. Él ha hecho realidad la justicia que de otra manera es inalcanzable para nosotros.

Buenas nuevas de perdón y paz. Alivio, consuelo y libertad, para ti, para mí, para todos. En Jesús Dios cumple sus objetivos, se hace hombre, nos abraza, nos ama.

Hoy, por Jesús, la promesa es una realidad para cada corazón. Él es tu mensaje del año favorable. Quiere bendecir tus caminos. Consagrarte.

Te doy gracias, Señor, por las buenas nuevas. Muéstrame tus promesas y hazlas realidad en mí.

Reflexión: ¿Para qué me ha consagrado el Señor?

JF

El Cristo encubierto

Tuve hambre, y ustedes me dieron de comer. Mateo 25:35

Miré a un joven en silla de ruedas, y exclamé: ¡Gracias, oh Dios, por poder caminar, correr, cavar, subir, bajar, y moverme con tanta rapidez! Vi un sordo que agudizaba su mirada como complemento de lo que le faltaba y dije: ¡Gracias, Dios mío, por sentir el canto de los pájaros, oír el rugir de una amenazante tormenta, y el apacible silbido de una brisa! Vi a un ciego y dije: ¡Gracias que tengo dos ojos para percibir el hermoso colorido de tu creación resumido en un arco iris que no dejamos de mirar hasta que se apaga el último color de tu mano maestra! ¡Gracias porque con mis dos manos puedo trabajar, con los oídos oír, con lo pies caminar!

Cuanto más somos testigos de la desgracia de otros, más valoramos nuestra gracia. Pero no sólo es necesario agradecer a Dios por lo que tenemos. Nos debe mover desde las raíces de la fe el ayudar al hermano que no tiene, lo que por gracia nosotros sí.

El necesitado no se sacia con nuestra lástima. Necesita de nuestro amor, que cuando obra en el nombre de Cristo, cumplirá su palabra (lectura del día).

Sentado en una silla de ruedas, postrado en una cama, o apoyado en un bastón blanco, está Cristo esperándote.

¡Tan cerca estás y muchas veces no te vemos! Ayúdanos a ver tu amor, y a compartirlo con otros, Señor! Amén.

WS

Tan sólo con…

No tengas miedo; cree nada más. Lucas 8:50

Con los últimos avances de la ciencia y la tecnología, nos parece increíble que las cosas que hoy se logran en pocos minutos antes necesitaban horas y días. Esto ocurre en cualquier campo, y de una forma tan fácil, que por lo general decimos: "tan sólo con apretar un botón, bajar una palanca, hacer una llamada…"

Pero así como la técnica robotizada ha simplificado las cosas con computadoras, máquinas "inteligentes", por un lado ha complicado las cosas (falta de creatividad, falta de trabajo, falta de lectura, falta de esfuerzos), y por otro lado, creyendo que todo lo puede lograr, se entromete en las cosas de Dios (manipulación genética). Puede llegar el momento en que todo lo simple y sencillo se transforme en un gigante sin resolver.

Pero lo maravillosamente simple y sencillo es el lenguaje de la fe que puede acordarse de que "tan sólo Dios dijo: 'sea', y 'fue'"; que puede imitar la fe de la mujer que pensó: "Tan sólo con tocar el borde de su manto seré sana"; o del centurión quien afirmó: "Tan sólo di la palabra y mi siervo sanará." Así también, sencillamente, tengamos en la mente y el corazón la certeza de que tan sólo con creer somos salvos. Tan sólo con levantar los ojos al cielo el Señor habrá respondido. Tan sólo amando como el Señor nos amó, llegaremos a conocer el verdadero amor en los cielos.

Señor, permite que siempre tengamos una fe tan sencillamente grande como la del centurión de Capernaúm. Amén.

WS

Lo que se debe se paga

El SEÑOR es lento para la ira... El SEÑOR no deja a nadie sin castigo. Nahúm 1:3

Sucedió en 1984. Una señora, luego de ahorrar varios años, logró reunir lo suficiente para visitar a sus parientes en Europa. En el aeropuerto se le acerca otra señora y le pregunta: ¿me podría hacer el favor de hacerle llegar este pequeño paquete a mi hija que vive en tal ciudad? "No tengo inconveniente", fue la sincera e ingenua respuesta de ella.

En el aeropuerto de destino, al requerir el equipaje para su control, la policía abrió el paquete en cuestión: ¡era droga! Por más que tratara de explicar, la señora no pudo evitar los años de cárcel que le fueron impuestos.

Este caso real es similar a la justicia divina. Dios no puede pasar por alto el "paquete" de nuestros delitos y pecados. "La paga del pecado es muerte", y donde hay pecado, ¡el juicio de Dios es inexorable!

Jesús nunca tuvo pecado, pero fue hallado "portador" de multitud de pecados y fue castigado en la cárcel del Calvario. Por eso, al leer el texto de hoy, notarás que el creyente no debe temer el castigo de su pecado. El cuerpo del delito fue transferido a Cristo.

Cuando Dios castigó a su hijo en la cruz, allí estaban mis pecados, los tuyos y los de todos los creyentes de todos los tiempos.

Recuerda: Dios es justo y no pasará por alto ningún pecado, sea quien sea el portador. ¿Dónde están los tuyos? ¿en tu corazón o en la cruz de Cristo?

Gracias por llevar mis culpas y castigo. Ayúdame a serte fiel. Amén.

WS

Dime con quién andas y te diré quién eres

Este hombre recibe a los pecadores y come con ellos. Lucas 15:2

La famosa frase del título es relativa. Todo depende de la intención de la compañía. Se la puede aplicar textualmente cuando existe unidad de espíritu y obras en común con quien nos relacionamos. Muy por el contrario es el hecho de recibir y contactarnos con gente de mala fama con el propósito noble de llegar al objetivo por el cual fuimos enviados al mundo: llevar el evangelio de salvación. El amor del Señor por las ovejas perdidas lo llevó a "recibir a pecadores".

Pero algo debemos tener presente: no es tanto con quien nos relacionamos, sino el permitir que otros se relacionen con nosotros, que no buscan más que intereses egoístas y materiales y que para nada se interesan en lo que tenemos: ¡una salvación tan grande y maravillosa!

Así, la compañía de Lot en el camino de Abraham no resultó más que para problemas. La filistea de Sansón le costó los ojos y la vida ¡y qué decir de Números 11:4-6!

¿Y qué en la iglesia hoy? Bienaventurado todo aquel que como el etíope recibió de Felipe, Cornelio de Pedro, y el carcelero de Filipos de Pablo: ¡sólo el mensaje de salvación! Pero, cuidado con aquellos que confunden la iglesia con una sociedad de beneficencia o un club de entretenimientos y vengan con "ideas brillantes". Cuidado de los que se nos acercan sólo porque "aquí se sienten bien". "Sean prudentes como serpientes y astutos como zorras", advirtió Jesús.

Señor, permite que seamos luz en el mundo, y cuídanos que las tinieblas no invadan nuestro espacio. Amén.

WS

Jamás estamos solos

El SEÑOR tu Dios te acompañará dondequiera que vayas. Josué 1:9

Juan salía de la fábrica a la hora de siempre, pero en su mente ocurría lo que nunca le había sucedido: un enredo de pensamientos que generaron ojos humedecidos y la mirada perdida. Su salida de la fábrica era definitiva. Ya no trabajaría más con sus compañeros, a quienes tal vez encontraría por las calles, ni estaría junto a su vieja máquina que llegó a querer como si fuese suya.

Si triste fue su salida del trabajo, amarga sería la llegada a su casa. Recibiría, sí, el cariñoso afecto de su esposa y el ¡hola papito! de sus pequeños, pero…

Juan estaba confundido. Ensayó una y mil ideas cómo disfrazar su imagen cuando llegara a su casa, pero antes que así fuese, sucedió un milagro. Surgió de lo más escondido de su mente y lo más profundo de su corazón esta frase: "No temas ni desmayes, porque el Señor estará contigo por dondequiera que vayas." Éste era uno de los versículos que había aprendido de niño en la escuela bíblica.

Sí, Juan lamentaba la pérdida de su trabajo, pero no necesitó ningún disfraz. Tomó todo con calma, con la inmensa paz que otorga la palabra de Dios que había surgido de su memoria y que lo motivó a darse cuenta que nada había cambiado: Dios estuvo y siempre estará a su lado.

¡Qué bueno es recordar versículos bíblicos de la niñez! Aunque parezcan olvidados, el Espíritu Santo "desempolva" nuestra mente para recordarnos el mensaje justo en la circunstancia en que nos encontremos.

Señor, que en las buenas y en las malas pueda percibir tu paternal ayuda. Amén.

WS

¿Lo estrecho o lo ancho?

Entren por la puerta estrecha. Mateo 7:13

Existe una pintura en la cual el autor refleja los dos caminos a que hace referencia la lectura de hoy: en el ancho se transita por placeres y vicios, y en el angosto se asiste a la iglesia, se practica la caridad, etc. Tengo mis reparos en cuanto al criterio del pintor, que en cierta medida pareciera sugerir que la vida de santificación es la que nos salva: la asistencia a los cultos, la buena conducta, etc. (recordemos las palabras de Jesús en el día del juicio: "...en verdad, ¡no los conozco...!").

El verdadero camino es Cristo mismo, quien dijo: "Yo soy el camino, la verdad y la vida." El camino angosto es tan estrecho como podamos caber, es tan angosto que no nos permite evadir las espinas que lastiman los pies o las piedras que debamos superar. ¡Vaya si habrá piedras esparcidas en el camino! Hay burlas, desazones, impedimentos, injusticias, de las cuales brota la frase: "Dichosos los que..." (Mateo 5:1-12).

Al andar ese camino, no podemos llevar ninguna carga, ni de justicia propia ni de pecado. De justicia nos vistió el Señor, llevando sobre sí nuestro pecado. Al andar por este camino no hay cabida para el pecado (1 Juan 3:9); sólo la simiente antigua nos puede hacer trastabillar en nuestra debilidad, ¡pero jamás hacer cambiar de rumbo! ¡Bendito sea el Espíritu Santo que nos mantiene con sus dones entre espinos y piedras!

Señor, con la mirada en ti, nuestro sendero será recto. Que no nos desanimen los pies lastimados. Amén.

WS

El error de Rousseau

Yo sé que soy malo de nacimiento; pecador me concibió mi madre. Salmo 51:5

Corrupción es la palabra de moda, y la realidad desde que el mundo existe. Distintos credos, el periodismo, instituciones, hablan de "la corrupción y de la necesidad de combatirla".

Los problemas de fondo a nivel mundial no se solucionarán con documentos, solicitadas, manifestaciones, o encíclicas.

La corrupción no está en la sociedad ni en las instituciones, sino en el hombre. No es cuestión de sanar una multitud contaminada, sino de concientizar a la persona del mal que está en su interior (codicia, ambición de poder, vanagloria). No es un sistema de gobierno el que crea el problema, sino el hombre mismo, su naturaleza, su maldad innata. Rousseau dijo: "El hombre nace bueno y la sociedad lo corrompe." ¿Quién corrompió a la sociedad, entonces?

Así como se equivocó Rousseau, nos equivocamos con él si pretendemos sanar una sociedad en su conjunto. Hay que sanar al hombre en su corrupción interior, combatir su virus, el pecado. Expandir a todos el evangelio es el remedio, tratando de que llegue al corazón de cada uno. Dios va a la raíz del mal para vencerlo. Con su Palabra y su Espíritu convence uno a uno a los incrédulos de su condición pecaminosa y de la gracia en Cristo.

El enemigo es fuerte. Pero el evangelio es poder (dinamita) de Dios para ir ganando, persona a persona, a todos aquellos por los cuales murió el Señor. Sólo el evangelio puede lograr el verdadero objetivo contra la corrupción que nació en el Edén.

Señor: Ayúdanos a apartar a otros del mal. Amén.

WS

Hombres de fe, pero...

Si alguien piensa que está firme, tenga cuidado de no caer. 1 Corintios 10:12

Desde la temprana escuela dominical hemos aprendido el ejemplo maravilloso de hombres de fe, especialmente del Antiguo Testamento: Por fe David venció a Goliat. Abraham y Sara creyeron en el hijo prometido a pesar de su vejez. Por fe Daniel estuvo a salvo en el foso de los leones.

La fe se manifiesta de diversas maneras. Llamemos su manifestación "frutos de fe". En este caso comparamos la fe con un árbol; es necesario regarlo, alimentarlo (Salmo 1:1-2), abonarlo (Lucas 13:8) para que haga lo suyo, de lo contrario puede llegar a debilitarse de tal manera que parezca un árbol estéril.

La fe suele debilitarse cuando falta la confianza en aquel que la alimenta. Eso fue lo que le sucedió a Abraham "el padre de la fe" cuando dijo: "Sara es mi hermana" (Génesis 12:13 y 20:2), también cuando David fingió estar loco (1 Samuel 21:12-13). La tentación sopló en oídos de ambos: "Dios no es todopoderoso, busca tu fuerza, aunque momentáneamente, en la mentira." La tentación también llegó a oídos de David y Abraham, uno haciendo uso del ocio (2 Samuel 11:2) y el otro, de la impaciencia (Génesis 16:2). La fe de ambos se había eclipsado.

Así también se puede eclipsar nuestra fe y no manifestar frutos cuando los dardos de la tentación se cruzan por nuestra mente y corazón. Si decimos con el poeta: "Dame más fe Señor Jesús, dame más fe ¡oh Salvador!", habrá más confianza, menos temor y más fuerzas para generar frutos.

Fortalece, Señor, mi débil fe, a fin que pueda resistir las tentaciones y glorificar tu nombre. Amén.

WS

La ofrenda no es impuesto

Dieron espontáneamente tanto como podían. 2 Corintios 8:3

Son las 10 de la noche. Descansando de una ardua jornada dejo correr libremente el dial de la radio. Repentinamente sintonizo un diálogo entre pastores que hablan sobre ofrendas. Coincido en los primeros conceptos: "Dios es dueño y dador de todo lo que tenemos: nuestra fe, salud, trabajo, etc. Por lo tanto nuestra gratitud debe ser constante, como así también la manifestación material en la ofrenda, en sus distintas maneras de poder hacerlo."

"Somos mayordomos de los bienes de Dios que están a nuestro alcance y debemos saber cómo administrarlos para su gloria y para la expansión de su reino aquí en la tierra." Pero llegó un momento en que ambos circunstanciales interlocutores comenzaron a "forzar" conceptos bíblicos respecto al tema: Existe una creciente convicción que la ofrenda es un "impuesto a las dádivas". "Hay que ofrendar más", "si no damos el diezmo no seremos bendecidos", "tenemos que..."

Sin embargo, nuestro Dios no es la "Dirección General Impositiva". No nos impone ni exige; al contrario, él otorga gracia, perdón, alimentos, y todo tipo de bendiciones. Por su Espíritu Santo nos dirige para que podamos valorar la magnitud de sus dádivas, la magnitud de su amor. El creyente que vive esa realidad, sin imposición, traerá sus ofrendas con alegría.

El tributo exige y pone un precio. La ofrenda, como lo dice su nombre, es voluntaria en la libertad cristiana y ofrece lo que considera el termómetro de su fe.

Señor, no estamos bajo la sombra del antiguo pacto, sino en la realidad del nuevo. Así como Jesús se ofreció por nosotros, aliéntanos a ofrecernos a ti. Amén.

WS

El amor en acción

Siempre que tengamos la oportunidad, hagamos bien a todos. Gálatas 6:10

Es verano. Viniendo de la playa observo rostros sonrientes, otros indiferentes, mostrando cada cual su circunstancia. ¡Quien sabe cuántas cosas almacena cada uno! Seguramente muchas son hermosas, para compartir con los demás; otras, puede que sean un ramillete de situaciones que lo lleven a una profunda depresión como un ideal cada vez más lejano, una frustración que carcome hasta los huesos, una búsqueda sin fin, una pregunta sin respuesta. Al estar todo esto esculpido en el alma, no puede ocultarse porque tiene un espejo ineludible: ¡los ojos! Así ¡cuántos mastican soledad por no haber encontrado un amigo que se le acerque y pregunte simplemente: ¿qué te pasa hermano? ¿en qué puedo ayudarte?

¡Feliz el joven que encontró en sus progenitores sus consejeros! ¡Feliz si encuentras al amigo que comparte tu alegría y en tus infortunios alivie tu carga con un simple "te comprendo!" ¡Qué bueno es tener un amigo confidente! Cristo, estimado lector, te ofrece su amistad permanente; te dice: "Invócame en el día de la angustia, yo te libraré" (Salmo 50:15).

Quizá argumentes: "Necesito ver su rostro, una mirada, una voz." Jesús se manifiesta a través de un canal visible que es un creyente que lleva en su fe la marca del amor divino que comprende, acompaña y escucha.

Las palabras del Señor "ámense como yo los he amado" se traducen en acción cuando preguntamos "¿qué te pasa hermano? ¿en qué puedo ayudarte?", palabras que no tienen nada de mágicas, pero que pueden, a su sazón, ¡hasta salvar a tiempo una vida!

¡Señor, enséñanos a amar! Amén.

WS

Todo a su tiempo

Todo tiene su momento oportuno... bajo el cielo. Eclesiastés 3:1

Todo llega, junto con la vida en paquete completo. Alegrías y tristezas. Pruebas y salidas. Enfermedades y salud. Lágrimas y risas. Ley y evangelio. Soledad y compañía. Bienestar y apremios. Vida y muerte. Tempestad y calma. Impunidad y justicia. Odio y amor. Rencor y paz. ¿No es así en tu propia vida? Recorre tus recuerdos. ¿Has ampliado la lista?

La enfermedad me mueve a bregar por la salud. La guerra me trae anhelo de paz. No poder cumplir con todo lo que Dios me exige en su ley, da el verdadero sentido al evangelio: la justicia que Dios logró por mí con la muerte y resurrección de Jesús. Las situaciones negativas me ayudan a apreciar y a luchar por las positivas.

El texto dice "bajo el cielo", aquí, en esta vida, hoy, tenemos las dos situaciones juntas, ahora sobrellevamos un poco y un poco. En la eternidad será diferente, no habrá mezclas. Ya no estará la conjunción copulativa "y" sino la disyuntiva "o". Cielo o infierno. Gozo o sufrimientos. Tribulación o paz... y por la eternidad.

Hoy es el tiempo de la salvación. Cristo te dice: "Ven, para todas las situaciones de la vida tengo paz. Yo secaré tus lágrimas y siempre te acompañaré. En la hora de tu muerte te sostendré y te daré vida eterna. Te amo."

Hoy es tiempo de salvación.

Señor Jesús que tu paz y amor ya no sean palabras para mí sino una realidad. Vive en mí. Amén.

Reflexión: ¿Administro bien mis horas?

JF

Alegría en la adoración

Yo me alegro cuando me dicen: "Vamos a la casa del SEÑOR." Salmo 122:1

Sí, tal vez vaya... No tengo tiempo... Es el único día libre... Tengo tanto para hacer... El diablo sabe socavar. Conoce mis debilidades. Ha sido mi asesor en excusas. Compañero de mi carne en contra de mi espíritu. Es como el alacrán, aún vencido su aguijón continúa la lucha. No tiene poder pero me domina y me vence. Cautivo y solo, así me siento. Aunque es un engaño, no puedo escaparme, no tengo salida. Estoy espiritualmente muerto, y lejos de mi Padre, sin vida, sin esperanza.

Pero Cristo me buscó y me encontró. Me dio de su Espíritu y con él vida nueva. Me afirmó sobre la roca. Ahora, aunque el mundo arda a mi alrededor, en él está mi confianza, mi victoria eterna. Él me lleva al padre. El amor y la verdad se hacen realidad gracias a Jesucristo. Por eso me alegro cuando me dicen "vamos a la casa del SEÑOR." Porque él me perdona mis pecados, él lucha conmigo en mis duras batallas, él me da nuevas fuerzas cuando caigo. Porque sé lo que es la vida si él no está, me lleno de alegría y gozo al estar en su presencia y compartirlo con mis hermanos.

Hoy tengo muy buenas razones para cantar alabanzas.

Ayúdame, Señor, a ser sincero contigo. Aunque las batallas son fuertes, vivo en tu amor. Permíteme ver tu obrar en mí y gozarme con mis hermanos. Amén.

Reflexión: ¿Qué fortalece mi comunión con Dios? ¿Y con mis hermanos?

JF

¡En guardia!

A ti, hijo de hombre, te he puesto por centinela del pueblo de Israel. Por lo tanto, oirás la palabra de mi boca, y advertirás de mi parte al pueblo. Ezequiel 33:7

¿Cuál es la tarea del centinela? Velar, estar atento, avisar para prevenir.

Cuando un país está en guerra hay centinelas por doquier. Sofisticados sistemas les informan de los movimientos del enemigo. Las sirenas ululan advirtiendo el ataque, y todo cambia. Todos se preparan para la defensa, protección y contraofensiva. No hay ataque sorpresa, hay prevención.

¿Es culpable del ataque el centinela? No, él no genera el peligro, gracias a que está atento se evitan males mayores. Pero si sabiendo no advierte, es cómplice del enemigo.

A cada cristiano Dios nos dice: A ti te he puesto por centinela. Somos atalayas los unos de los otros, para comunicar los mensajes de Dios, ser sus voceros, para advertir y evitar problemas mayores. Estamos en guerra espiritual. A nuestro alrededor hay gente que se pierde eternamente. Tenemos el mensaje: en el evangelio de Cristo está nuestra salvación y paz. Corramos la voz. Anunciemos sin temor. Del Señor es la victoria. Confía, él pondrá las palabras en tu boca.

Hoy anunciaré el mensaje de salvación, el Señor está conmigo.

Querido Salvador, te pido perdón por las veces que me he callado. Ayúdame a confiar en ti. Haz de mí un centinela valiente, a estar atento, a aprovechar o a generar situaciones para hablar de tu amor. Amén.

Reflexión: Pienso en las personas que me rodean y no conocen a Cristo. Oro por ellas. ¿Cuándo les puedo hablar?

JF

Somos amados

¡Fíjense qué gran amor nos ha dado el Padre, que se nos llame hijos de Dios! ¡Y lo somos! 1 Juan 3:1

¿Cómo podemos ver cuán grande es el amor de Dios? Un fuego artificial no se disfruta, no me afecta cuando está dentro del envase. Cuando en la oscura noche, surca el cielo y explota en un mar de colores, así sí me afecta, me moviliza.

¿Cuántos colores tiene el amor de Dios? Muchos, y algunos tan personales que tendrás que descubrirlos tú mismo.

¿Has ejercitado buscar el amor de Dios en tu vida? ¿Has estado atento?

Sí, te entiendo, a mí también me pasa, problemas, imprevistos, presiones, fatigas, estrés. Pero aún en medio de tu vorágine, Dios está amándote. Te busca, te hace su hijo. A diferencia de los fuegos artificiales no es un destello, él permanece. Tampoco es una postal. No. Está vivo, a tu lado, trayendo un oasis a tu desierto, un abrazo a tu desaliento. Compañía a tu soledad, perdón completo a tus remordimientos, Espíritu para cambiar.

Sí, puedes estar plenamente seguro. Dios te ama. Cristo Jesús murió y resucitó por ti. Eres hijo de Dios y tienes salvación completa, paz eterna, y amor diario. Confía sólo en él.

Hoy buscaré manifestaciones del amor de Dios en mi vida.

Señor Jesús, permíteme ver los colores de tu amor, abre mis ojos, guía mis pasos, quiero disfrutar de tu amor hoy y por la eternidad.

Reflexión: Despierto, pienso, vivo, Dios me da una nueva oportunidad. Estoy seguro, tengo paz. ¿Cuántas muestras del amor de Dios tengo en mi vida?

JF

Pasa, y llena tu alma

El que salga vencedor heredará todo esto, y yo seré su Dios y él será mi hijo. Apocalipsis 1:7

¿Has leído el texto propuesto? ¿Qué te pareció? ¡Qué maravilloso! Siete versículos y uno más exquisito que el otro. Llenan mi corazón. Uno a uno abren la puerta a un paisaje diferente del mismo cielo. Cada palabra está cargada de sentido. Es una vid con sus racimos llenos de apetitosas uvas. Jesús te invita. Prueba y comprueba que el Señor es soberano y puro amor. No te quedes afuera, pasa y llena tu alma. La mano del Señor está extendida, permite que el Espíritu te revele lo que viene. La razón de nuestra esperanza, el fin de nuestro peregrinar temporal, el despertar, el nacer a una vida completamente diferente. Una nueva creación, una ciudad santa, donde Dios vive con nosotros. Donde la muerte, el llanto, los sufrimientos, son parte del pasado, porque el todopoderoso hace nuevas todas las cosas. También tu vida. Él es digno de confianza. ¿Lo crees? ¿Lo quieres? Ven, bebe del manantial de vida que Cristo ganó para ti. Ven, llénate de él y sé vencedor, ¡eres hijo de Dios! Tienes una herencia y un mundo nuevo por descubrir.

Hoy camino confiado, tus promesas me dan nuevas fuerzas.

Señor tú sabes cuán débil soy. Toma mis dudas. Seca mis lágrimas. Tengo sed de ti. Sáciame en tu manantial de vida. Reafírmame, pues en Cristo soy vencedor. Amén.

Reflexión: Cada palabra de tu Palabra encierra un nuevo tesoro. ¿Cómo puedo descubrirlo?

JF

¡Muletas inservibles!

"Y ustedes, ¿por qué van a consultar a Baal Zebub, dios de Ecrón? ¿Acaso no hay Dios en Israel?" 2 Reyes 1:3

Sí, ante la adversidad, en la desesperación, frente a la incertidumbre, actuamos como Ocozías, rey de Israel. Caer en pecado nos ha hecho creernos dioses y cuando un "terremoto" tambalea nuestro altar, cualquier puerta nos parece una salida. En vez de alimentar la comunión con el todopoderoso recurrimos a otras alternativas: velas a los santos, cintas rojas, ajos, horóscopos, tarot, juegos ocultos, cartas astrales, bingo, lotería, yoga, magia, lectura de las manos, adivinación, falsas religiones, curanderos, brujos, maleficios, consulta a los muertos, drogas... ¿Me ayudas a seguir con esta lista? ¿Soluciones o trampas? Vanas ilusiones, patrañas modernas, paz aparente. ¡Cuántas caras del enemigo!

El ángel del Señor vuelve a decir hoy: ¿Acaso no hay Dios a quien puedas consultar?

Hermano, la misericordia de Dios es inmensa, no dudes, abandona esos "salvavidas" de plomo. Sólo hay un camino: Jesucristo. Él es el único, verdadero y suficiente Salvador. Mira lo que Dios hizo por ti y mira lo que has logrado con las alternativas. Que la paz eterna no se te escape como el agua entre tus manos.

Hoy es el día de la salvación, a Jesús le entrego mis muletas espirituales.

Señor, sé que en Cristo perdonas todos mis pecados y quitas mis dudas. Dame más fe, que tu Espíritu destruya los otros altares que he levantado en mi corazón. Purifícame. Tu amor me da confianza. Amén.

Reflexión: ¿En quién he puesto mi confianza? Porque Cristo es mi Salvador, a todo puedo hacerle frente.

JF

¡Soy libre!

Te he dado a elegir entre la vida y la muerte, entre la bendición y la maldición. Elige, pues, la vida. Deuteronomio 30:19

Dios siempre fiel a sus hijos, nos ofrece divina libertad. Fue presentada en los comienzos del Edén. Obrada y sellada con la muerte y resurrección de Cristo, y rubricada con el Espíritu Santo.

Frente a nosotros Dios pone la vida y la bendición por un lado, y la muerte y la maldición por el otro. Necesitamos tomarnos tiempo, analizar los envases, los contenidos, y las consecuencias. La serpiente sedujo a Adán y Eva para que vean sólo el envase, no las consecuencias. Diariamente aquella historia se repite: nosotros también somos seducidos. Construimos con inmenso esfuerzo castillos en el aire; ostentamos llenos de gloria nuestros logros; luchamos contra viento y marea por multiplicar nuestros bienes; trabajamos afanosamente por tener... corremos para ganarle al tiempo... ¿Qué nos queda? La vida se escapa de nuestras manos y almas vacías.

¿Sopesas tus decisiones? ¿Verificas hacia dónde te conducen?

Dios tiene todo preparado, lo ha hecho todo. Ha prometido y ha cumplido. Él invita: "Elige, pues, la vida." Cristo declaró: "Trabajen, pero no por la comida que es perecedera sino por la que permanece para vida eterna... Yo soy el pan de vida" (Juan 6:27, 35). Sólo en su comunión llenamos nuestras manos, alma y corazón.

Hoy alimentaré mi alma. En su Palabra encuentro la vida.

Querido Espíritu Santo, fortalece mi fe, dame sabiduría, guíame en mis decisiones. Sé que puedo confiar en ti y que me ayudarás a elegir la vida.

Reflexión: ¿Qué cosas limitan mi libertad?

JF

¡Puedo ayudar!

Dichoso el que lee y dichosos los que escuchan las palabras de este mensaje profético y hacen caso de lo que aquí está escrito, porque el tiempo de su cumplimiento está cerca. Apocalipsis 1:3

En el mundo hay más de seis mil idiomas. Sólo existen un poco más de dos mil traducciones vernáculas del mensaje de salvación eterna y menos de quinientos idiomas tienen la Biblia completa. Por tener la Palabra en nuestro idioma somos muy dichosos. ¿Qué sucede con las personas que han oído del cristianismo pero en su propio idioma no tienen nada para leer, alimentarse, o crecer? ¿Qué harías si fueras tú esa persona? ¿Cuántas almas están en la misma situación? ¿Cuántas complicaciones tienen nuestros misioneros?

Sí, Dios es todopoderoso, grande en misericordia, y nos dejó un mandato: proclamar el evangelio de salvación a todas las naciones. ¿Qué podemos hacer? Oremos y obremos. Interioricémonos con nuestro proveedor de Biblias, o por internet. Investiguemos y difundamos lo que hacen, lo que necesitan, los tiempos de traducción. Organicemos eventos en nuestras congregaciones para reunir contribuciones. Para que más escuchen y vivan el mensaje. El tiempo está cerca.

Hoy oraré y separaré una ofrenda para contribuir a que otros tengan la dicha de leer el mensaje de amor y perdón que Cristo me dio a mí.

Señor Jesús, me has bendecido ricamente. Guíame al leer tu Palabra. Quiero encontrarte cada día en ella. Te ruego por mis hermanos que trabajan en traducciones, llénalos de dones y sabiduría. Amén.

Reflexión: ¿Cuáles son los idiomas que no tienen ninguna traducción? ¿Cuántos sólo tienen una porción?

JF

¡Por ganar... he perdido...!

Todo aquello que para mí era ganancia, ahora lo considero pérdida por causa de Cristo. Filipenses 3:7

Las ganancias son nuestro impulso. Por ganar planeamos, trabajamos, confiamos, invertimos, buscamos alternativas, estudiamos, nos perfeccionamos. Si la ganancia es grande, hacemos lo que de otra manera no haríamos, damos lo mejor de nosotros mismos, todo nuestro tiempo, esfuerzo y eventualmente nuestra salud. Por alcanzar ganancias mayores llegamos a perder nuestros valores.

Pablo en el texto no se refiere a ganancias económicas, sino a ganancias del alma. Toda su confianza estaba puesta en su lucha por alcanzar, por ganar a Dios. En sus esfuerzos humanos construyó una escalera perfecta. Cada peldaño eran logros al cumplimiento de la ley. Nadie podía reprocharle nada. Había hecho todo. Se encegueció con su meta y dejó a Dios de lado.

Pero Cristo lo buscó y lo alcanzó. Le mostró la meta. Pablo pudo ver que la escalera no es necesaria. Es más, todos sus esfuerzos en ese sentido los considera basura, estiércol.

Conociendo verdaderamente a Cristo todo lo demás queda en un plano inferior. Él es nuestro bien supremo, nuestra ganancia incomparable. Porque sólo a través de Jesucristo somos unidos al Padre Celestial. Nuestra meta es vivir en su paz y compartirla.

Hoy Cristo me busca, me da nuevos valores, él es mi mayor riqueza.

Amado Señor, clarifica mi visión si tengo una meta que no eres tú. Que tu amor sea siempre mi mayor ganancia. Amén.

Reflexión: Mis obras, mi economía, mis títulos, mi estatus ¿compiten con Cristo? Releo los primeros renglones, cambio ganancia por Cristo. ¿Es así?

JF

Día de buenas noticias

Esto no está bien. Hoy es un día de buenas noticias y no las estamos dando a conocer... demos aviso. 2 Reyes 7:9

Samaria estaba sitiada por el ejército Sirio. Había mucha hambre. Cuatro leprosos, que según la costumbre vivían fuera de la ciudad, decidieron en la desesperación, buscar misericordia o la inevitable muerte en manos del enemigo.

Pero al llegar al campamento no había nadie, los sirios, presa del miedo, habían huido abandonando todo. Los leprosos entraron en las tiendas de campaña, comieron y bebieron. Dudaron, pero acordaron que era tiempo de avisarle a sus vecinos, de llevarles la buena noticia a quienes, por su enfermedad, los habían despreciado. Todos se salvaron del enemigo y disfrutaron de la libertad obrada por Dios.

Satanás sitió a la humanidad, pero aunque él está vencido, muchos permanecen sin esperanza, están espiritualmente debilitados y viven en la emboscada de la muerte. Cristo los ama y entregó su sangre y vida en la cruz por ellos. Con su muerte y resurrección venció al enemigo. Nosotros demos también el aviso, proclamemos la buena noticia: Dios nos da vida eterna gracias a la victoria de Cristo. ¡Anunciemos a todos que el adversario está vencido!

Hoy, confiado en el Espíritu aprovecharé las oportunidades, hablaré de la salvación que todos tenemos en Cristo.

Señor, que tu amor rebose en mi alma, que quienes me rodean, conozcan tu amor por mis actitudes y por mis palabras. Amén.

Reflexión: ¿Por qué es importante que el mundo conozca la salvación a través de Cristo? ¿Comparto el amor de Dios con todos los que me rodean? ¿Cómo puedo mejorar?

JF

Autenticidad e hipocresía

Cuídense de la levadura de los fariseos. Lucas 12:1

En cierta oportunidad alguien me preguntó si no me parecía que en la iglesia había hipócritas. Mi respuesta fue: "¡Solamente dentro de la iglesia puede haberlos!"

El hipócrita es un "actor", uno que representa algo que realmente no es. La iglesia es la comunión de los santos, el total de los redimidos por Cristo que esperan su venida; redimidos, que en su transitar cotidiano, se esfuerzan en crucificar sus pasiones y viven acordes a la voluntad divina para la gloria de su nombre. Por su parte los incrédulos pertenecen al mundo y viven una vida –por lo general– egoísta y corrupta. Éstos son auténticos en su mundo. No quieren saber nada de Dios y viven de acuerdo a lo que les señala sus propias mentes, así que no pueden ser hipócritas; ¡son como son!

En cambio, en la iglesia, donde todos deben naturalmente llevar una vida santificante, hay quienes fingen hacerlo. Es ahí donde se manifiesta la hipocresía.

Una de las manifestaciones más claras del regenerado es saberse perdonado por Dios y por lo tanto con agrado, en pureza y autenticidad, perdonar las ofensas de que pueda ser objeto. Y es aquí donde muchas veces se manifiesta una forma de hipocresía: ¡digo ser creyente y me niego a perdonar!

La máxima característica de Cristo es ser compasivo y perdonador. Si digo ser cristiano, debo reflejar a Cristo perdonando, abriendo puertas de acercamiento. Bien lo dijo San Francisco: "donde hay ofensas, que yo brinde el perdón" y agregamos:

"Mantennos firmes para reflejar en el mundo lo que en ti somos." Amén.

WS

El caso de Atilio

¡Terrible cosa es caer en manos del Dios vivo! Hebreos 10:31

Atilio es un respetable padre de familia y un fiel esposo, apreciado por vecinos y amigos. Está afectado por una enfermedad terminal contra la cual lucha hace varios meses. Está muy delgado y nervioso, reflejo inexorable de una realidad: sabe que su fin se acerca, y cuanto más, se acentúa su rebelión contra "un Dios que no existe, porque si existiera, hubiera respondido favorablemente ante mi problema". Su reacción es un desafío muy peligroso ante el santo y justo trono divino. Sabe que se encontrará con Dios, pero de antemano lo desafía y lo acusa como culpable de su situación como lo hizo Adán (Génesis 3:12). No se anima a entrar, como el hermano del hijo pródigo, cree que su conducta intachable lo hace merecedor de otra situación.

Atilio es el prototipo de muchos que no han conocido verdaderamente a Dios en su plenitud, que no han entrado por la puerta de su gracia que siempre estuvo abierta. La desconoce porque no cree tener necesidad de ella.

¡Qué distinto es el caso de quienes en camas paralelas han podido resignarse santamente ante los designios de Dios! Sus almas tranquilas esperan en la promesa para luego transformarse en una realidad eterna de plena bienaventuranza. La contemplación futura de lo que no se ve con ojos humanos, se percibe con los que el Espíritu puede otorgar, más aún cuando se sabe que la hora que tantos temen, es la anhelada por los que esperan en Cristo.

Señor, oro por todos los que aún están en tinieblas ¡Ayúdame a darles tu luz! Amén.

WS

El colmo de la necedad

Dice el necio en su corazón: "No hay Dios." Salmo 14:1

Un renombrado escritor contemporáneo, confrontado con la pregunta: "¿Cree usted en Dios"? respondió: "No; y estoy tranquilo porque sé que no voy a recibir castigos por los pecados que pude haber cometido, porque para mí, ¡después de la muerte no hay nada!"

¡Hasta dónde puede llegar la incredulidad! Hasta el borde de la necedad más acentuada! Es como decir: "No creo que exista un espejo, porque si llego a creer, notaría que tengo el rostro sucio, así sé que lo tengo limpio."

¡Qué sensación de impotencia ante casos así, de personas con más de 80 años sobre sus hombros, que llegan a negar la existencia de Dios, que se han encerrado en su vanidad, que no ven otro dios que su propia persona! Así como el colesterol acumulado endurece de tal manera una arteria produciendo la tan temida arteriosclerosis, así también la acumulación de orgullo y vanidad llegan a un extremo como el arriba mencionado. Ante tantos casos similares que podamos llegar a experimentar como Moisés ante el Faraón ¿cómo podemos obrar cuando el mandato del Señor es ser sal y luz ante el mundo en tinieblas? ¿Cómo actuar ante un corazón de piedra? Dejando todo en manos de Dios en sincera oración y no dejando de dar testimonio de Cristo y la nueva vida que en él gozamos. ¡Dios obra a través de nuestro testimonio, él puede hacer milagros!

Señor, mi oración es por todos los que aún están en tinieblas ¡Envíales tu luz! Amén.

WS

Lo que se siembra se cosecha

Lanza tu pan sobre el agua; después de algún tiempo volverás a encontrarlo. Eclesiastés 11:1-2

¡Cuán maravillosos son los caminos de Dios! Y es sólo el creyente a la luz de la fe quien puede percibirlos en plenitud.

El amor al dinero es la raíz de todos los males. La codicia y la avaricia, emparentadas entre sí, envenenan el alma del hombre que se ve imposibilitado de amar, de ser generoso, dadivoso, caritativo. Bien lo afirma el predicador en forma alegórica en este texto: el desinteresado muchas veces se ayuda a sí mismo. Lo que se da desinteresadamente es como un depósito bancario olvidado. En el tiempo que Dios lo considere, devolverá, en otra forma o circunstancia, la misma bendición que una vez hubiera "lanzado al agua", y muchas veces con creces.

No te preocupes si tu pan es escaso; "arrójalo a las aguas", es decir, compártelo con tu hermano, el Señor que todo lo ve sabrá, en su gracia, recompensarte.

La viuda de Sarepta es un caso típico: no desestimó en darle primero a Elías el último pan que tenía, sin embargo pudo mantenerse ella y su hijo por mucho tiempo. Abraham dejó elegir a su sobrino Lot, de esa manera "echó su pan"; Abraham vivió tranquilo en la montaña; Lot por ser egoísta al elegir el valle, tuvo que soportar las perversidades de los habitantes de Sodoma. A nuestro Señor no le importó lo que le era propio: su vida, su propia gloria eterna. Jesús lo entregó todo para el bien de los suyos. Confiemos y demos para el bien de otros, y nuestra alegría será completa.

Señor, enséñanos a ser humildes, desinteresados, dadivosos, sabiendo que todo lo que tenemos, lo recibimos de ti. Amén.

WS

Nuestro Dios, el gran reciclador

Perdona la maldad de los siervos del Dios de tu padre. Génesis 50:17

Ecología, rescatar el planeta, reciclar, son palabras del nuevo lenguaje de los últimos años, y seria preocupación actual.

Reciclado: "volver a un principio", volver a ser útil lo que ya no sirve para lo que originalmente fue creado. Así como el estiércol se transforma a través del proceso de vida de una planta en hortalizas y exquisitos frutos al pasar por la sabia a través del tronco, así es como Dios transforma nuestros errores, necedades, y todo tipo de pecado, por medio de la sangre de Cristo. Pero para que esto suceda es necesario arrepentirnos. Las lágrimas de Pedro por su negación fueron el "vehículo de reciclaje" para su restauración. El gran pecado de los hermanos de José tuvo su "giro de bisagra" cuando José los perdonó, ...¡previa confesión!

El Señor transformó a "Simón" en "Pedro"y se comprueba el fruto del cambio en su prédica de Pentecostés y el maravilloso testimonio en sus epístolas.

¿Qué haces con tu "chatarra"que oxida tu vida? ¿Cuántas fallas, errores y pecados pesan sobre tu corazón? ¡La gracia y el amor de Dios están siempre a disposición de todo corazón destrozado! Entrégaselo en genuino arrepentimiento, para que puedas gozar de una nueva vida, y en ella, dar frutos que glorifiquen al "gran reciclador".

El milagro más maravilloso que el Señor ha hecho en nosotros, es transformar en verdor nuestras sequedades de verano.

Señor, ¡transfórmame a cada instante, porque soy hombre pecador. Amén.

WS

¿Qué hacer...?

Te ruego que le des a tu siervo discernimiento. 1 Reyes 3:9

Existen situaciones en que no se sabe "qué hacer" y que regularmente el sentido común, o una regla ética, nos señala el rumbo a tomar.

Pero a veces sucede que no sabemos si la actitud a tomar no va contra la voluntad de Dios, es decir, si no es pecaminosa.

Es el caso de Roberto, fiel miembro de la iglesia que está al frente del municipio de su pueblo: en el día del santo del pueblo lo invitaron a participar de la procesión con la imagen del patrono. ¿Qué hago pastor? Fue su pregunta de orientación. A Dios gracias que la Biblia es amplísima y la historia leída arriba nos da la respuesta en los vv. 17-19. Naamán se arrodillaría delante de la imagen de Rimón, pero no estará adorando, estará simplemente cumpliendo su función pública. Para ello llevó dos bolsas de "tierra santa". Naamán estaba en el mundo, pero no era del mundo; estaba en Siria, pero pisaba tierra de Canaán; estaba cumpliendo una función transitoria, pero su accionar espiritual era perdurable en su fe que había nacido a orillas del Jordán.

Podemos ir a donde queramos, pero lo que importa es sobre qué pisamos. Cuando las circunstancias obligan, podremos estar en medio de personas o instituciones corruptas, pero lo que importa es no formar parte de ellos, no identificarnos con sus pensamientos ni con su accionar, al contrario, podemos aprovechar cualquier momento para ser luz y sal en un mundo cada vez más corrupto y entenebrecido.

Señor, estando en el mundo, hazme recordar siempre que soy ciudadano del cielo. Amén.

WS

Me quiero morir...

Yo solo no puedo con todo... Números 11:14

Abatimiento, desesperanza, estrés, depresión, ¡deseos de morir! Ésta puede ser la escala descendente del estado de ánimo de mucha gente, que no escapa de contagiar al más fiel creyente.

Pero, ¿qué pasa con aquellos a quienes "la vida les sonríe", no faltándoles nada? ¿Por qué su estado de ánimo es a veces como el de los primeros? Sucede que tanto unos como otros en el fondo necesitan lo mismo: no sólo encontrar el sentido de la vida como orientación ante una disyuntiva, sino sentido como razón de ser, finalidad de la existencia misma.

Fuimos creados y rescatados por Dios para su gloria. Cuanto más comunión tengamos con Dios y su Palabra, más percibiremos su gloria y más descubriremos la razón de nuestro existir, viviendo en plenitud.

Por causa de nuestra naturaleza caída vivimos en un "valle de lágrimas". Todos de una u otra forma lo hemos experimentado. No faltarán lágrimas y estados de ánimo que nos quiten las ganas de vivir. Moisés, oprimido por la presión del pueblo que conducía, exclamó: "Me harás un favor si me quitas la vida." Lo mismo sucedió con Elías: "¡Estoy harto SEÑOR, quítame la vida!" (1 Reyes 19:4) En ninguno de ambos casos Dios accedió, sino que les hizo ver que la vida está para vivirla al amparo de su eficaz compañía.

¿Tendrá un significado el hecho de que ambos que pidieron morir, tuvieron un final muy especial en su paso terrenal? Pareciera que a ambos peticionantes Dios les respondiera: "¡No los quiero muertos, los quiero siempre llenos de vida!"

Señor, tú que eres la vida, ¡lléname de ti! Amén.

WS

Convivencia cristiana

Ayúdense unos a otros a llevar sus cargas, y así cumplirán la ley de Cristo. Gálatas 6:2

En épocas de crisis extrema, en la que sumado a la recesión económica se agregan conflictos sociales, y decaimiento espiritual, en vez de pensar sólo en nosotros y en cómo superar el momento, podemos aplicar los consejos del apóstol en lo que podríamos llamar "el código de convivencia cristiana". Además de recurrir a la Palabra para saber qué es lo que debemos hacer o decir, al gozar de la fe, el Espíritu que mora en nosotros mueve la palanca natural del amor en cada uno de nuestros actos.

Enfaticemos el v. 2: "Ayúdense unos a otros a llevar sus cargas, y así cumplirán la ley de Cristo." La ley de Cristo es amarnos los unos a los otros como él nos amó; Jesús llevó nuestras cargas. Así nosotros, como "pequeños cristos", "sus hermanos menores" debemos llevar las de nuestros hermanos, participando en todas sus pruebas espirituales o temporales.

Si somos un solo cuerpo en Cristo, cada miembro no puede negar su carga, porque el peso mismo lo delata, pero tampoco debemos ni podemos ignorar la carga del otro.

Cada uno tiene su carga. Si es de soledad, ¿qué nos cuesta ofrecer nuestra compañía? Otro sufrirá algún desengaño, o un dolor angustiante de frustración, ¡tenemos palabras sinceras que muestran nuestra comprensión y que acompañan! Cuando lloramos con el que llora fortalecemos nuestro espíritu. Cuando alguien sufre un fracaso o una enfermedad, el espíritu de Cristo en nosotros motivará nuestro accionar para que responda espontánea y naturalmente.

Alivia mis cargas, Señor. Fortaléceme para poder aliviar las cargas de mi hermano. Amén.

WS

Miedo y vergüenza

¿Dónde estás? Génesis 3:9

La más terrible mentira es la "verdad a medias", la herramienta más utilizada por Satanás desde un comienzo: "…llegarán a ser como Dios, conocedores del bien y del mal". Es verdad que conocerían el bien y el mal, pero ocultó la terrible realidad de que ¡no podrían escapar del mal y estarían imposibilitados de practicar el bien!

La primera manifestación de la nueva naturaleza –imperfecta y pecadora– fue la vergüenza y el miedo. Vergüenza de verse en infracción, y miedo a su consecuencia (Génesis 3:10). La primera reacción fue tratar de "tapar" la vergüenza confeccionando delantales (primera manifestación de justicia propia). Así es como Dios en su amor manifiesta la primera figura de la gracia y el perdón en Cristo al proveer de pieles para cubrir su vergüenza (primer derramamiento de sangre inocente en el mismo Jardín de Edén), figura del "Cordero de Dios que quita el pecado del mundo" (Juan 1:29).

Jesús desde su nacimiento, al ser "envuelto en pañales" prefiguraba que venía a "tapar nuestra vergüenza" y sufrir nuestro castigo mostrando públicamente en lo alto de la cruz su desnudez, en lugar nuestro.

Así, la vergüenza y el temor, por la sola gracia y el amor de Dios, nos fueron quitados para que en eterna gratitud podamos cantar gozosos: "¡Por gracia sola yo soy salvo, no temas más mi corazón!" Así, restaurados en Cristo, podemos gozar de una vida consagrada en santidad, justicia y perfección bajo la guía de su Santo Espíritu.

¡Gracias, Señor, por darnos una salvación tan grande e inmerecida! Amén.

WS

El dolor inevitable

Alégrense de tener parte en los sufrimientos de Cristo. 1 Pedro 4:13

Ante situaciones difíciles, dolorosas, hasta insostenibles, suele escucharse: "¡Esto ya no es vida!", con lo que se quiere significar que vivir es sinónimo de quietud, paz, sosiego.

¿Qué es la vida? Evitaremos sumergirnos en un misterio insondable, limitándonos a saber que somos criaturas de Dios; somos seres vivientes porque él es vida, y en él, a través de Cristo, encontramos una razón existencial con proyección eterna.

Pero el dolor y el sufrimiento no escapan a nuestra experiencia peregrina. Sufre tanto el hombre natural por su misma condición, como el creyente. Pero el dolor de éste tiene una razón mucho más sublime: al ser discípulo de Cristo, el sufrimiento necesariamente será parte de su vida. Dijo Jesús: "Si alguien quiere ser mi discípulo... [debe] tomar su cruz y seguirme" (Mateo 16:24).

Todo creyente en Cristo, desde el momento en que renuncia a su vieja naturaleza y acepta vivir en plenitud, necesariamente se pone en pie de batalla contra el mundo, de donde vendrán por añadidura, por fidelidad a Cristo, situaciones de dolor y sufrimiento.

El que así sufre participa de los mismos sufrimientos de Cristo. Es una señal de íntima comunión con aquél que, siendo absolutamente inocente, sufrió indecibles dolores en cuerpo y espíritu por nosotros, y a su vez nos invita "Vengan a mí todos ustedes que están cansados y agobiados... carguen con mi yugo... y encontrarán descanso" (Mateo 11:28-30). "¡Dichosos serán ustedes cuando por mi causa la gente los insulte, los persiga... porque les espera una gran recompensa!" (Mateo 5:11-12).

Gracias, Señor, porque te dignas a acompañar nuestro sufrimiento. Amén.

WS

Preludio

Dios miró todo lo que había hecho, y consideró que era muy bueno. Génesis 1:31

¡Qué bueno que es comenzar el día en orden! La vida espiritual, la salud, las relaciones, el trabajo, la economía, los pensamientos, los planes... todo en orden, en equilibrio.

Así comenzó nuestro mundo. A pesar de haber sufrido la caída, el universo sigue hablándonos de Dios todopoderoso, que revela su infinita sabiduría en cada objeto creado. ¿Has mirado las flores? Obsérvalas con detenimiento, sólo a quienes les prestan atención les hablan de Dios. ¿Has escuchado los pájaros? ¿Cuántos gorjeos diferentes hay? Y de su plumaje ¿cuántos pintores anhelan destilar los colores de una pincelada? ¿Te has detenido a pensar lo similares y cuán diferentes somos los seres humanos? ¿La complejidad y la perfección de cada órgano?

¡Cuántos voceros de Dios tenemos a nuestro alrededor y en nosotros mismos! Sin embargo, cuántas veces caminamos ciegos y sordos, cautivados por nuestras preocupaciones. Detente hermano. La creación es una inmensa filarmónica que ejecuta el más bello preludio. Descúbrela, regocíjate y prepárate porque "cosas que ojo no vio ni se escuchó ni están en el pensamiento son las que voy a prepararles". Cristo nos dio la promesa de una nueva creación, habrá un lugar para ti, ¡no te quedes afuera!

Hoy veré la mano de Dios en las pequeñas grandes muestras de la naturaleza.

Señor, tú has hecho la creación en equilibrio. Permite que todos la disfrutemos y la cuidemos. Sintoniza nuestros sentidos para ver tu poder, sabiduría, y belleza en toda la creación. Amén.

Reflexión: ¿Cuido la creación? ¿Soy responsable? ¿Qué puedo mejorar?

JF

Amigo de Dios

¿Acaso el poder del SEÑOR es limitado? ¡Pues ahora verás si te cumplo o no mi palabra! Números 11:23

Moisés, el elegido de Dios. Fue salvado de la muerte por su madre, rescatado del río por la hija del faraón. Fue criado como príncipe en la corte egipcia, y preparado en la soledad del desierto. Fue instrumento de Dios para liberar a su pueblo de la esclavitud. Fue un profeta que intercedió, haciendo cambiar de opinión al mismo Dios. Como creyente vio y se llenó de la gloria del Señor. Como legislador recibió las tablas de la ley. Fue, sin dudas, una personalidad sobresaliente.

La Biblia no lo pinta a Moisés como un super héroe o un súper creyente. Lo pinta como fue. Un ser humano, con sus aciertos y logros, con sus errores y debilidades, que Dios fue moldeando, aún con muchos dolores de cabeza para él (para Dios).

Un hombre que le puso muchos "peros", que no se dejó convencer fácilmente, que fue sincero. Un instrumento. Un amigo de Dios.

Gracias a Cristo somos amigos de Dios. Él murió y resucitó para salvarnos, prepararnos y enviarnos. A ti y a mí. Con un propósito. Con nuestros pros y contras, aciertos y errores, fortalezas y debilidades, conocimientos e inexperiencias. ¿Dudas? ¿Tienes "peros"? ¿Desconfías? Sé sincero.

Hoy nos dice lo mismo que a Moisés: "¿Acaso el poder del SEÑOR es limitado? ¡Pues ahora verás si te cumplo o no mi palabra!"

Señor, perdón por todos los dolores de cabeza que te causo. Te doy gracias por tu paciencia y misericordia. Moldéame. En tu promesa afirmo mi confianza. Amén.

Reflexión: ¿Cómo obra Dios en mi vida? ¿Conozco su plan?

JF

Gracias

Cada uno llevará ofrendas según lo haya bendecido el SEÑOR. Deuteronomio 16:10

La ofrenda es mi respuesta a la bondad demostrada de Dios. "...bendecido", dice el texto, en pasado. No la bondad que demostrará. Con mi ofrenda no compro ni invierto, tampoco pago; es un regalo, un agradecimiento. ¿Mi ofrenda sólo incluye lo económico? "Según...", en proporción a lo recibido. Pero ¿qué he recibido? Vida física, espíritu, salvación, perdón, libertad, amor, paz, gozo, familia, salud, tiempo, dones, bienes materiales... miro a mi alrededor, las bendiciones del Señor se derraman abundantemente. ¿O es que todo lo que tengo lo he conseguido yo, lo he logrado solo, con mi sudor y lágrimas?

Estoy acostumbrado a pagar el agua, la luz, la medicina ¿He pagado también el agua de lluvia o la del mar?, ¿la luz del sol? ¿Cuánto cuesta un ojo, un corazón, un brazo o una pierna? ¡Qué sería de nosotros si Dios nos pasara la factura por cada cosa que nos da! Su mano se abrió para crear, y también se abrió para ser clavada en la cruz por nuestros pecados, continúa abriéndose cada día para colmarnos de bendiciones, tantas que muchas pasan desapercibidas.

Señor, soy egoísta pero tú me puedes enseñar a abrir mi mano. No estoy obligado, es una respuesta a tu amor.

Hoy miro a mi alrededor ¡Por cuántas cosas puedo agradecerte, Señor!

Señor, cuántas veces he sido autor de mis logros, olvidándote. Perdóname. Sé que tu amor sobrepasa mi egoísmo, ayúdame a ser agradecido. Amén.

Reflexión: Dios no mira los números, mira la motivación de mi corazón. ¿Qué otras cosas quiero ofrendar?

JF

Imágenes

...estas piedras que están aquí son un recuerdo permanente de aquella gran hazaña. Josué 4:7

Dios nos propone una ayuda memoria. Él conoce la fragilidad de nuestros recuerdos. El paso del tiempo suele borrar grandes hazañas que nos demuestran que el Señor es todopoderoso, fiel y amoroso. Podemos hacer "monumentos", pero... ¿dónde basamos nuestra fe? Muchas veces estas ayudas se han transformado en lugares especiales, luego en milagros y por último en ídolos, imágenes que ya no recuerdan la obra de Dios sino que la reemplazan. Pasaron a ser más importantes las representaciones que Dios mismo. Se termina adorando los carteles sin prestarle atención a lo que dicen. Ha pasado con los "santos", personas que necesitaron, como todos, del amor y del perdón derramado en la cruz por Jesucristo. Muchos de ellos vivieron en comunión íntima con Dios, sus predicaciones señalaron a Cristo como el único camino al Padre. Sin embargo, el tiempo y la miopía han hecho que en vez de mirar hacia donde ellos señalaron, los "fieles" queden ávidos, venerándolos, rogándoles y agradeciéndoles a sus imágenes. ¿Cómo verá Dios todo esto? Él es santo y quiere que tú también lo seas, él ha hecho la obra, nos ha salvado y ha conseguido una vida nueva. En la Palabra Dios está claro. La única señal valedera es Jesucristo, los demás caminos no conducen a la Jerusalén celestial.

Hoy verifico mi rumbo, tu Palabra es mi señal.

Señor, no permitas que en mi vida nada ni nadie ocupe tu lugar. Limpia mi mente y mi corazón. Que tu Espíritu me dirija. Amén.

Reflexión: ¿A quién adoro?

JF

24 de febrero Deuteronomio 31:1-13

Confía

Sean fuertes y valientes. No teman ni se asusten... pues el SEÑOR su Dios siempre los acompañará; nunca los dejará ni los abandonará. Deuteronomio 31:6

Benditas son las palabras de aliento y las promesas de nuestro Señor para todas las situaciones de la vida, en aquellas que nos hacen cosquillas, o en aquellas que nos golpean hasta dejarnos en un mar de lágrimas.

Hacía cuarenta años que los hijos de Dios estaban esperando este momento, el Señor los había librado de la esclavitud de Egipto, pero el temor les impidió tomar la tierra prometida, en el tiempo propuesto por Dios. Otra vez estaban frente a ella. Las ciudades, ¿no eran muy grandes y fortificadas? ¿No se sentían langostas frente a sus fuertes enemigos? Sí, pero Dios es ese mismo que tantas manifestaciones de poder les había demostrado. Una vez más le pide a su pueblo que no mire el problema que tiene por delante, sino que fije su mirada en él. Le propone escribir una nueva página en la historia... ¡y juntos lo hicieron!

Nosotros también tenemos una misión, y el Señor nos dice lo mismo. "No mires los problemas. ¡Sé fuerte y valiente! Confía, fija tu mirada en mí, puedo cambiar tu vida y la de todos los hombres del mundo."

Hoy acepto el desafío de mi Señor. Cristo me acompaña y cumple su misión a través de mí.

Señor, tú sabes cuán débil soy, ayúdame a enfrentar mis temores, sé fuerte tú en mí. Que brille tu amor, a mi alrededor hay muchos que necesitan tu paz. Amén.

Reflexión: ¿Cuál es la misión?

JF

Santo temor

Haré con ellos un pacto eterno: Nunca dejaré de estar con ellos para mostrarles mi favor; pondré en ellos temor en sus corazones así no se apartarán de mí. Jeremías 32:40

La gente sufre de muchos temores, algunos llegan a ser crónicos, miedos o fobias que paralizan, e impiden aprovechar todas las oportunidades que Dios ofrece para disfrutar y desarrollarse. Todos hemos sufrido algún temor, hay muchos y muy variados: a dialogar, a expresar lo que sentimos, a enfrentarnos, a situaciones o personas; a examinarnos, en el colegio, o con el médico, a cambiar, aunque no estemos cómodos o conformes... ¿Tienes otros?

Dios siempre tiene una solución. También para todos nuestros temores. ¿Cuál es la base de las vacunas? La propia enfermedad o el veneno que se quiere combatir. ¿Cuál es la base del jabón común? La grasa. ¿No parece contradictorio? Sí, pero evidentemente da resultado.

¿Recuerdas como comienzan las explicaciones que Lutero hizo de los mandamientos? "Debemos temer y amar a Dios..." Sí, porque éste es un temor santo, un temor que nos acerca al Señor y que combate los otros temores. No nos causa miedo, sino respeto, madurez, comunión, y fortaleza para enfrentar cualquier situación, porque en su gracia y amor está nuestra verdadera libertad. Sin Cristo tenemos temores, miedos y fobias, gracias a Cristo tenemos justicia y paz.

Hoy, en compañía de Cristo, expondré mis temores al Padre.

Jesús, tú conoces todos mis temores. Ayúdame a confiar en tu pacto, muéstrame tu favor, anhelo vivir en tu voluntad. Amén.

Reflexión: ¿Qué temores me frenan y me alejan de Dios? ¿Cuál es la vacuna?

JF

Sentimientos

No te alejes de mí, Dios mío; ven pronto a ayudarme. Salmo 71:12

Una vez compartía mis sentimientos con mis amigos. "Cuando llegué a esta casa Jesucristo estaba en mi corazón. Al año, Jesucristo estaba en la ventana, al año siguiente estaba en el jardín y ahora lo siento en la vereda. Necesito cambiarme de lugar porque si no, lo voy a seguir perdiendo."

Qué raros son nuestros sentimientos. Cuántas veces nos hacen ver las realidades tergiversadas. Son sin lugar a dudas cimientos de muchas de nuestras decisiones pero ¿son un cimiento seguro?... ¿o de arena?

La Biblia nos propone un fundamento real y verdaderamente confiable: Cristo. Aunque teníamos una deuda que nos separaba de Dios, Cristo la redimió, la pagó, la anuló con su sangre derramada en la cruz para darnos una nueva y verdadera comunión. Él prometió salvación y eterna compañía, para quienes depositan su fe en él. Y más aún, cuando nuestra fe se debilita o flaquea, él está, no nos deja solos. Él es nuestra ayuda, nuestro apoyo, nuestra roca firme. Nada nos podrá separar de su amor, ¡ni nuestros sentimientos!

No le temo a mis sentimientos, pero he aprendido a no poner mi confianza en ellos. Dios es todopoderoso y el único en quien puedo confiar con todo mi corazón.

Hoy verifico. ¿En qué o en quién he puesto mi confianza?

Señor, quiero confiar en ti más allá de mis sentimientos. Aún en los momentos en que tú guardas silencio. Dame una fe que madure día a día. Amén.

Reflexión: Más allá de mis sentimientos, Cristo es mi fundamento.

JF

Miedos y temores

"El Señor es quien me ayuda; no temeré. ¿Qué me puede hacer un simple mortal?" Hebreos 13:6

Nadie puede decir que no es víctima de miedos y temores. Se teme tanto a lo conocido como lo desconocido; hay miedo a lo oculto, hay fantasías supersticiosas, hay temor al misterio de la muerte. Los personajes más valientes e incluso temerosos de Dios mostraron su debilidad, su miedo: David (1 Samuel 21:12); Abraham (Génesis 12:13); Pedro (Mateo 26:70); Pablo (1 Corintios 2:3). Pero el temor se ausenta cuando tenemos confianza y nos fortalecemos en espíritu, cuando encontramos apoyo en alguien superior: el niño en su padre, el discípulo en su maestro, ¡el creyente en Dios!

Consideremos las palabras de David en este Salmo: "El SEÑOR es mi luz y mi Salvación, ¿a quien temeré?... ¿quién podrá amedrentarme? Adán se escondió de Dios en su debilidad, como una señal de que el miedo es resultado inmediato del pecado; David en su fortaleza busca a Dios: "Una sola cosa pido al SEÑOR, sólo esto persigo: habitar en su casa." No es que David no tuviera motivos para temer, ya lo hemos señalado arriba, habla de numerosos enemigos a los cuales ya no temía porque había hallado el refugio suficiente y necesario, y lo representa en esta sólida figura: "Porque en el día de aflicción él me guardará en su morada, al amparo de su tabernáculo me protegerá... me hará prevalecer frente a los enemigos que me rodean." ¿Cuáles son tus enemigos, tus miedos, tus ansiedades? ¿Quieres verlos vencidos? Entra en el cálido tabernáculo de confianza en el Señor y podrás con voz de triunfo imitar lo que hizo David: "En su templo ofreceré sacrificios de alabanza y cantaré salmos al SEÑOR."

Señor, en ti confío, ¡no temeré! Amén.

WS

Santidad

Dios no nos llamó a la impureza sino a la santidad. 1 Tesalonicenses 4:7

Antes se decía que una manzana podrida, pudre todo el cajón. Hoy una pequeñísima pila de reloj contamina seiscientos mil litros de agua.

Antes la ley condenaba la vida prostituída. Hoy los pensamientos, los ejemplos más bajos, son propaganda constante. En nombre de la libertad, hemos caído en el libertinaje. Defendiendo derechos, hemos "olvidado" nuestras obligaciones. El mundo tiene aturdida a la gente. Sexo libre, homosexuales, lesbianas, travestidos, drogas, vicios. ¿Cuántos dardos más comprende la artillería demoníaca que desmembra familias y trunca vidas consagradas?

Nos hemos separado de Dios. Es tiempo de oración y comunión. Perdón, Señor. Nuestros actos nos condenan pero tú puedes vivificarnos. Tu amor cubre todos los pecados y nos santifica.

No somos jueces, ni debemos apañar. Somos profetas de Dios. Proclamemos los límites dentro y fuera de la iglesia. Enfrentemos al mundo con amor, evitando la tibieza. Hermano, si estás o ves a alguien caído, el Señor ha venido a salvarnos a todos y él quiere que cada hombre sea lleno de su amor y santidad, libre de toda atadura de pecado. Pero ¿cómo van a ser libres si no conocen a Cristo? ¿Cómo van a estar en comunión con el Cristo vivo si sólo conocen a uno de plástico?

Hoy el Espíritu me llama a vivir en santidad.

Señor sabes cuánto he pecado. Toma mi dolor. Sana mis heridas. Restáurame. Quiero estar en comunión contigo, vivir en santidad, disfrutar y compartir tu gran amor. Amén.

Reflexión: ¿Cuántas cosas que hago, pienso, digo, miro y escucho, se oponen a mi santidad?

JF

Búsqueda divina

Pero Dios el SEÑOR llamó al hombre y le dijo: —¿Dónde estás? Génesis 3:9

¿Es que Dios ignoraba lo ocurrido? Dios es soberano, sabe todo perfectamente. Dios corrió el riesgo de darle libertad al hombre. Gracias al respeto del Señor podemos pensar, decidir y también equivocarnos. Su amor es tan grande, que aún sabiendo que estar a su lado es lo mejor que nos puede suceder, no nos obliga a hacerlo. En cada una de nuestras caídas, no importa cuán grave sea nuestro pecado, él no se presenta como juez o como enemigo destructor. Nos busca como Padre, con amor. Así como ayer, hoy nos pregunta, te pregunta ¿Dónde estás? Adán, como muchos de hoy, responde: "Tuve miedo... y me escondí." Querido hermano, Dios no nos condena. Porque nos ama, viene a redimirnos del pecado que nos condena. Busca sanar las caídas de nuestras pésimas decisiones, viene a acompañarnos, a traer comunión y vida donde hemos elegido separación y muerte. Vendrá como juez, pero cuando se haya terminado el tiempo. Ahora es tiempo de gracia, de paz con Jesús. No te escondas, no temas, él te ama.

Hoy es tiempo de aceptar el abrazo que Jesús me quiere dar.

Querido Señor, tú sabes mejor que nadie cuántas veces por temor me escondo de tu amor. Dame un abrazo fuerte, ayúdame a reconocer mis errores, anhelo vivir en tu perdón.

Reflexión: Adán tuvo excusas y echó culpas, "la mujer que me diste..." A mí también me pasa, pero reconocer mis errores es el único camino para que Cristo borre mis pecados, y restaure mi libertad y comunión.

JF

Orden y equilibrio

Todo lo que hagan... háganlo en el nombre del Señor Jesús. Colosenses 3:17

Años idos, fui maestro de instrucción bíblica y formación cristiana en una escuela privada cristiana. Además, siempre fui amante de tareas hortícolas, tarea a la que luego incorporamos a los niños de familias humildes, con el fin de estimularlos al trabajo y al provecho económico que éste significaría. Al poco tiempo las abundantes cosechas eran aprovechadas por los niños y sus familias en la escuela y en el barrio. Pero llegó un momento en que para niños y padres, no era yo maestro de instrucción bíblica y formación cristiana sino proveedor de verduras y hortalizas.

Muchas veces nuestra actividad social, como fruto de la fe, con genuina y sana intención, puede llegar a malinterpretarse afuera, y desviar por dentro la principal función de la iglesia. Es necesario manifestarnos al mundo en obras como fruto de la fe, pero sin descuidar en qué se fundamenta dicha fe. Es bueno que el mundo experimente el calor de nuestro hogar, que vean que resiste viento y tempestades, pero es esencial señalar la causa: ¡un sólido fundamento en la roca firme, nuestro Señor Jesucristo!

Con la mejor de las intenciones podemos caer en el error de que se confunda a la iglesia con una sociedad de beneficencia, y de que nuestro testimonio no vaya más de esto. Sepamos caminar sobre dos pies: dar testimonio de palabra, y corroborar con hechos. Ése es el equilibrio necesario, y en ese orden, para el crecimiento del reino de Dios.

Señor, que nuestras obras sean un fiel reflejo de tu obra por nosotros. Amén.

WS

Responsabilidad personal

¡Conviértete de tu conducta perversa! Ezequiel 33:11

"La primera impresión es la que más influye" es la frase convencional respecto a una persona recién conocida. Así nos llevamos sorpresas agradables como también frustrantes.

Para Dios, de acuerdo a la lectura de hoy, lo que vale ante sus ojos es la última actitud. Si una persona bien conceptuada en su medio termina con una actitud vergonzosa, ésta eclipsará todo su currículum vitae; sin embargo, para una persona de mala fama, una sóla actitud heroica, de arrojo, vale para olvidar su mala reputación. La conducta licenciosa del malhechor arrepentido en la cruz no fue tomada en cuenta por el Señor cuando arrepentido le dijo: "Acuérdate de mí..." (Lucas 23:42), pero sí valió su última actitud: exhortar al otro malhechor, y acudir a la gracia del Señor.

Dios, a través de su Palabra, invita a una nueva vida, a apoyarse en el Espíritu de Cristo, a nutrirse en él para lograr un cambio de conducta. Dios tendrá en cuenta tu última actitud. A partir del principio de que todos lo momentos de la vida serán en pos de la voluntad del Padre, todas las últimas actitudes serán buenas y agradables al Padre.

Cuando Pedro negó a Jesús, todo su testimonio anterior se perdió. Sólo la mirada de Jesús sirvió para cambiar de actitud en saludables lágrimas de arrepentimiento, lo que significó su reivindicación para que todas sus últimas actitudes fuesen una perla que glorificara a Dios: su humilde confesión junto al mar de Galilea, su decidida predicación en Pentecostés (Lucas 22:61-62; Juan 21:15-18).

Señor, ayúdame a imitarte siempre. Amén.

WS

Andar con él – llegar a él

Como anduvo fielmente con Dios... Dios se lo llevó. Génesis 5:24

Cuando transito por rutas, acostumbro a prestar atención a las leyendas de los camiones. Hay de todo: frases irónicas, picarescas, de sano humor como también expresiones de reflexión. Así leí una vez: "Cuando me voy, con Dios voy, y si no regreso... ¡me voy con Dios!" Esta frase me llevó a reflexionar: no es exclusiva para camioneros, porque en la ruta de la vida transitamos todos, pero... ¿vamos todos en compañía de Dios de manera que si no volvemos, estemos gozando de la presencia eterna de Dios?

El tiempo de la vida, de nuestro peregrinar, está formado por momentos, eslabones de una cadena corta o larga, y nadie sabe qué sucederá en el momento más inmediato, como tampoco sabemos si no será el último.

En la reflexión de ayer vimos la necesidad de "caminar continuamente con Dios" de manera que nuestra última actitud sea siempre agradable a los ojos de Dios. Enoc fue fiel a Dios, caminó con él y fue llevado por Dios al cielo. El camino al cielo ya está trazado en Cristo, él es el camino y la puerta. Si "vamos con Dios" en gozosa fe y esperanza en sus promesas, no habrá en nosotros temores, dudas, ni sobresaltos.

Sabemos y conocemos nuestra imperfección, y por eso en más de una oportunidad podemos salirnos de la huella o vernos sorprendidos en otra compañía. Para ello Dios ya ha hecho un pacto con nosotros, lleno de gracia, de manera que aunque nos salgamos del camino, él permanecerá fiel, para revertir nuestro rumbo.

Señor, no nos sueltes de la mano, camina siempre con nosotros. Amén.

WS

 Lecturas: Salmo 15; Job 2:1-10

Integridad

Quien se conduce con integridad, anda seguro. Proverbios 10:9

"¿Quién, SEÑOR, puede habitar en tu santuario? Sólo el de conducta intachable."

Conducta intachable es sinónimo de integridad, comportamiento de quien funda su vida en Cristo, en espíritu, alma y cuerpo, y no permite que ninguna contaminación que provenga de su vieja naturaleza, del mundo o del tentador, mancille su persona. Quien es íntegro, asienta su vida en ese fundamento y permite que sea Dios quien dirija sus pensamientos, palabras y actitudes. No necesita pensar qué dijo ayer para hacerlo coincidir con su actitud de hoy porque habrá una unidad coincidente en palabras y obras. Quien es íntegro aborrecerá el mal y no será concesivo ni permisivo en aquello que escape a la voluntad de Dios; su posición será siempre un firme sí o un firme no. También amará y se conducirá siempre en el bien y la verdad.

Modelos de integridad encontramos en un hombre joven como José en Egipto, un hombre mayor como José de Nazaret y un hombre anciano como Job. En ellos siempre se dio el principio de obediencia fiel al Señor, y sus conductas no variaban según la circunstancia que les tocó vivir. Job fue fiel y vivió su integridad antes, durante, y después de la gran prueba que tuvo que sufrir, lo mismo que José.

¡La integridad del justo es resplandeciente luz en el mundo como la luz de Cristo lo es para su alma!

Señor, el mundo, el diablo, y mi carne están muy cerca de mí; sólo mantendré mi integridad cuando mores en mi corazón permanentemente. Amén.

WS

Liberación

Voy a destruirte, Israel, porque estás contra quien te ayuda. Oseas 13:9

Muchas historias del pueblo de Dios o vivencias de personajes bíblicos son símbolos de la realidad espiritual del mundo y de la iglesia y la actitud misericordiosa de Dios: la esclavitud en Egipto, la lepra de Naamán (2 Reyes 5), el sitio de Samaria.

La situación de Samaria era de gravedad extrema; en pocos días morirían de hambre o estarían entregados en manos de los sirios. Por sus propios medios no podrían salvarse, y aunque lo intentaran, sería infructuoso. Sólo alguien de afuera los podría liberar de estar encarcelados en sus propias casas.

El profeta lo había anunciado: de buenas a primeras se revertería la situación. Humanamente imposible para el que no cree, como el caso del ayudante personal del rey, pero beneficiosa para el que cree el mensaje traído por pobres marginados: los cuatro leprosos.

Así también toda la humanidad cercada por sus enemigos espirituales, el diablo, el pecado y la muerte, está librada a su fatal destino. Sólo la gracia de Dios traída por el profeta, y anunciada por quienes ya lo han disfrutado, puede cambiar su suerte de esclavitud a libertad, de muerte a vida.

Muchos no creen ni aprueban que la salvación fuese tan accesible, sin mérito u obra de nuestra parte. ¡Sólo tomando el botín del triunfo victorioso de Cristo en la cruz sobre nuestros enemigos espirituales tenemos perdón, paz y vida eterna!

Nada podemos ni debemos hacer; todo está hecho, sólo recibirlo y disfrutarlo. Y al disfrutar, imitemos la actitud de los cuatro leprosos, proceder que analizaremos en nuestra reflexión de mañana.

Señor, ¡gracias por una salvación tan maravillosa! Amén.

WS

6 de marzo Mateo 10:16-23; 24:4-13; 1 Juan 1:18

Persecución permanente

Tengan cuidado; los he prevenido de todo. Marcos 13:23

La profecía del Señor acerca de la persecución que sufriría la iglesia a través de los tiempos comenzó en los albores del cristianismo. La herramienta del diablo: la cerrada incredulidad del judaísmo, y el poder político tiránico del imperio romano: castigos, flagelos, cárceles, muertes. Pero cuanto más se acentuaba la persecución más crecía y se expandía la iglesia.

Entonces el adversario cambia de estrategia: en lugar de perseguir a la iglesia ¡trata de expandirla! Como no ha podido vencer a la verdad, utiliza la mentira disfrazada de verdad, diseminando por doquier falsos profetas y falsos cristos. Es así que en medio de la más amplia libertad religiosa, donde se abren puertas de templos, campañas de predicación y evangelismo, se sufre encubiertamente la más tenaz persecución del cuerpo de Cristo.

El mundo entero, sediento de la verdad, tropieza con miles de estas "verdades" que no son más que caramelos envenenados que atrapan aún a los escogidos.

Iglesia de Cristo: ¡hay una sola verdad que bien conocemos! (Juan 8:31), y es nuestro deber velar para no caer en los lazos del diablo, desenmascarando sus artimañas y revelándolas a los cuatro vientos. La forma más eficáz para contrarrestarlo: permaneciendo firme en el mensaje de salvación en Cristo por su obra redentora en la cruz, y en un solo fundamento doctrinal para no dejarnos atrapar y no dejar que otros sean engañados: ¡Sólo por la fe, sólo por la gracia, y sólo a través de la Palabra revelada!

Señor, consérvanos en la verdad y ayúdanos a combatir al falso profeta a través de ella. Amén.

WS

Unidad en la diversidad

...que se mantengan unidos en un mismo pensar y en un mismo propósito. 1 Corintios 1:10

El mayor anhelo de nuestro Señor y su ferviente ruego en su oración sacerdotal fue la unidad de los suyos, la unidad de la iglesia. Y el vínculo de unidad perfecto debía ser el amor, como así también lo manifestó en su último mandamiento: "...que se amen los unos a los otros, como yo los he amado" (Juan 15:12).

Si en el amor está la fuerza de la unidad, el adversario luchará imponiendo la división, y como arma, la envidia, el odio, el resentimiento. Ésta es una de las armas letales para romper o debilitar el cuerpo de Cristo. ¡Cuántos hermanos se han apartado de la "comunión de los santos" "ofendidos" por pequeñeces, tonterías, insignificancias! Además, si agregamos la falta de humildad, mansedumbre y espíritu de reconciliación, esa pequeñez termina siendo un abismo cavado por el orgullo. ¡Sutil persecución del príncipe de este mundo!

No todos somos iguales, y jamás podrá haber siempre opiniones exactas y coincidentes, siempre habrá divergencias de opinión, es natural. Si el espíritu que los anima en esa diversidad es el amor de Cristo, no habrá divisiones ni desencuentros, habrá unidad dentro de la diversidad.

Dos grandes apóstoles tuvieron su diversidad al punto de separarse, pero permanecieron unidos en el vínculo perfecto del amor de Cristo. ¡Dios mismo utilizó esta divergencia para dar apertura a una nueva ruta de predicación del evangelio! (Hechos 15:39).

Resumiendo: siempre donde motive el amor de Cristo, habrá unidad y concordia a pesar de las divergencias; quitemos el amor, y el diablo tomará las riendas.

¡Consérvanos, Señor, firmes en el amor y la unidad! Amén.

WS

La mujer en su día

Mujer ejemplar, ¿dónde se hallará? ¡Es más valiosa que las piedras preciosas! Proverbios 31:10

En el día de la mujer muchas recibirán obsequios, felicitaciones, reconocimientos, pero ¿cómo se sienten las mujeres los demás días del año? Creo no equivocarme al afirmar que hay quienes sufren maltrato, abusos, mientras que otras desempeñan sus tareas sin alegría, sin satisfacción. Están las que quisieran trabajar fuera de la casa para lograr algún ingreso extra para necesidades mínimas propias; están las que tienen sus trabajos afuera, y cuando vuelven están cansadas y deben ocuparse de las tareas domésticas. Pero también están las que encuentran alegría y satisfacción en sus labores, en atender todas las necesidades de su familia, ser un pilar que la sostiene, ser "ayuda idónea" y compañera de su esposo.

¡Qué motivador es el cuadro de la lectura de hoy! Sus amigos invitaron a Jesús a una cena, le dedicaron su tiempo y sus dones, y mientras Marta servía con mucho cariño –seguramente de lo mejor que sabía hacer– María trae un perfume muy caro y lo derrama sobre los pies del Maestro, llenándose todo el ambiente de la casa del delicado perfume. Todos los presentes fueron beneficiados con el acto de María.

Invito a todas las mujeres, sin distinción alguna, sean profesionales o sencilla y noblemente "amas de casa" a imitar a las hermanas de Betania: invitar a Jesús a sus hogares todos los días, ofreciendo tiempo, compañía y dones a quienes lo necesiten, lo estarán haciendo a Jesús.

Si tenemos a Dios en primer lugar en nuestras vidas, todas nuestras acciones serán como un perfume para el Señor.

Señor, que mi vida sea nardo puro para ti. Amén.

WS

¿Consejeros de Dios...?

¿Quién puede cuestionar sus actos? Job 9:12

¿Quién eres tú para pedirle cuentas a Dios? Romanos 9:20

Dios es soberano y su sabiduría infinita; la mente humana no está capacitada para interpretar las profundidades de sus planes y designios. Sin embargo, el hombre pretende cuestionar con su mente finita y su lógica falible, al que es, al infinito, sabio y eterno.

¡Oh "sabia" lógica! ¿Cómo pretendes cuestionar al que es perfecto y todo lo sabe? "Ves que te apretuja la gente y dices '¿quién me ha tocado?'" (Marcos 5:31), razonaron los discípulos. Respondió Ananías: "Señor, he oído hablar mucho de ese hombre y de todo el mal que ha causado a tus santos en Jerusalén..." (Hechos 9:13). ¡Razonamiento! Andrés, discípulo de Jesús dijo: "Aquí hay cinco panes y dos pescados, pero ¿qué es esto para tanta gente?" (Juan 6:9). ¡Razonamiento lógico! Así, en todos estos cuestionamientos "lógicos" el Señor demuestra de inmediato lo equivocados que estaban.

No es erróneo hacer uso de la razón y la lógica, lo equivocado es cuestionar con ella la sabiduría divina, anteponer la mente humana a la divina no dando lugar a la fe. Si pertenecemos a la familia de la fe, aceptemos con fe lo que con nuestra mente no comprendemos. El Señor dice en nuestra Pascua, la Santa Cena: "Esto es mi cuerpo, esto es mi sangre..." sabiduría divina. ¿Tenemos la facultad humana para decirle: No, Señor, te equivocas, no es, sino que simboliza? Lógica humana. "La fe es la garantía de lo que se espera, la certeza de lo que no se ve" (Hebreos 11:1).

Señor, mantennos firmes en creer de todo corazón lo que con el razonamiento no podemos entender. Amén.

WS

Obediencia ciega

Obedézcanme. Así yo seré su Dios, y ustedes serán mi pueblo. Jeremías 7:23

¡Ojalá su corazón esté siempre dispuesto a temerme y a cumplir todos mis mandamientos, para que a ellos y a sus hijos siempre les vaya bien! Deuteronomio 5:29

Cuando Dios el Señor dio su ley a su pueblo manifestando su voluntad, enfatizó amenazas y promesas: la obediencia tendría sus beneficios y la desobediencia su consecuencia lógica.

Y a quien llegase a ser "el padre de la fe", Dios prueba su fe a través del primer gran mandamiento: "Ama al Señor tu Dios con todo tu corazón…" (Mateo 22:37). Dios no le pide todo su capital, ni aún su propia vida; le pide lo que más amaba, su único hijo engendrado en la vejez. Dios pide "su corazón" (Proverbios 23:26) y dentro de él, lo que más ama. Bien pudo el patriarca objetar "que por lógica" no podría ser, si de Isaac vendría su descendencia de acuerdo a la promesa (Génesis 17:21); ¡pero no…! ¡Era una orden divina y era necesario obedecer! Abraham amaba a Isaac y amaba a Dios. Isaac sin Dios no era nada, Dios sin Isaac lo era todo.

Cuando los inescrutables designios de Dios nos pueden llegar a apartar de lo que más amamos en la tierra, recordemos cuál es en realidad nuestro mayor tesoro. Quien sobrepase grandes pruebas, como Abraham, podrá observar, cual después de la tormenta, un radiante sol y una fresca brisa de la bondad de Dios. El salmista lo pudo experimentar y lo expresó así: "¿A quien tengo en el cielo sino a ti? Si estoy contigo, ya nada quiero en la tierra. Podrán desfallecer mi cuerpo y mi espíritu, pero Dios fortalece mi corazón; ¡él es mi herencia eterna!" (Salmo 73:25-26).

Señor, ¡con gran gozo hago mías las palabras del salmista! Amén.

WS

Cumpleaños

...tomó una piedra... y la llamó Ebenezer, "El Señor no ha dejado de ayudarnos". 1 Samuel 7:12

Ambas lecturas sugeridas se refieren a los únicos cumpleaños relatados en la Biblia de personajes nefastos, y en su festejo, consecuencias trágicas.

Los festejos de cumpleaños y aniversarios en ambiente secular –como en los casos mencionados– suelen ser para alimentar el egocentrismo y dar rienda suelta a la embriaguez y a la gula.

Todos cumplimos años, pero no todos lo festejan. El hecho de festejar significa darle real importancia a un hecho o acontecimiento; ¿y qué importancia le puedo dar yo, creyente, a mi cumpleaños? Veamos:

1. En un día como éste en el almanaque, Dios me regaló algo tan misterioso como maravilloso: ¡la vida!, don que debo y quiero engalanar en santidad para la gloria del dador.

2. Es una oportunidad para detenerme y analizar mi presente y poner una piedra "Ebenezer" como la de Samuel, y reconocer un pasado: ¡Hasta aquí me acompañó Dios con todas sus misericordias!, y ver en ese ayer todos mis pecados y transgresiones anulados en la cruz del Calvario.

3. La expectativa de un futuro incierto en el tiempo, pero segurísimo en calidad: y ¡qué calidad! si consideramos con quien contamos: "...estaré con ustedes siempre" (Mateo 28:20).

En oportunidad de festejos de cumpleaños se suele escuchar la frase: "es de tal signo" aludiendo al horóscopo. Sepamos confesar la diferencia entre la superstición mundana y la fe cristiana. Mi vida la rige un astro maravilloso, la estrella resplandeciente de la mañana, el eterno sol de justicia, mi adorado Señor Jesucristo.

Gracias, Señor, por tu pasado en mí, bástame tu gracia en el futuro. Amén.

WS

Conversión

El encargado del banquete probó el agua convertida en vino... "tú has guardado el mejor vino hasta ahora". Juan 2:9-10

Seis tinajas de purificación que a pedido de Jesús fueron llenas de simple común y saludable agua. Sin embargo, un tanto insulsa para acompañar una cena de bodas.

Sin extravagancias que llamen la atención de la gente, Jesús convirtió aquella agua en el mejor vino. Algo común, hecho algo especial. Así reveló su gloria por primera vez en Galilea y muchos comenzaron a creer en él.

Esta acción continúa repitiéndose una y otra vez a lo largo de la historia. Pero no sólo con agua, objetos, notas musicales, palabras, situaciones, sino sobre todo con vidas, con corazones, personas simples, comunes, que son transformadas, convertidas en especiales, por el gran amor del maestro, para gloria de su nombre.

Sí, el Señor hoy también hace milagros. Cada día te transforma, hace que renazcas a una nueva vida de comunión íntima con él. Si el maestro se revela hay gozo y plenitud en nuestros ideales, sin su intervención hay problemas y mediocridad. Cada día se sirve una nueva boda, tú, que eres agua, eres transformado en vino, para su gloria y para que muchos se regocijen, celebren y crean en él.

Mírate, Jesús te ha transformado por su poder, eres un hijo de Dios.

Hoy, confiado en mi Señor disfrutaré que intervenga en mi vida.

Querido Dios, tú eres todopoderoso, tu obra en la cruz me transforma. Quiero ser cada día el mejor vino. Amén.

Reflexión: ¿Qué hizo el agua para ser convertida en vino?

JF

Corazones ardientes

¿No ardía nuestro corazón mientras... nos explicaba las Escrituras? Lucas 24:32

¿Has comprado algún producto que venía en una caja grade, de hermosa presentación, con atractivos colores, pero que cuando lo abriste parecía un chasco? Afuera, un muy lindo paquete, adentro, la caja casi vacía.

Cleofas y alguien más, caminaban tristes los once kilómetros desde Jerusalén hasta Emaús. El Redentor había muerto.

Ellos estuvieron con Jesús, escucharon sus enseñanzas, vieron sus milagros, quizás en más de uno estuvieron involucrados. Pero no comprendieron la esencia. Ellos empaquetaron a Cristo, y creyeron que eso era todo, cuando Cristo abrió el paquete, se decepcionaron. Ellos veían sólo la realidad de ellos. Cristo trae una realidad eterna. Ellos querían soluciones físicas. Cristo trae soluciones físicas, pero sobre todo espirituales. Ellos buscaban un caudillo político. Cristo es el Mesías que nos libera de la esclavitud del pecado, de la muerte y del diablo.

El amor de Jesús no condena sus dudas, los busca y les explica la nueva realidad: cumpliendo todas las Escrituras, Cristo resucitó y se revela compartiendo el pan. Ahora creen, y de noche corren los once kilómetros para compartir la buena noticia. La tristeza ya es historia que se cambia en gozo. Sus corazones arden al creer, por compartir.

Hoy le confieso al maestro lo que no entiendo, confío, él también quiere explicarme a mí.

Querido Señor, ayúdame... Tú has traído solución eterna también para mí. Enséñame tu Palabra. Haz que arda mi corazón. Quiero vivir en el gozo de tu comunión y correr a compartirla. Amén.

Reflexión: Cristo no empaqueta a nadie. Yo, ¿no empaqueto mi fe en él?

JF

¿Cómo estás?

Espera en el SEÑOR. Porque en él hay amor inagotable, en él hay plena redención. Salmo 130:7

¿Te sientes abatido, solo, sin apoyo? ¿Las cosas no salen como lo esperas? ¿Sabes que puedes dar más, pero no lo estás haciendo? ¿O crees que a nadie le interesa? ¿Estás cayendo en un mar de preocupaciones? ¿Te ahogan las frustraciones? ¿Has comenzado cosas que no has podido concluir? ¿Has tomado malas decisiones que te han arruinado? ¿La depresión está golpeando a tu puerta? ¿No te estás haciendo cargo de cosas que te corresponden? Quizá sea hora de confiar más en Dios.

Aunque no resulta fácil ser paciente cuando las urgencias nos corren. Aún en los casos más extremos es saludable no olvidar las prioridades. Lo urgente no debiera arrasar con lo importante. Pero... ¿qué es lo importante?

Verifícalo tú mismo. Lo que ofrece mayores resultados, lo más firme, lo más perdurable, lo que ha sido probado, lo más grande, lo eterno, lo más dulce: el amor inagotable del Señor.

Inagotable como un manantial surgente de agua pura, para que todos nos lavemos, nos saciemos y revivamos. Sí, porque sólo en Cristo podemos encontrar plena redención, restauración, fuerzas y razón de vivir. Él entregó su sangre como precio de nuestro rescate y justificación. Él fue a prepararnos un lugar. Es más, prometió estar con nosotros todos los días hasta el fin del mundo.

Hoy guardaré en mi memoria el Salmo 130:7

Querido Señor, tú sabes cuántas veces trato de resolver solo las situaciones difíciles, ayúdame a confiar en ti. Enséñame a esperar en ti. Amén.

Reflexión: Pienso en cada versículo del Salmo 130.

JF

Escalón

Sin embargo, no estoy solo, porque el Padre está conmigo. Juan 16:32

Hoy estuve pensando en ti, que la vida puso en tu camino una piedra: la soledad. Ya no escuchas más ruidos que los que tú haces. Tu casa está vacía, pero un poco menos que tu corazón. El tiempo se dilata, los días parecen sin fin. Tus lágrimas no encuentran un hombro y tus risas no tienen eco... completamente solo...

Aunque algunos días se sientan como un castigo, son una prueba más de la gracia, del amor y de la confianza que Dios deposita en ti. Cada uno de nuestros días tiene una razón de ser. Con esperanza abre la puerta a una nueva realidad.

Como Cristo, busca la compañía del Padre, en oración, en su Palabra, él quiere cumplir sus promesas en ti. Invítalo a compartir cada momento contigo. Permite que sea tu amigo de viaje. Él es tu Señor y tiene un plan, una razón para tu vida. Si no fuera así, ya estarías en su presencia. Confía. ¡No estás solo! Cristo te comprende y está a tu lado. La vida con él cobra un nuevo sentido.

Hoy aprovecharé la piedra, guiado por Cristo, construiré un nuevo escalón en mi comunión.

Querido Jesús, tu sabes como está mi corazón, quiero enfrentar mi situación de tu mano, seca mis lágrimas, toma mi dolor. En tu resurrección está mi victoria y mi resurrección. Dame gozo al despertar cada día, cuento con tu bendición y eterna compañía. Amén.

Reflexión: ¿Cómo puedo trabajar mi soledad para estrechar mi comunión con Cristo y con los demás?

JF

Rumiantes

En mi corazón atesoro tus dichos para no pecar contra ti. Salmo 119:11

Cuando era niño, en vacaciones, fui a la casa de mis tíos Adán y Renata. De mañana muy temprano ellos ordeñaban esas vacas gordas y lindas que después dejaban ir a pastar. Por la tarde las buscaban y venían deseosas del agua del estanque. Las observé y le pregunté a mi tío: ¿Las vacas, tienen goma de mascar? ¡Cómo se rió! Las vacas rumian, después de tomar agua, se echan, y para ayudar a la digestión, vuelven a masticar el pasto que comieron en el campo, facilitando la absorción de todos los nutrientes, me explicó. ¡Por eso estaban tan lindas y gordas!

¡Que bueno sería si nosotros también fuéramos rumiantes de la palabra de Dios! Si en nuestra mente siguiéramos masticando lo que hemos aprendido en la última reunión de la iglesia. ¿Cuánto hace que no aprendemos un texto bíblico de memoria? ¿No sería bueno "rumiar" con lo que alguna vez aprendí?

Masticar palabra por palabra sacándole todos los "nutrientes" a la palabra de Dios es el mejor alimento para mi propia alma. Sólo en su Palabra fortalecemos nuestro espíritu y comunión. Sin dudas, será alimento para quienes me rodean también. ¡Adelante!

Hoy rumiaré palabra por palabra el Salmo 119:105.

Querido Señor, tú has dicho que no sólo de pan vivirá el hombre sino de toda palabra que sale de tu boca. Sé mi maestro, quiero comprender tus verdades según tu profundo entender. Amén.

Reflexión: ¿Qué es más importante: tener la Palabra en la biblioteca, en la mesa de luz o dando vueltas en mi cabeza?

JF

Perdón

Padre... perdónalos, porque no saben lo que hacen. Lucas 23:34

Perdón. ¡Qué palabra tan chiquita pero cuánto cuesta decirla! Sí, no resulta nada fácil que estas seis letras salgan del corazón. Hasta Dios tuvo que pagar un altísimo precio para poder decirla. Él mismo, encarnándose en Jesús, nació como hombre, dejando atrás todo cuanto le era propio, movido por su amor, ocupó el lugar que le correspondía a cada ser humano, a ti y a mí también.

Sufrió la humillación, vino en son de paz y recibió burlas y castigo. Abrió su mano para dar y a cambio recibió clavos. Pero aún después de un largo sufrimiento proclamó, en su último aliento, "todo se ha cumplido" (Juan 19:30). Cargando con todos nuestros pecados nos dejó su perdón y expiró.

El madero de la cruz simboliza cuánto cuesta el perdón y cuánto amor hay en quien quiere perdonar. Mira a Cristo, llénate de él.

Si la muerte es el precio del perdón, la resurrección es el sello de la victoria. Permite que todo cuanto te impide perdonar sea clavado en la cruz y muera allí. Resucita con Cristo a una vida nueva. Que cada día la sangre del Mesías te redima y su paz sea la realidad que te libere.

Hoy miraré a quien me cuesta perdonar, como tú, Señor, me miras a mí.

Tú, mejor que nadie, sabes cuánto cuesta perdonar. Gracias por perdonarme a mí. Ayúdame a vivir perdonado, enséñame a perdonar como tú, completamente. Amén.

Reflexión: ¿Si perdono de corazón, hay lugar para una nueva oportunidad? ¿Puedo volver a confiar? Cristo me ayuda con su ejemplo.

JF

Gimnasia

Corramos con perseverancia la carrera... Hebreos 12:1

Contrarrestando nuestro sedentarismo, desarrollamos gimnasios, aparatos para correr, pesas, abdominales, etc. Sometemos a nuestros cuerpos a duros esfuerzos procurando mantenerlos en forma, saludables, ágiles, fuertes, con altas defensas, para que se vean bien...

¿Cómo contrarrestamos nuestro sedentarismo espiritual? ¿Está en nuestro anhelo mantener en forma, saludable, ágil, fuerte, con altas defensas a nuestro espíritu?

Hay gimnasios espirituales donde nos reunimos. La iglesia es nuestro gimnasio. Allí, en amor, nos congregamos para fortalecernos, sanar las heridas de las batallas de la vida, consolarnos, confortarnos y animarnos unos a otros. Aprendemos ejercicios espirituales personales y grupales que están relacionados con la comunión personal, familiar y congregacional. Estudiamos la Palabra, oramos, nos vigorizamos al compartir los sacramentos. Nos ejercitamos para la misión. Adoramos a Dios proclamando el inmenso amor de Jesucristo, que dio su vida en la cruz para restaurar su comunión con todos los seres humanos.

Cada congregación desarrolla la misión a través de muchos grupos de trabajo. ¿Formas parte de alguno? ¿Lo has intentado?

Descubrir, fortalecer y poner en servicio los dones que Dios nos ha dado, glorifica a nuestro Creador y Redentor y llena nuestra alma de satisfacciones. Tú tienes mucho para dar, ¡disfrútalo compartiendo!

¿Qué puedo hacer, a partir de hoy, para fortalecer mi comunión?

Querido Señor Jesús, con tu resurrección iniciaste una comunión pura y viva. Ayúdame a entrenarme en la carrera que tú me propones. Quiero ejercitarme y fortalecerme en ella cada día. Te ruego que tu Espíritu me guíe a ver claramente tu meta. Amén.

Reflexión: ¿Cuánto tiempo separo para mis ejercicios espirituales?

JF

Ministerios

"...predicar el evangelio donde Cristo no sea conocido..." Romanos 15:20

¿Conoces las siglas CPTLN? Es un ministerio de la iglesia que está a tu alcance. Es Cristo Para Todas Las Naciones. Gracias al trabajo de muchos hermanos y el apoyo de otros, este ministerio estimula la obra evangelística congregacional. Lleva agua de vida, proclama el amor, el perdón y la paz de Dios en Jesucristo a más de ciento diez países del mundo. Mes a mes CPTLN aborda una problemática actual diferente. La analiza, desarrolla, y presenta la perspectiva cristiana para dicha situación. Todo se compila en un fascículo que se distribuye gratuitamente. Además, prepara un micro radial que se difunde en diferentes emisoras. La gente obtiene el folleto por Internet en www.cptln.org

Te invito a orar y cultivar este ministerio. Conoce su historia fundacional, las diferentes oficinas del mundo o a los hermanos que allí trabajan visitando la página de Internet, o hablando con tu pastor. Conocernos nos acerca, acercarnos nos fortalece y nos trae comunión y la comunión siempre tiene frutos.

Hoy estrecharé mi comunión con mis hermanos.

Querido Señor Jesús, tu entregaste tu vida para que todos los hombres del mundo sean salvos y nos envías hoy a proclamar esa salvación. Muévenos a conocer y apoyar los ministerios de tu iglesia. Bendice a cada hermano que trabaja en ellos. Bendícenos para que todas las congregaciones puedan aprovechar al máximo las oportunidades e instrumentos que tu amor nos brinda. Amén.

Reflexión: Los medios de comunicación pueden ser medios de proclamación del amor del Señor. ¿Cómo los aprovechamos?

JF

Y no se lo impidan

Dejen que los niños vengan a mí... Mateo 19:14

Muchas personas piensan erróneamente respecto de la vida espiritual, hay mucho desconocimiento y comodidad. No participan de la escuela dominical, ni reconocen los beneficios del Bautismo. ¿Qué es el Bautismo? ¿Es simplemente una "ceremonia religiosa" que tengo que cumplir con Dios, el pastor o la sociedad y festejar con tortas y globos? ¿Es una de las "cuatro estaciones de algunos cristianos"? Muchos han desvirtuado el Bautismo, quitándole la esencia y quedándose sólo con el decorado, con la cáscara. Esto es lo que otros rechazan y por desconocer la esencia, desechan todo.

Como iglesia hemos guardado verdades puertas adentro, que estamos llamados a proclamar al mundo. Por la oportunidad de pedir perdón y de cambiar, gracias, Señor.

El Bautismo es sumamente simple pero extremadamente profundo. Como la circuncisión del Antiguo Testamento, es una señal, un pacto de Dios, que tiene como base la muerte y la resurrección de Cristo. Dios ahoga nuestra vieja naturaleza y nos resucita a una vida nueva, nos lava del pecado original, nos hace sus hijos.

Proclamemos la verdad a todos los hombres: el Bautismo es un nuevo nacimiento, una obra, un pacto, no de los hombres, sino de Dios con los hombres. Un sello de su inmenso amor.

Diariamente recordaré mi Bautismo y sus beneficios.

Querido Señor Jesús, en tu obra en la cruz y en tu resurrección está el valor de mi Bautismo, ayúdame a no olvidarlo y a proclamarlo a todo el mundo. Amén.

Reflexiono en la similitud entre el Bautismo y la circuncisión.

JF

La iglesia

...da una manifestación especial del Espíritu para bien de los demás. 1 Corintios 12:7

La iglesia es un organismo vivo que recibe y da vida, donde cada persona es llamada por Dios mismo, salvada, dotada del perdón más sublime, del amor más profundo y de un don del Espíritu que a todos llena de gozo. Cristo es base y esencia, de cuya fuente todos nutrimos nuestra fe y comunión, por quien recibimos el Espíritu que consuela, sana, fortalece, se manifiesta y envía con poder.

La iglesia tiene naturaleza divina porque por él fue instituida, construida y sustentada. También tiene naturaleza humana y como tal es imperfecta y perfectible.

Todos los que creemos y confiamos en Jesucristo como nuestro Señor y Salvador formamos la iglesia. Somos su cuerpo, él es la cabeza. Cada día buscamos comunión y santificación con nuestro Padre celestial y con nuestros hermanos. Guiados por el maestro, limamos nuestro espíritu, trabajamos nuestra conducta. Iluminados por su Palabra encontramos guía y aliento para todas las situaciones. Amados, aprendemos a amar; perdonados, a perdonar. En libertad gozamos de una vida nueva que es presente y es eterna.

Llenos de su Espíritu compartimos con el amigo, el vecino, el mundo, que por Cristo, el amor de Dios fluye desde su Palabra a la iglesia y a cada corazón.

Hoy, Señor, lleno de tu Espíritu, te sirvo con amor.

Gracias, Padre, por tu iglesia, por hacerme un miembro de ella. Perdóname las veces que te he fallado como tal. Ayúdame a encontrar mi lugar, a servirte en santidad y alegría. Amén.

Reflexión: ¿Cuál es mi don, mi lugar y mi misión?

JF

Creídos

Hay seis cosas que el SEÑOR aborrece, y siete que le son detestables: los ojos que se enaltecen, la lengua que miente... Proverbios 6:16-17

En una reunión juvenil se suscitó un cambio de opiniones respecto a "calificación" de pecados. El peor: la incredulidad; el más común: la mentira y el engaño; lo más doloroso: la traición; lo más detestable: la vanidad.

En el vocablo popular sudamericano existe el término el "creído"; es aquel que cree ser lo que no es, no en el sentido de baja autoestima, sino todo lo contrario; cree ser el centro de todo y si en algo sobresale por hechos o dones, se lo atribuye a su dios "yo". Es uno de los más detestables resabios del jardín de Edén en el engaño de la serpiente: "...llegarán a ser como Dios" (Génesis 3:5). ¡Y hay quienes así lo creen! Son personas dignas de conmiseración por su ceguera. Personajes famosos por sus triunfos deportivos o "estrellas" de la farándula, han sido entronizados en la idolatría popular; muchas veces se comete el error de alimentar este nefasto espíritu a través de la adulación, como en el caso de Herodes (Hechos 12:23).

Para contrarrestar el virus de la soberbia y el orgullo –del que nadie está exento de verse contagiado– es bueno tener presente el consejo de Pablo: "Nadie tenga un concepto de sí mismo más alto que el que debe tener" (Romanos 12:3). Es bueno permitir que el Señor camine junto a nosotros como paradigma, para darnos cuenta así de la magnitud de nuestra miseria: "pobres, ciegos y desnudos" (Apocalipsis 3:17), y de la grandeza de su amor y misericordia, y así también nutrirnos del ejemplo de humildad que nos ha dejado.

Señor, ten lástima de mí que soy pecador. Amén.

WS

Humilde enaltecido

Humíllense delante del Señor, y él los exaltará. Santiago 4:10

La rectitud en la vida del creyente siempre se anticipa con el matiz de humildad.

Observamos en la lectura de hoy que el faraón suponía que la facultad de interpretar sueños en José le era inherente: "Me he enterado que… eres capaz de interpretarlos…" José no se infló de soberbia, no era un "creído"; puso las cosas en su lugar respondiendo lo justo, dando la gloria a Dios: "No soy yo quien puede hacerlo, sino que es Dios quien... dará una respuesta..." Gracias a su humilde respuesta se confirmarían en él las palabras del Señor Jesús "el que se humilla será enaltecido" (Lucas 14:11). Así es como el faraón comprueba que es Dios quien está en José, por eso lo nombra gobernador. La decisión de ponerlo al frente como "primer ministro" no se fundamentaba en su porte físico, sino en su belleza espiritual. José poseía la sabiduría de Dios.

¿Qué hubiera sucedido si José no glorificaba a Dios de inmediato ante las palabras del faraón?

¿Habría sabido él que Dios estaba con José? ¿Habría conocido el rey al Dios todopoderoso, único y verdadero? El simple, sencillo, y humilde testimonio de José, sirvió para ser instrumento en manos de Dios para sus sabios designios (Génesis 50:24).

José es figura de Cristo, nuestro Señor, quien en todo glorificaba al Padre, que humillándose hasta la vergonzosa muerte de cruz para salvarnos, fue enaltecido a la derecha del Padre. Imitando a José, seremos por gracia de Dios, "pequeños Cristos".

Señor, ayúdame a imitar tu humildad. Amén.

WS

Enaltecido – humillado

Al orgullo le sigue la destrucción... Vale más humillarse con los oprimidos que compartir el botín con los orgullosos. Proverbios 16:18-19

El apóstol Pedro aconseja en su primera epístola universal: "Revístanse todos de humildad en su trato mutuo, porque 'Dios se opone a los orgullosos pero da gracia a los humildes'" (1 Pedro 5:5).

Si José en Egipto fue modelo de humildad, en la dispersión judía en Babilonia el mal ejemplo de Amán es paradigma para evitar caer en la soberbia y su triste consecuencia.

Mardoqueo, un fiel judío, sabía muy bien que sólo debía humillarse ante Dios en el cielo. No lo habría de hacer ante la necedad de un hombre que alardeaba un cargo. Hasta tal punto llegó el enardecimiento de su aversión por Mardoqueo por no verse honrado por él, que preparó un ardid para eliminar no sólo a éste, sino a todo el pueblo judío. La figura de Dios no se menciona en el libro de Ester, pero su proceder de justicia lo manifiesta. El fruto de la vanidad enfermiza se vuelve como boomerang contra quien planifica la maldad: Amán es llevado a la horca, y Mardoqueo enaltecido como primer ministro. "El que a sí mismo se enaltece será humillado, y el que se humilla será enaltecido" (Lucas 14:11).

El mundo está lleno de focos de presunción, ostentación de poder y vanagloria. No nos dejemos atrapar por los tentáculos de fama, poder y gloria. Que el espíritu noble y humilde del Señor que poseía Mardoqueo nos sirva para poder sobrellevar situaciones similares a las que tuvo que soportar Mardoqueo, pero que finalmente se revirtieron por gracia de Dios.

Señor, que nuestra reverencia se manifieste sólo ante tu presencia. Amén.

WS

Cristo nuestra arca

Aunque pase yo por grandes angustias, tú me darás vida... ¡Tu mano derecha me pondrá a salvo! Salmo 138:7

Buenos Aires, agosto de 1999. Por fallas técnicas, un avión de cabotaje se estrella contra un paredón antes de levantar vuelo y se incendia. Sólo una decena de pasajeros, que estaban cerca de la puerta de abordaje, alcanzaron a escapar por el oportuno auxilio que desde afuera personal del aeropuerto prestara con celeridad.

La situación antes señalada se asemeja a la de toda la humanidad: encerrados en su naturaleza pecadora no pueden escapar de su fatal destino: "La paga del pecado es muerte" (Romanos 6:23) salvo que alguien de afuera les abra la puerta de la salvación. Es Dios, a través de Cristo, quien ha abierto esa maravillosa puerta.

A su vez, toda la familia de la fe que por gracia de Dios ha sido librada del pecado, de la muerte y del diablo, se encuentra en otra gran nave: el reino de Dios, la iglesia combatiente, que cual gran arca de Noé, sufre los avatares de las pruebas y sufrimientos por causa de Cristo; pero por más que ruja la tempestad afuera, la seguridad y la calma dentro del arca, –Cristo– es permanente hasta llegar al puerto de salud.

No importa que en el navegar de la vida el diluvio azote nuestros días; la paz interior y el gozo del perdón por medio de Cristo nos llena de consuelo que algún día, a pesar de la incertidumbre del mañana por circunstancias seculares, anclaremos en un puerto seguro, guiados por un maravilloso piloto: ¡el mismo Señor Jesús!

Un tradicional himno cristiano dice: "En el arca la paloma, encontró donde reposar, para mi alma atribulada, ¡arca tú, Señor, serás!" Amén.

WS

El destino, ¿existe?

¿Acaso creen que me complace la muerte del malvado? ¿No quiero más bien que abandone su mala conducta y que viva? Yo, el SEÑOR, lo afirmo. Ezequiel 18:23

Uno de los temas más comunes que se consideran en charlas de grupo es sobre lo que sugiere el título: ¿existe el destino como suerte preestablecida? Y si quien es dueño y conocedor del futuro es Dios… ¿señala Dios el destino de cada uno? (Juan 21:19). Si tenemos un "destino señalado", ¿somos títeres de los caprichos de Dios?

La Biblia sólo nos habla de los secretos designios de Dios y que él en su inmensa sabiduría predestinó a sus escogidos para salvación (Romanos 8:28-30). Para nada se nos enseña o sugiere la idea que "cada uno tiene su destino inexorablemente marcado", al contrario, la historia de la lectura de hoy nos muestra que nuestro "destino" –por así llamarlo– está señalado en la libertad con que cada uno administra su vida.

Dios había señalado –marcado un destino– al rey Ezequías, pero éste pudo "cambiar" al momento los designios de Dios por medio de la oración. Así concluimos que cada uno es artífice de su destino de acuerdo a la actitud con que proceda. El fin de un conductor ebrio y negligente no se lo puede catalogar como "trágico destino".

El creyente no debe preocuparse cuál será la calidad de sus días futuros, ni dónde y cuando será el fin de su peregrinar terrenal, porque sabe que tiene la libertad de administrar su vida, y que sus días están en las manos de Dios, quien desea un solo "destino" para la humanidad: "¿...creen que me complace la muerte del malvado? ¿No quiero más bien que abandone su mala conducta y que viva?"

Gracias, Señor, por poder encomendar mis días en tus manos. Amén.

WS

La luz mala

Las costumbres de los pueblos no tienen valor alguno. Jeremías 10:2-3

¡Una luz mala! ¡Una luz mala! Exclamó repentinamente mi tía mientras caminábamos por el campo en una estrellada noche de verano. Con mis tiernos 7 años, no comprendía lo que a mi tía amedrentaba.

Hoy, a 50 años de aquel entonces, lo experimenté en mi cotidiana caminata al amanecer: la fosforescencia de la acumulación de huesos de animales diseminados en el campo castigado por la sequía, mostraba una decena de "luces", que como intermitentes luciérnagas, se repartían por el campo.

"La luz mala" es la frase que la superstición le ha dado a estos fenómenos naturales. Son muchos los que creen y se dejan llevar por la tradición popular que existe un poder maléfico, oculto, en lo que no es más que una reacción espontánea de la naturaleza.

Levanto la vista y mis ojos tropiezan con otra luz que lentamente se perfila en el horizonte: la refulgente estrella de la mañana que anticipa el surgimiento del sol de un nuevo día. ¡Qué hermoso mensaje divino para contraponer la superstición humana! Después de una oscura noche, la promesa de un nuevo día es tan inevitable como indudable. Así también es la promesa de Dios: después de lo tenebroso de nuestra noche de pecado, la gracia y el perdón de nuestro "Sol de justicia" se hace realidad en la vida del creyente en Cristo Jesús, nuestra "brillante estrella de la mañana" (Apocalipsis 22:16).

Señor, sé tú nuestro norte, para que en el horizonte de nuestra vida percibamos siempre tu refulgente luz. Amén.

WS

Advertencias

Toda la plenitud de la divinidad habita en forma corporal en Cristo. Colosenses 2:9

No se dejen llevar por ninguna clase de enseñanzas extrañas. Hebreos 13:9

En Job 12:12 leemos: "Entre los ancianos se halla la sabiduría; en los muchos años el entendimiento."

El poeta y literato José Hernández escribió: "El diablo sabe por diablo, pero más sabe por viejo." Si agregamos a la edad el "temor del SEÑOR" (Job 28:28) ¡qué gran capital contamos en el consejo de un anciano que del cofre de sus experiencias nos alienta con cosas bellas, pero que también nos advierte de lo malo! (Salmo 71).

Jesús, nuestro Señor, que estuvo pocos días sujeto a la dimensión del tiempo, y que en su naturaleza divina tenía la eterna sabiduría de Dios, nos advierte: "Cuídense de los falsos profetas" (Mateo 7:15). "Tengan cuidado con la gente" (Mateo 10:17); y es la gente quien en la necedad de su pensamiento, ajena de la sabiduría de Dios pretende suplantar el sano mensaje del evangelio con consejos de huecas filosofías humanas. Denominaciones sectarias, instrumentos del diablo que a través de teorías religiosas orientales evitan revelar la realidad de la deplorable condición humana del pecado, y hacen creer que cada ser humano está capacitado, tiene el poder, la capacidad de superarse, y llegar al nivel de perfección divina.

Sólo Dios es perfecto, nadie llega a Dios si no es por medio de Cristo; nadie se deshace de su realidad corrupta si no lo es a través de la cruz de Cristo; el poder está sólo en aquel que es todopoderoso: nuestro único Dios verdadero: Padre, Hijo, y Espíritu Santo.

Señor, sólo tuyo es el reino, el poder, y la gloria para siempre. Amén.

WS

Mensajeros

Cuando predico el evangelio, no tengo de qué enorgullecerme, ya que estoy bajo la obligación de hacerlo. 1 Corintios 9:16

Alberto estaba desconsolado, no había podido rescatar una hipoteca por haber perdido su salud y su trabajo, y el remate de su propiedad sería inminente. Un día antes del que consideraría el más negro de su vida, se entera que es beneficiario de una cuantiosa herencia que legara un tío que ni siquiera conocía. ¿Cuál sería su primera reacción? ¡Expresar con viva emoción a parientes, amigos, vecinos y hasta a desconocidos, lo que considera un milagro de Dios! ¡Sería fuera de lo normal, escaparía a la lógica, almacenar sólo para sí un regocijo tan grande!

Este caso imaginario sirve para compararlo al real que hemos considerado en la lectura de hoy: los cuatro leprosos se verían culpables si no expresaran de inmediato el milagro sucedido y que no era exclusivo para ellos. Con todas sus fuerzas, rebosantes de alegría, comparten su experiencia. ¡No era sólo un deber, sino una necesidad hacerlo!

El "creyente"que espontáneamente no manifiesta la alegría de su salvación, desconoce la realidad del terrible peligro de su naturaleza pecaminosa, por lo tanto no valora la magnitud de su salvación. Quien verdaderamente lo experimenta no puede callar lo que su espíritu lleno de regocijo necesita manifestar. El mensaje del ángel en la noche de Belén a los pastores fue: "...será para todo el pueblo..."; los pastores no mezquinaron su alegría, sino que manifestaban a todos con quienes se encontraban, que la salvación prometida había llegado.

¡Eres beneficiario de una salvación grandiosa! ¿"Necesitas" compartirla? ¡Feliz quien puede responder afirmativamente!

Señor, que mi vida sea un verdadero pregón de tu grandiosa salvación. Amén.

WS

Señal del cielo

Los judíos piden señales milagrosas y los gentiles buscan sabiduría. 1 Corintios 1:22

Siempre hubo quienes apetecieron ver señales proféticas y quienes suponían poder explicar hechos relevantes o sobrenaturales. Los judíos fueron testigos de muchas señales y también del cumplimiento de profecías, pero "...viendo no veían". La multiplicación de los panes, la sanidad de endemoniados, la resurrección de Lázaro, eran evidencias que sólo la ciega incredulidad no permitía ver. Pero sea como fuere, la única señal valedera y necesaria era la que vendría meses después: la señal de Jonás. Jonás había desobedecido el mandato de Dios y sufrió la consecuencia: tres días en el vientre del pez.

Luego de su oración y arrepentimiento, Dios lo restauró en tierra firme. La señal única y necesaria para los judíos de antaño (y que comprobaran en Pentecostés), es que así como Jonás sufrió la consecuencia de su desobediencia estando tres días en el vientre del pez, así Jesús cargando con nuestras desobediencias estaría tres días "en las entrañas de la tierra". Y así como el pez devolvió a Jonás a tierra, así la muerte devolverá en vida al Señor, cuando resucite el Mesías crucificado. De manera que la muerte y la resurrección de Cristo es la única señal que fue dada a los judíos y toda la humanidad de todos los tiempos; la única señal saludable y necesaria donde pueden descansar nuestras ansiedades y preocupaciones. La muerte y resurrección de Jesucristo es, además de señal, el único fundamento de salvación a los que creen.

Señor, tu muerte y resurrección es mi vida y eternidad ¡no necesito más! Amén.

WS

Autoestima

Que nadie te menosprecie por ser joven. 1 Timoteo 4:12

Al observar que una hermana no cantaba en nuestras reuniones, le pregunté el motivo; su respuesta fue: "De pequeña mi madre observó que soy 'un desastre' para el canto, desde entonces nunca más lo hice."

La falta de tacto y otras improcedencias pueden llegar a inhibir a otros y convencerlos que "es verdad", que no tienen condiciones para tal o cual tarea. La verdad al respecto es una sola: nadie es un "desastre" para tal o cual actividad. Sí sabemos que Dios repartió dones en mayor o menor medida, a unos una y otros otra, pero también facultó a todos de inteligencia y sabiduría para crecer, para superarse.

Es muy común auto engañarse suponiendo que "soy un cero a la izquierda", no valgo, no sirvo, no soy capaz.

"Nadie nació sabiendo." Todo se aprende, y los dones recibidos podemos desestimarlos y anularlos, o ponerlos en práctica desarrollándolos y creciendo en calidad para la gloria del dador.

Cuando somos conscientes que "toda buena dádiva y todo don perfecto descienden de lo alto" (Santiago 1:17) no subestimaremos nuestras capacidades, y aunque lo consideremos en menor medida, sepamos que Dios escucha nuestras oraciones y nos dará aún mucho más de lo que pedimos o entendemos.

Salomón consideró pobre su sabiduría y el Señor no sólo se la amplió, sino que le añadió otros dones que nunca hubiera pensado. ¿Por qué serías tú una excepción? ¡En Cristo como unidad, tus "ceros" están a su derecha! (Leer Filipenses 4:13).

Gracias, bondadoso Dios, por el don de la vida y todo lo que con ella me diste. Ayúdame a valorar tus dones. Amén.

WS

Purifícame

Tu palabra es una luz en mi sendero. Salmo 119:105

Las cosas más indispensables no cuestan absolutamente nada. ¿Cuánto pagas por el aire que respiras o el sol? ¿Cuánto puedes vivir sin ellos? ¿Por qué cuestan tanto las cosas más prescindibles? Piensa... ¿Cuánto tiempo puedes vivir sin un diamante o una esmeralda? A veces sobredimensionamos las cosas. ¡Se nos mancharon los anteojos! Nos hemos desenfocado tanto, tanto que nos acostumbramos a ver todo borroso ¡y creemos que todo es así!

El amor de Dios es el mejor paño para limpiar nuestras lentes. En su Palabra nos revela que nos ama, que vino al mundo, en Jesús nació, vivió, enseñó, murió y resucitó demostrando que él es Dios todopoderoso. ¡Y que está a nuestro lado! Desde la caída, la oscuridad es nuestro ámbito, busquemos a Cristo. Dios que es luz, nos invita a llenarnos de su luz. Tú también puedes ser transformado. Ven, acércate a la Biblia, refréscate en su Palabra, en oración habla con él, cuéntale tu situación. Permite que cargue sobre sus hombros tus heridas, que limpie todo pecado, que llene de gozo tu alma y te dé un lugar de servicio. Purificados vemos las cosas claramente, sin borrones.

Tu Palabra, Señor, hoy trae luz a mi vida.

Querido Señor, sin tu Palabra mi vida está en oscuridad. Cuántas cosas superfluas me presenta la vida desviando mi atención, robando mis dones. Ayúdame a dejarlas. No quiero perder la visión ni alejarme de tu Palabra. Señor, dame hambre y sed de ti. Ilumina mi vida. Amén.

Reflexión: Gratuitamente tengo en la Biblia riquezas eternas.

JF

2 de abril Lucas 17:7-10

Siervos inútiles

...no hemos hecho más que cumplir con nuestra deber. Lucas 17:10

Recetas hay muchas, algunas fáciles otras complicadas. ¿Has preparado costillas de novillo? ¿Cómo te gustan más? A la plancha, aceptables; al horno, bien, y asado a la leña, lejos, la mejor. Aunque tiene más complicaciones de leña, humo, fuego... pero bien vale la pena. Crea un clima diferente, tiene un sabor especial, una mezcla de esfuerzos para sentirnos bien, de compartir amor y amistad.

Nuestro Señor, en su poder y sabiduría podría haber usado una receta más fácil para difundir la salvación. Pero no envió ángeles para que predicaran a tus vecinos, no eligió a otros para que hicieran el trabajo que te inspira hacer a ti. Él nos involucra por una mezcla de amor, amistad y hacernos sentir bien. Quiere que seamos parte de esta preciosa labor, de este compartir. Él nos muestra su gracia, su misericordia, quiere usarnos y crear un clima especial en nuestras vidas. Por amor dio su vida por nosotros y por todos. Ahora nos envía. A veces la tarea encomendada por el Señor tiene complicaciones, implica esfuerzos... nos supera... Bienaventurados somos al saber que no somos los "idóneos" ni "los mejores", si te sientes superado, es tiempo de confiar, agárrate más fuerte, busca sus promesas, con Cristo trabaja tu fe, porque el Señor quiere compartir contigo muchísimo más que una receta complicada.

Hoy miro la misericordia, la grandeza del Señor.

Gracias, Señor, porque aunque soy un siervo inútil tú tienes el poder de transformar mis tropiezos. A ti sea la gloria. Amén.

Reflexión: Guíame Señor, quiero servirte mejor.

JF

Palanca

A UN DIOS DESCONOCIDO. Hechos 17:23

¿Has usado una palanca para mover algo? Usada correctamente, con poco se puede lograr mucho. Una palanca es una barra inflexible, con un punto de apoyo para afirmarse. En un extremo de la palanca se ubica el objeto a mover, que ofrece una fuerza conocida como resistencia. En el otro extremo se ejerce una fuerza conocida como potencia. Si la palanca está correctamente armada podremos remover mucha resistencia con un mínimo de potencia.

Pablo, en Atenas, estudió la situación. Usó ese altar como palanca para liberar el camino para predicar a Cristo. Permitió que el Espíritu ejerza su potencia y muchos atenienses perdieron resistencia y fueron convertidos.

Tú también sirve al Señor con estrategia. Analiza detalladamente las situaciones. Pídele al Señor que te oriente a encontrar palancas que permitan remover resistencias para predicar la salvación, el perdón y el amor de Cristo Jesús.

Un prendedor, una calcomanía, un llavero, un folleto, una revista, un tema de actualidad, un programa de radio o TV, una carta de opinión al diario local, la Internet, una página web, un evento congregacional... todo puede ser una buena palanca. Es cuestión de pensar siempre en función de la misión. ¡Vamos hermano! Hay muchos que por desconocimiento resisten a Cristo, ¡y Cristo murió y resucitó por ellos!

Hoy pienso en una estrategia.

Señor, dame de tu sabiduría. Tú sabes lo que tengo. Sabes como lo podría aprovechar de la mejor manera, para compartir tu amor con los demás. Abre mi entendimiento, con mi poco tu puedes hacer mucho. Amén.

Reflexión: ¿Qué palancas tengo a disposición?

JF

Buscar a Dios

Busquen al SEÑOR mientras se deje encontrar, llámenlo mientras esté cercano. Isaías 55:6

"Busquen al SEÑOR mientras se deje encontrar, llámenlo mientras esté cercano" aconseja el profeta a su pueblo. Sabemos de la incapacidad innata del hombre natural: muerto, ciego, enemigo de Dios ¿cómo podrá buscarlo si está ciego? La misma palabra que exhorta "busquen" es un haz de luz del Espíritu Santo que capacita y genera precisamente esa búsqueda. La misma creación en todos sus pormenores son "palabra" que invitan a buscar; todo lo demás está en manos de Dios.

Y Dios se deja encontrar, sea cual fuere la modalidad de la búsqueda. Un judío llamado Nicodemo vio un haz de luz en la enseñanza y milagros de Jesús y usó como estrategia "el momento" –la noche– y encontró lo que buscaba (Juan 3:1-14 y 19:39-40).

También un extranjero, alto funcionario de la corona etíope, buscaba al Señor en las Escrituras y el Señor se "dejó encontrar" utilizando a su siervo Felipe.

El Señor Jesús está sentado en su trono en los cielos ¿cómo lo podrán encontrar los "Nicodemos" de hoy? Muchos son "etíopes" hoy, ¿quiénes serán "Felipes"? Toda la potencia de Dios está en su Palabra y su Santo Espíritu quien la transmite. Dios utiliza un solo instrumento "visible" para este propósito: sus redimidos, su iglesia, a quienes encomendara la importante misión de "ir" así como fue Felipe al encuentro del Etíope. ¡Tan grande privilegio no le fue concedido a sus santos ángeles, sino a la "comunión de los santos", a todos los creyentes, a ti y a mí!

Me encontraste, Señor, ¡heme en tus manos, celestial consolador! Amén.

JF

5 de abril 2 Timoteo 3:10-4:2

Hablemos

...predica la Palabra... sea o no sea oportuno. 2 Timoteo 4:2

Hay noticias que nos dejan perplejos. Ella tenía quince años, hacía diez días que había desaparecido. En un baldío encontraron su cráneo parcialmente calcinado... en la parrilla de un vecino rastros de sangre, en el patio, enterrado, su cuerpo descuartizado y quemado... el homicida tenía veintiséis años. Dos vidas mutiladas, familias destruidas, todos aturdidos.

Falta de límites en la niñez, "inocentes" películas macabras, juegos sanguinarios de computadoras, drogas, malas compañías... caldos de cultivo para enajenar cerebros.

He callado... siento que soy cómplice. Mi silencio le abrió las puertas al enemigo. Mis palabras no ayudaron a reflexionar porque nunca salieron de mi boca. Fallé como centinela, mensajero y embajador. Perdón, perdón Jesús por fallarte, por esconder tu luz, por guardar tu sal. Perdón a estas familias por no llevarles el mensaje a tiempo. Mi Señor ahora tiene más trabajo que hacer, más heridas que curar, más diabólicas experiencias que borrar. Será necesaria una porción mayor de perdón para sanar y llenar los corazones que aún laten. Sólo en los brazos de Cristo todos encontramos el consuelo, la paz y la luz que nos guía en medio de las tormentas. Pedir perdón implica cambiar el rumbo. Te animo, hermano en Cristo, a hablar, sea oportuno o no. Hoy estamos a tiempo, Dios está a nuestro lado. En la Biblia está su voluntad y en su Espíritu nuestra fuerza. Muchas almas necesitan salvación, y muchas vidas consagración. Hagamos oír su voz. Nuestro silencio cuesta muy caro.

Hoy Cristo quiere hablar, y yo no quiero callarlo más.

Querido Señor, hazme un testigo eficiente de tu luz. Amén

Reflexión: La sal sirve fuera del salero.

JF

Multiplicadores

...no dejen que el sol se ponga estando aún enojados. Efesios 4:26

Es verde, no, es azul. Verde, no, azul. Jugábamos con mi hija de cinco años. Mirábamos una calcomanía tornasolada, ésas que dependiendo del ángulo en que se las mira, se observan diferentes colores.

En las relaciones interpersonales los diferentes ángulos nos pueden traer muchos problemas. ¿No has discutido acaloradamente alguna vez? Cosas superfluas separan, dividen o frenan la comunión y las concreciones. Se pueden generan resentimientos que distancien por días... o para toda la vida.

No resulta fácil ceder. Menos aún cuando la testarudez lo inunda al otro, o a mí, o a los dos. Ni que hablar si abrimos mochilas cargadas de resentimientos irresueltos. La tormenta crece. El maremoto genera una ola devastadora. Los volcanes entran en erupción. Nadie se salva. Todos quedamos heridos.

Necesitamos ceder.

Cambiemos el ángulo de vista, pongámonos en el lugar del otro. No nos resulta nada fácil domar nuestros temperamentos. Pero para Dios nada es imposible. Miremos su perdón y su sacrificio en la cruz. Guiados por Cristo aprendamos a perdonar y a sacrificarnos por amor. Sigamos su consejo. Las palabras justas, perdón y reconciliación diarios, son una muy buena receta para salvar vidas, familias, congregaciones y todo tipo de relaciones. Aprendamos de los errores, enmendémoslos y prosigamos sumando, no restando. Multiplicando, no dividiendo.

Hoy disfruto de la vida, vacío mi mochila de rencores y la cargo con el amor de Cristo.

Señor, tú conoces bien mi temperamento. Ayúdame a cambiar. Te ofrezco mi corazón de piedra, llénalo de tu Espíritu. Amén.

Reflexión: Cristo me ayuda a multiplicar.

JF

Amós

Habla el Señor omnipotente; ¿quién no profetizará? Amós 3:8

Como enfrentando un alud, allí está Amós. Un campesino común y corriente, pastor de ovejas y cultivador de higueras. Llamado por Dios para una tarea difícil: anunciar el juicio de Dios a los pueblos paganos y al propio pueblo de Dios. Valiéndose de parábolas, ejemplos cotidianos, anuncia el cercano castigo.

La opulencia económica de unos genera la explotación y la esclavitud de otros. La falta de moral y sano juicio es moneda corriente. El vacío "cumplimiento" externo de ritos religiosos, fruto de una fe fingida, los aparta de la verdadera comunión. El pueblo elegido por Dios, que tantas manifestaciones de poder recibió, lo excluye de su corazón y lo destierra de sus actividades diarias. Reciben bendiciones a granel que administran egoístamente. Buscan satisfacer únicamente los avaros intereses de una vida de derroches, apañados por sacerdotes que silencian y persiguen a los profetas.

Allí está Amós, enfrentándolos. Hablándoles de las vacas de Basán, del león que despedaza la oveja, de la cesta llena de frutos maduros... de la choza caída que Dios mismo promete restaurar. Situaciones cotidianas que encierran el mensaje de Dios.

Amós no podía silenciar a Dios, tú y yo tampoco.

Conocemos su amor merced a Jesucristo, su salvación y perdón absoluto, su abundante gracia y su justo juicio. Sondeemos en su Palabra atentos a su voz, su Espíritu quiere hablar a través de nosotros también.

Hoy disfruto de la vida. Cristo quiere hablarle al mundo a través de mí.

Guíame, Señor, quiero aprovechar todas tus bendiciones para proclamar tu amor. Amén.

Reflexión: ¿Qué parábolas me presenta mi Señor?

JF

Cerca

Arrepiéntanse, porque el reino de los cielos está cerca. Mateo 4:17

El silencio de Dios concluyó. Juan enseñaba y bautizaba en el desierto, con su predicación da comienzo a una nueva era. El tiempo se cumplió. Ahora Dios está entre nosotros. La promesa ya no es futura, es presente. Con las mismas palabras Cristo comienza su ministerio. El Mesías esperado vino para hacer realidad la redención de toda la raza humana, tu redención y la mía. Dios lleno de amor y perdón clama: Arrepiéntanse...

Volvamos, hemos tomado el camino equivocado. La ruta por donde vamos nos está alejando de Dios.

Él nos llama... porque el reino de los cielos está cerca. Con este mensaje de Cristo comienza la era de la gracia. Tiempo que los profetas soñaron y que los ángeles desearon. En, y por Cristo, aquello que era imposible para nosotros ahora es posible. Ahora estás llamado a participar de un reino que no caerá jamás, que nunca se acabará. Un reino donde el amor del todopoderoso trae verdadera paz a tu alma.

Es tiempo de Dios entre nosotros, compartiendo nuestra realidad temporal y queriendo compartir su realidad eterna con nosotros. ¿Qué harás con su invitación?

Hoy disfruto de la vida. Con Cristo cambio de ruta y voy a su reino.

Querido Señor, que tu obra no sea en vano para mi vida. Gracias por llamarme. Dame fe y confianza en ti. Mantenme firme en el camino a tu reino. Que tu Espíritu me impulse a hacer tu voluntad. Amén.

Reflexión: ¿Qué pasajes bíblicos me hablan del reino de los cielos?

JF

Verlo

Si [Dios] pasara junto a mí, no podría verlo. Job 9:11

Para ver a Dios Padre, detente. Mira la creación, en todos sus reinos –animal, vegetal o mineral– tiene maravillas por revelarte. A tu alrededor, cuántos perfectos y disímiles sistemas ha desplegado el creador. Mírate a ti mismo, tu cuerpo, un ensamble químico y físico, cofre temporal del aliento divino. Un enredo perfecto de millones y millones de células, conexiones simples y tan complejas a la vez, que están a tu servicio sin que te percates de ellas.

Para ver a Dios Hijo, mira la condición humana viviendo en medio del dolor. Mira los rostros de los que sufren guerra, hambre, enfermedad, tortura, egoísmo, muerte espiritual, codicia, soledad, terror, esclavitud, pecado, falta de amor... Mira tu propia condición... Entenderás así el mensaje, el porqué del sufrimiento de Cristo, la cruz, la muerte, la sangre derramada como pago y rescate por todos. Sigue y verás el comienzo de una nueva historia. Mira la tumba vacía. Sello de la victoria, firma divina de nuestra completa redención. Cristo resucitó, abriendo camino, única esperanza para toda la humanidad.

Para ver a Dios Espíritu Santo, bucea en el mar de la Palabra, sondea las profundidades, descubre los secretos, revela los tesoros eternos que encierra. Él quiere sorprenderte... Verás cómo llena de gozo tu alma, de paz tu espíritu y donde vayas, llevarás vida porque el Padre, el Hijo y el Espíritu están en comunión derramándose desde tu corazón.

Hoy disfruto de la vida. Dios vive en mí.

Señor, permíteme verte. Amén.

Reflexión: Gracias a Dios, él abrió mis ojos.

JF

Filantropía

¿De qué sirve ganar el mundo entero si se pierde la vida? Mateo 16:26

En muchísimos aspectos los seres humanos demostramos sobrada inteligencia, sabiduría, anticipación... Movidos por el amor aprendemos a vivir amando, de los aciertos y errores destilamos saludables bálsamos.

Pero en otros aspectos ostentamos con orgullo nuestra más baja calaña. Aplicamos nuestra vasta inteligencia al egoísmo elevado a la enésima potencia. ¿Tienes ejemplos?

"¿De qué sirve ganar el mundo entero si se pierde la vida?" No debemos mirar y acusar al mundo por las guerras, las drogas, los abortos, los negociados. Hermano, no estamos hablando de los otros, los de lejos. Jesús nos habla a ti y a mí. ¿Cuánto egoísmo hay en mi corazón? ¿Cuántos deseos tengo de ganar el mundo entero (o al menos una porción)? ¿Cuántas de mis decisiones están cargadas de egoísmo?

Cristo vino a vivir el amor, a entregarlo, a hacerlo palpable. Vino a amarnos. Entregó su vida por nuestros pecados y nos da vida verdadera y eterna. En su amor está la fuerza y la razón de nuestro cambio. Su Espíritu nos purifica y nos impulsa a amar.

Hoy dejaré mis egoísmos en la cruz de Cristo para que mueran allí.

Señor, no puedo esconderte nada, ni mentirte, a veces tengo tantos pecados y egoísmos que ni los quiero ver... Confío en que tú viniste a rescatarme, a perdonarme por amor. Purifícame, Señor, sé que contigo puedo resucitar a una vida nueva. Amén.

Reflexión: Si ganara el mundo, "¿viviría?" en el mejor de los casos ciento treinta años. Si el Señor me da la vida, es por la eternidad. ¿Cuál es el mejor negocio?

JF

¿Por qué a mí...?

"Es necesario pasar por muchas dificultades para entrar en el reino de Dios." Hechos 14:22

¿Por qué a mí...? Es común escuchar esta frase en aquellos que súbitamente sufren una prueba grave, sea accidente, enfermedad, injusticia. Hay quienes juzgan que lo que se padece tiene sus causales, se está "cosechando" de algún pecado cometido (Juan 9:2).

Toda persona, de una u otra forma, padece en su vida algo especial, que no necesariamente sea el resultado de un "castigo" que deba padecer, como el caso de la "espina en la carne" de San Pablo; es sencillamente una prueba que Dios pone en su camino. Recordemos las palabras del apóstol: "Dios dispone todas las cosas para el bien de quienes lo aman" (Romanos 8:28). Así también aquello que motive exclamar ¿por qué a mí?, nos lleve a reflexionar que, muchas veces, el amor de Dios nos dirige a través de un infortunio a un final muy feliz (Génesis 45:4-8).

En la lectura del Salmo de hoy observamos la suerte de David: errante en el desierto, perseguido por Saúl, observa el lado positivo de su situación: ¡Dios está de su parte! ¿"Por qué a mí..." la gracia de no verme abandonado por aquel que todo lo puede? Exclamó David: "Eres tú quien ha afirmado mi suerte, bellos lugares me han tocado en suerte; ¡preciosa herencia me ha correspondido!" En otras palabras: ¿qué importa una situación temporal de prueba cuando mi esperanza ya es una realidad concreta eterna en aquel que es fiel a sus promesas? Tras la tormenta, un sol radiante, tras la prueba, un premio de gracia.

Haz lo que quieras, Señor de mí, cúmplase siempre en mí tu querer. Amén.

WS

Manchas

[Jesús] la purificó, lavándola con agua mediante la palabra, para presentársela a sí mismo como una iglesia radiante, sin mancha... Efesios 5:26-27

En mi habitación junto a la puerta, una mancha de humedad reñía con la armonía del resto de la pared. Traté de eliminarla renovando el revoque y pintándola nuevamente con tres manos de pintura; pero la rebelde mancha apareció al poco tiempo. ¿La causa? No existía un aislante de lo que la originaba: un cimiento en tierra cenagosa. En tales circunstancias se trata de "tapar" cubriéndola con un cuadro o retrato, ¡pero la mancha permanece!

Nuestros errores y pecados no se pueden ocultar ni "tapar" con buenas acciones ni "cubrir" como los delantales de hojas de higuera de nuestros primeros padres (Génesis 3:8). La fuente de origen, el pecado original, señalará siempre nuestra triste realidad que no permite concordar con la armoniosa perfección divina. Sólo "derribando la pared" y edificando nuestras vidas en un cimiento puro, inmaculado, que es Cristo, todas nuestras "manchas" desaparecen y quedarán firmes en su lugar: la cruz del Calvario. No necesitamos "tapar" con nuestras obras –lo cual es desagradable a los ojos de Dios– lo que la preciosa sangre de Cristo ha borrado para siempre.

En el Bautismo, por gracia de Dios, él nos ha hecho nuevos, ha derribado "la antigua pared", nos ha hecho nacer de nuevo, nos faculta con los dones del Espíritu Santo a crecer y a abundar en las virtudes que en la fe podemos transitar.

¡Lávame en tu sangre, Salvador, límpiame de toda mi maldad, toma aquí mi vida para serte fiel, tuyo por la eternidad! Amén.

WS

Hospitalidad

Sigan amándose unos a otros fraternalmente. No se olviden de practicar la hospitalidad. Hebreos 13:1-2

"Nada trajimos a este mundo, y nada nos podemos llevar." En un suspiro peregrinamos por la vida como Israel en el desierto. Hasta nuestro propio cuerpo como viejo tabernáculo opaca su hermosura y se deshilacha hasta llegar a lo que es: humus-tierra ("hum-ano").

Entre un comienzo y un final, transitamos; y en ese tránsito tenemos la oportunidad y el privilegio de teñir nuestra existencia con todo lo hermoso que el Espíritu Santo nos faculta en una vida regenerada. ¡Tantas cosas hermosas, tantos privilegios, en tan poco tiempo! Y uno de los consejos de los santos hombres de Dios es que no vivamos para nosotros, sino para aquel que nos dio vida y nos amó primero. Nuestra existencia, entrelazada de mil formas con nuestro prójimo, sustenta la alegría de vivir. Una de estas formas es el recordar que todo lo que se posee no es para uso exclusivo. Así como Dios nos provee, debemos saber compartir, siendo solidarios y hospitalarios.

La hospitalidad de la mujer sunamita la llenó de alegría, como también Abraham, cuando, sin darse cuenta, hospedó ángeles, y ¡en ambos casos recibieron un invalorable premio de gracia: llegar a ser padres a pesar de su edad!

¡Y qué decir de los entrañables amigos del Señor Jesús en Betania, María, Marta y Lázaro, la presencia del Señor bajo su techo colmó de vida a cada uno de ellos! (Lucas 10:38-39 y Juan 11:44).

Teniendo de huésped permanente a Jesús en nuestros corazones, hospedaremos por añadidura, con alegría, a nuestros semejantes.

Señor, con tus discípulos de Emaús te decimos: ¡Quédate con nosotros! Amén.

WS

La vida comienza con "vid"

Yo soy la vid y ustedes son las ramas. El que permanece en mí, como yo en él, dará mucho fruto; separados de mí no pueden ustedes hacer nada. Juan 15:5

Las realidades de lo temporal y material marcan y señalan verdades espirituales y eternas. Así es como nuestro Señor estando en condición humana usó lo visible y palpable para enseñar lo invisible e intangible: las parábolas son un ejemplo concluyente.

En pleno invierno observo un viñedo plantado en áridas tierras sufridas por un período de sequía y el rigor mismo de la estación. Todo es gris oscuro, sin vida. Nada invita a poner la atención en parrales torcidos y sus troncos en apariencia de leños secos, sumado al clima invernal, el paisaje nada atrae. Sin embargo, el saber que la vida latente, que corre por la sabia desde sus raíces, promete un cambio radical en una pronta primavera, permite que en espíritu veamos en ese paisaje algo hermoso, un futuro que ya es como realidad presente.

Para el mundo el mensaje de la cruz es locura, para otros, escándalo. Sin embargo, en esa cruz vemos ya, en lontananza, el verdor de una esperanza que ya es realidad; es como la vara de Aarón reverdecida en flores y frutos (Números 17:8).

Para los incrédulos, el Señor Jesús y su evangelio son como una vid invernal que nada les dice; el creyente sabe algo mucho más noble y hermoso: que su vida es maravillosa al tener comunión directa con esa vid eterna, la desechada por otros. Para el creyente es gloriosa, que da frutos perfumados abundantes y eternos.

Señor, separados de ti nada somos y nada podemos hacer. ¡Sostennos junto a ti! Amén.

WS

Echar la culpa

Al que no cometió pecado alguno, por nosotros Dios lo trató como pecador. 2 Corintios 5:21

Cuando el hombre cayó en pecado la reacción inmediata fue la vergüenza y el miedo, sentimientos emanados de la culpa; y el sentimiento de culpa apunta a un juicio y a un castigo, consecuencia que naturalmente se teme. El temor al castigo lleva al hombre a "quitarse de sí la culpa", pero habiendo un delito evidente, inexcusable que la hace permanente, el culpable trata de quitársela y volcarla sobre otro. Adán culpó a su mujer en forma directa, e ¡indirectamente al mismo Dios! (v. 12).

Y… ¿dónde quedó la culpa? quedó en los infractores, y recibieron su sentencia: "con dolor darás a luz…" "con el sudor de tu frente ganarás tu pan..."

Pero aquí no concluye el juicio, definitivamente se dará en la lucha entre la serpiente antigua y la descendencia de la mujer: Cristo (v. 15). Es aquí donde se manifiesta el profundo amor de Dios a través de su misericordiosa gracia. Es Dios quien asume la culpa y así consecuentemente el castigo en la cruz. En el mismo jardín de Edén ya se manifiesta una sombra del calvario, al derramar su inocente sangre animales cuyas pieles cubrieron la vergüenza de Adán y Eva (v. 21), y es San Pablo quien con claridad expresa: "Al que no cometió pecado alguno, por nosotros Dios lo trató como pecador" (2 Corintios 5:21), para que quienes tuviesen pecado, quedasen libres de culpa.

No echemos nuestra culpa a nadie. Cristo, en amorosa compasión, asume el castigo de quienes reconocen su culpa en humilde arrepentimiento y sincera confesión.

Ten compasión de mí, Señor, porque soy pecador. Amén.

WS

Omnisciencia

[Jesús] no necesitaba que nadie le informara nada acerca de los demás, pues él conocía el interior del ser humano. Juan 2:25

Considerando las cualidades divinas en la escuela bíblica, preguntó el maestro a sus alumnos: "El hecho que Dios sea omnisciente y omnipresente ¿los consuela o los turba?" Luego de un largo silencio, Matilde responde: "Depende; el hecho que Dios sepa todas las cosas a veces me 'perturba', pero en otras circunstancias me consuela saber que Dios sepa lo que me pasa…"

La turbación es resultado de la ley; el consuelo, del evangelio. El hecho de que David experimentara que "su verdor se volviera como sequedades de verano" (Salmo 32:4 RV) tenía su suficiente razón de ser (2 Samuel 12:9).

Cuando el pecado no confesado oprime nuestra conciencia, el orgullo se encarga de alejarnos de la oración, y así del restablecimiento de la reconciliación. Por el contrario, cuando sin tapujos confesamos, el alivio del perdón y la restauración reverdecen una vida santificante.

Para el creyente que se "deleita en la ley del SEÑOR" (Salmo 1:2) la omnisciencia divina produce en él dos cosas: 1) un espíritu gozoso y lleno de alegría; 2) en momentos de dolor y sufrimiento, de opresión del mundo y sufrimientos de injusticia por causa del Señor, le consuela saber que es una señal que sigue fiel a Cristo (Lucas 14:27). Además, experimenta la permanente compañía de un amigo que lleva su yugo a la par, y escucha una voz sólo audible en oídos de fe: "Sé todas las cosas como son en verdad, no temas ni desmayes, ¡ánimo! ¡Estoy contigo!"

Señor, es grato si sufrimos en horas de ansiedad, saber que desde el cielo nos miras con piedad. Amén.

WS

Mensajeros de paz

Yo soy el pan de vida –declaró Jesús–. El que a mí viene nunca pasará hambre. Juan 6:35. –¡Si alguno tiene sed, que venga a mí y beba! Juan 7:37

"Más vale maña que fuerza, más la estrategia, que la violencia." Las grandes conquistas de ciudades fortificadas no se lograron con el ímpetu de las armas, sino con la sagacidad y la astucia: cortar el suministro de elementos vitales como el agua, alimentos, combustibles, obligando así a la rendición del enemigo. Así, se puede "matar" utilizando el mal, como privando del bien. Pecamos accediendo al mal prohibido como omitiendo el bien ordenado.

Agua y alimentos son elementos vitales para el sostenimiento del cuerpo, privar de ellos es sinónimo de muerte.

Jesús nuestro Señor es el pan de vida, el "maná que descendió del cielo" para alimento espiritual de todo aquel que tiene "hambre y sed de justicia"; él es el eterno manantial de agua viva que calma toda sed. Sin Jesús la humanidad toda perecerá espiritualmente. La iglesia, como mensajera del evangelio, puede y debe proveer de "agua y alimento" obedeciendo gozosamente la gran comisión: "Vayan y hagan discípulos de todas las naciones, bautizándolos… y enseñándoles a obedecer lo que les he mandado." (Mateo 28:19-20), o ¡pecar de omisión dejando morir al mundo al cortar el suministro de la única fuente de salud espiritual!

Los cuatro leprosos samaritanos tuvieron conciencia del bien y del mal; escogieron presurosos llevar la buena noticia antes que muchos perezcan. Análogo es el sitio en que se encuentra la humanidad toda encerrada en su propia naturaleza. Prestemos atención a las palabras del poeta:

"Nosotros alumbrados de celestial saber
¿a tantos desdichados dejamos perecer?
A las naciones demos, de Dios la salvación
El nombre proclamemos, que obró la redención".

Señor, no quiero ser egoísta, ¡concientízame de tu misión! Amén.

WS

Sólo el presente

Cada mañana se renuevan sus bondades... "El SEÑOR es todo lo que tengo. ¡En él esperaré!" Lamentaciones 3:23-24

Ayer, hoy, mañana; pasado, presente, futuro; son las aristas de la dimensión del tiempo. Todo lo sujeto a esta nuestra vida es temporal, pero la verdadera vida a la que ansiamos tiene dimensión divina: ¡es eterna!

Siendo el creyente "ciudadano del cielo" (Filipenses 3:20), su verdadero anhelo debe cifrarse en lo eterno, lo temporal es pasajero. Tanto lo de hoy como lo de mañana será un ayer. Es por eso que el Señor en su enseñanza nos exhorta a no preocuparnos por el mañana. Existe sí, un mañana de plena certeza en sus palabras: "En la casa de mi Padre hay muchas viviendas… voy a prepararles un lugar." (Juan 14:2). Son palabras de seguridad futura y ¡eterna!

El mundo sumido en planes, proyectos e ideas que apuntan al materialismo consumista, muchas veces contagia a los hijos de luz para así entrar en la tentación de preocuparse por el futuro. Quien así cae, no disfruta del presente. No hace más que anticipar un supuesto problema del futuro quitándole al "hoy" el sosiego, la paz y la confianza en aquel que todo lo puede y provee.

El mañana y su afán sólo puede formar parte del mundo que no conoce las delicias eternas que el creyente ya posee.

¡Somos hijos del Dios eterno! No podemos ni debemos mancillar nuestro espíritu con ansias y preocupaciones temporales. Dios es eterno; vivamos estando ligados a lo temporal, pero siendo de dimensión eterna. La vida celestial será un eterno hoy junto a nuestro creador. Anticipemos esta dicha ya en esta vida.

Cristo, encuentro todo en ti, y ya no necesito más. Amén.

WS

Prejuicios

Por tanto, dejemos de juzgarnos unos a otros. Más bien, propónganse no poner tropiezos ni obstáculos al hermano. Romanos 14:13

Albert Einstein dijo: "Es más fácil desintegrar un átomo que romper un prejuicio." Como lo señala el mismo término, prejuzgar es anticipar un juicio sin tener correcta información o cabal conocimiento de la realidad. Por lo general, se manifiesta en sentido repulsivo, rara vez en sentido positivo. Es necedad prejuzgar, como también una infracción al mandamiento: "no hablarás falso testimonio", porque aunque no se manifieste en palabras, engaña al corazón de quien proviene y riñe con el consejo "debemos interpretar todo en el mejor sentido". Quien prejuzga está exento de sabiduría, de sano discernimiento; en lugar de edificar, destruye. Quien acostumbra emitir juicios apresurados suele verse en apuros ante la luz de la realidad, ante la cual cae en el error nefasto de justificar su prejuicio con excusas o mentiras.

"El ladrón piensa que los demás son de su condición", así, quien prejuzga revela su verdadera identidad, como en el caso de Simón: prejuzgó la figura y naturaleza del Señor, como también se equivocó en su juicio respecto a la mujer que lloraba a los pies de Jesús. Si se hubiera quitado la venda del prejuicio, habría observado una pobre mujer quebrantada en espíritu y sedienta de paz espiritual. Si hubiese conocido a Dios, habría observado que en Jesús se daba esa maravillosa misericordia divina manifestada tantas veces en su pueblo rebelde y pecador.

Sólo Dios en su omnisciencia y sabiduría puede juzgar, nosotros sólo nos limitaremos a observar nuestra conducta a la luz de su santa voluntad.

Señor, líbrame de observar y prejuzgar a mi hermano; necesito ver y corregir mis propios errores. Amén.

WS

Elijo vivir

Hoy pongo al cielo y a la tierra por testigos contra ti, de que te he dado a elegir entre la vida y la muerte, entre la bendición y la maldición. Elige, pues, la vida, para que vivan tú y tus descendientes. Deuteronomio 30:19

Periódicamente nos deja turbados la noticia de algún suicidio, sea una persona dentro o fuera de nuestro entorno social; no importa, es alguien que eligió la muerte en lugar de vida. Pero mayor consternación nos invade cuando se trata de alguien de quien menos lo esperamos: un hermano en la fe.

Nadie está exento de caer en tal tentación: Saúl, rey escogido por Dios, y Judas, elegido por el Señor, lo confirman.

Sui-cidio significa "muerte propia", "quitarse la vida". Regularmente quien toma tal determinación argumenta en su carta: "Para mí ya no tiene sentido la vida, no puedo soportar tal o cual situación."

Dios es el dador, el autor de vida, más aún, ¡es la vida! No haber encontrado sentido a la vida significa no haber encontrado a Dios. Cuando en una disyuntiva una de las opciones no nos parece favorable, recurrimos a la restante; pero, ¿puede ser la muerte, lo antagónico de Dios, la mejor opción?

Dios es nuestra esperanza, seguridad, apoyo y guía aún en las situaciones más extremas de impotencia, totalmente abandonados, vacíos, sumidos en la más honda soledad. Si Dios es la esperanza y está a nuestro lado, ¿puede haber "des-esperanza"?

Cristo es la fuente inagotable de vida, en la que encontraremos el verdadero norte de nuestra existencia, el recurso de "sabor" a la vida, la alegría de vivir. ¿Quieres beber un fresco trago de vida? Oye a Jesús: "Vengan a mí todos ustedes que están cansados y agobiados, y yo les daré descanso" (Mateo 11:28).

Señor, cuando me sienta desfallecer, ¡lléname de ti! Amén.

WS

Restáurame

Donde abundó el pecado, sobreabundó la gracia. Romanos 5:20

¡Cuántos dolores de cabeza nos causan nuestros pecados! Se enseñorean y dominan nuestros pensamientos, actitudes, palabras y hechos, o nos impiden hacer lo que sabemos que Dios espera. En nuestra debilidad cedemos, y como un caminito de piezas paradas, paso a paso vamos cayendo hasta hundirnos completamente en la más profunda soledad, en un abismo del cual no podemos salir. Estamos tan sucios que no nos atrevemos a acercarnos a Dios. Merecemos sólo su castigo y condenación eterna. Solos por toda la eternidad.

Sí, es lo que merecemos. Pero Dios no nos da su justicia porque lo merecemos, porque somos buenos, por todo lo malo que no hemos hecho. La Biblia habla de que Dios nos da su perdón y su justicia sólo por su amor, inmenso amor. Amor que aunque sólo recibe de nuestra parte nuevos latigazos, corona de espinas y clavos nos sigue amando, amando, y amando.

Vuelve, no te quedes en tu abismo. Cristo te perdonó todos tus pecados. ¿Crees que hay muchos y muy grandes en tu vida? No son demasiados para que Cristo no los haya cargado en su cruz. No te alejes con tu pecado. ¿Dónde irás? Cristo te ama.

Confía, confiesa, y disfruta de la libertad y la vida que Cristo ganó para ti.

Hoy vivo confiado, Cristo me ama y me perdona.

Querido Señor, aplica tu justicia en mi alma. Tu sangre me limpia de todo pecado. Perdóname, restáurame, quiero vivir eternamente a tu lado. Amén.

Reflexión: El amor y el perdón de Dios, ¿cómo afectan mi relación con los demás?

JF

Dominio

Viene el príncipe de este mundo. Él no tiene ningún dominio sobre mí. Juan 14:30

El príncipe, líder de este mundo, padre de toda mentira, es Satanás. Es el enemigo de Cristo y nuestro propio enemigo. Como león rugiente procura quebrarnos, apagarnos, hundirnos y condenarnos. Pero gracias a Cristo no tiene ningún poder sobre nosotros. Pues la sangre de Cristo Jesús, derramada en la cruz, nos limpia de todo pecado, nos santifica y nos da plena comunión en el Espíritu con el Padre. Nos sustenta y nos da las armas para la lucha espiritual. No es que no caemos, ni que nuestra vida no tiene rasguños o heridas profundas. Pero estamos muy seguros de que aun heridos de muerte Cristo sana nuestras heridas y nos da la victoria. Estamos en su mano, y con su respaldo podemos decir como él: "El príncipe de este mundo... no tiene ningún dominio sobre mí." Tenemos un respaldo fiel y eterno igual que su amor y su perdón. Caminemos con Cristo. Clavemos en su cruz nuestros malos pensamientos, comodidades, tentaciones, delitos y otros pecados. Hemos recibido abundante vida nueva. Resucitemos diariamente en su perdón, perdonándonos y perdonando a los demás.

Hoy me afirmo en la victoria de Cristo.

Querido Señor, tuya es la victoria, el honor, y toda gloria. Sana mis heridas. Gracias por perdonarme mis pecados, por amarme tanto, por darme una vida nueva en tu Espíritu. Llena mi alma de tus dones, hazme un instrumento de tu paz; que quienes me rodean sepan que tu amor los quiere proteger también a ellos. Amén.

Reflexión: ¿Qué armas tengo para la lucha?

JF

Contaminación

El que beba del agua que yo le daré, no volverá a tener sed jamás. Juan 4:14

¿Sabías que más del setenta por ciento de nuestro cuerpo, está compuesto de agua? ¿Sabías que sólo el tres por ciento del agua existente en el mundo es dulce? ¿Sabías que uno de los problemas principales del futuro será la falta de agua potable? El agua, fuente básica de vida, entregada por Dios en nuestras manos en abundancia, está siendo mal gastada. Día a día cada uno de nosotros colabora produciendo, o adquiriendo productos que generan contaminación, o simplemente guardando silencio. Ha comenzado la pulseada. Por un lado la contaminación es tan acelerada que donde hace algunos años se pescaba para comer, hoy no hay más que una corriente de aguas putrefactas. Y por otro lado, hay quienes calculan ganancias en hielos, ríos, lagos o esteros.

Más que un cambio de pensamiento y compromiso ecológico, enfrentemos un cambio y compromiso espiritual. En cada amanecer Dios nos ofrece una nueva oportunidad de arrepentirnos sinceramente, pedir perdón y cambiar el rumbo.

Él es agua que genera una nueva y eterna vida. Resucitemos, proclamemos su nombre y vivamos comprometidos con él. Si tenemos comunión con el Creador tenemos también cuidado de este grande y fuerte, y a la vez pequeño y frágil hogar, nuestro mundo.

Hoy bebo de tu fuente de agua de vida.

Querido Señor, te pido perdón por alejarme de ti. Tú me buscas, me lavas y me das una nueva oportunidad. Hazme responsable en el aprovechamiento del agua espiritual y física. Amén.

Reflexión: ¿Cómo contribuyo para defender tu creación, Señor?

JF

Árboles

Yo soy la vid y ustedes las ramas. Juan 15:5

Porque nos gustan las nueces, decidimos tener un nogal. Plantamos uno grande, le pusimos un tutor, abono, lo regamos, lo mimamos. Esperamos... esperamos... seis años. En primavera presentó sus primeras florescencias. ¡Qué alegrón! Comenzó una nueva etapa en nuestro querido árbol. Los primeros años dará pocas nueces, más adelante tendremos para compartir.

Como creyentes estamos en el huerto de nuestro Padre celestial para que llevemos mucho fruto. Él espera, con paciencia, el tiempo de nuestra floración. Su ley es nuestro tutor. Cristo nos da todos los nutrientes necesarios para nuestro crecimiento, elimina toda la maleza que nos rodea y abre de par en par los cielos. Su Palabra es la luz necesaria para nuestra fotosíntesis y el calor que nos llena de flores y madura nuestros frutos. En su Espíritu tenemos lluvias de bendiciones. En más de una oportunidad nos poda, sufrimos en el momento, pero a su tiempo nos llenamos de mejores frutos. Con su amor y su gracia nos mima cada día de nuestra vida. Disfruta ver nuestros frutos y los comparte con alegría con los que nos rodean. Él nos escogió para que llevemos mucho fruto y que ese fruto perdure, para su gloria.

Hoy disfruto de la vida. Cristo da frutos a través de mí.

Querido Padre, que tu amor sea la savia que me fortalece para permanecer unido a ti. Te pido perdón por las veces que me aparté de tu vid... mis manos y mi corazón quedaron vacíos. Dame el gozo de llevar mucho fruto. Amén.

Reflexión: Mayores nutrientes, mejores frutos.

JF

Estaciones

Como el árbol plantado a la orilla de un río. Salmo 1:3

Observa los árboles, ¿cómo estaban hace dos meses? ¿Cómo estarán dentro de tres? Las estaciones pintan con ellos nuevos paisajes. Los cálidos rayos del sol abren los vástagos, algunos se visten de coloridas flores otros se iluminan de verde esperanza. El calor madura sus deliciosos frutos que nos regalan a rama llena. En el otoño sus hojas, con suaves matices multicolores recrean la vista. En invierno, muchos están pelados. En apariencia, no se distingue uno seco y uno lleno de vida agazapada. Todo vuelve a empezar... Porque hay vida, hay crecimiento.

Nuestra vida y sus vicisitudes tiene mucha analogía con los árboles y las estaciones. Hay épocas de luz, calor y color. Dios florece y fructifica con todo su poder. Bañados por su Espíritu, nos gozamos de los frutos que él genera en nosotros. Son nuestras primaveras y veranos. Atento hermano con los otoños. Hojas muy coloridas por fuera pero sin vida por dentro. Ramas vacías, sin hojas ni frutos. Tiempo de letargo, vida que se duerme... Hay inviernos duros. Pruebas, tentaciones, soledad, descuidos, pecados... traen frío esquelético, casi mortal.

En todas nuestras estaciones hay destellos de vida eterna que se hacen presentes. Siempre, cada día, sin importar la época, tenemos la seguridad de que Dios no nos abandona. Desde la más intensa nevada, hasta la más rigurosa sequía, Cristo es nuestro río, en su orilla, a su tiempo damos frutos, por él nuestras hojas jamás se marchitan.

En Cristo tengo nueva savia.

Gracias, Señor, por la seguridad que siempre tengo en ti. Amén.

Reflexión: Agua, vida, crecimiento... en comunión.

JF

Llave

Me he mantenido en la fe. 2 Timoteo 4:7

Los ladrones tienen muchas formas de forzar una puerta. Una barreta, un críquet, un explosivo. Pero lógicamente cada uno de nosotros podemos entrar a nuestro hogar fácilmente, con la llave.

Pablo fue un héroe de Cristo, como también un ser humano, con sus errores y aciertos, temores y firmezas. Él pasó por pruebas, persecuciones, sufrimientos, sabía que el final de sus días estaba cerca, y estaba tranquilo; su conciencia y su alma gozaban de paz. Pablo tiene la llave que le permitirá entrar al reino de los cielos: la fe en Cristo Jesús.

Tarde o temprano, sea porque Cristo regrese o porque nos llame individualmente, llegará nuestro último día terrenal. En Cristo, igual que Pablo, todos podemos estar firmes, seguros, tranquilos y en paz. Esto no depende de nosotros, ni de nuestras buenas obras, ni de ofrendas o sacrificios. No, estos son sólo los frutos de un lazo más profundo: la comunión con Dios por la fe. Esta fe se basa en las promesas de Dios, que es fuente de toda sabiduría, único y suficiente salvador, quien hizo absolutamente todo, en Cristo se compartió, nació, murió y resucitó haciéndonos hijos y herederos por su gracia y amor.

Gocemos de la vida en presencia de Dios, firmes y confiados, porque Cristo es nuestra llave. Que nuestras buenas obras, ofrendas y sacrificios no sean barretas sino sólo respuestas a tan grande amor.

Hoy disfruto de la vida. Cristo es mi llave.

Gracias, Señor, por tu obra y por tus promesas. Seguro de tu amor apoyo mi fe en ellas. Amén.

Reflexión: Sólo en Cristo estoy seguro de mi salvación.

JF

Teclado

Ustedes han sido llamados a ser libres. Gálatas 5:13

¿Usas teclados que tienen el sistema qwerty en tu computadora? La ubicación de las letras en la fila superior izquierda, le da el nombre. Usando éste u otro sistema, resulta tan fácil escribir, que hasta sin mirar puedes estar seguro de no cometer errores. El uso de un mismo sistema, la ubicación de los dedos siempre en el mismo lugar y la práctica serán parte de tu éxito.

Cuando te sientas frente al teclado, ¿sabes dónde está cada letra y escribes con celeridad, o protestas porque las letras están siempre en la misma ubicación? ¿Te sientes oprimido, digitalizado, encajonado, o con la libertad a medias? ¿Preferirías un teclado aleatorio donde cada letra cambie de lugar?

Muchas publicidades pregonan: "Haz lo que quieras", que se interpreta como: cambia las reglas, vive, disfruta, que no te interese nadie ni nada más, sólo tú. ¿Límites? ¿Derechos ajenos?

En un mundo de reglas tan cambiantes, con tantas ofertas de sexo mal entendido, drogas mal usadas, de libertad sin límite ni respeto, necesitamos otros pregoneros.

En Cristo está nuestra verdadera libertad, nuestro qwerty, en el cual podemos escribir cada día una historia que realmente se disfruta y trae gozo vivirla. Él no cambia las reglas, no digitaliza, ni oprime, ni te encajona. Te ama, te perdona y en su gracia tienes la oportunidad de volver a empezar.

Hoy disfruto de la vida. Cristo es mi libertad.

Padre, por Jesucristo, en tu Palabra está mi libertad. Que tu Espíritu me guíe. Quiero la libertad como la entiendes tú. Amén.

Reflexión: Mi vida, ¿qué pregona?

JF

Millones

¿Acaso es éste el momento de recibir dinero? 2 Reyes 5:26

No confundamos tardanza con paciencia. Recorre en tu mente las personas que fueron llamadas por Dios a su servicio, que lo conocieron, que vieron sus milagros, pero que no llegaron a buen término. En los evangelios está Judas, uno de los doce discípulos. En Hechos, Ananías y Safira, un matrimonio de creyentes. En segunda Reyes está Guiezi, el criado de Eliseo. La lista continúa. Fue una libertad mal entendida que terminó en muerte o lepra. Pecados, egoísmos, mentiras, codicias... lejos de satisfacer, terminaron en ruina. Ávidos de poseer bienes, perdieron riquezas sin fin. Querían ganar a su manera, y robando se arruinaron solos.

Una mujer a poco de conocer a Jesús y vivir su nuevo nacimiento dijo: "Le pido a Dios que me ayude a compartir con todos el amor de Jesús, no pueden perderse todas estas bendiciones."

Sin lugar a dudas, Dios ha preparado bendiciones sin fin para ti también que disfrutarás en su máxima expresión en comunión con él, procurando su voluntad cada día de tu vida. Si sabiendo los caminos de Dios has querido recorrer tus propios caminos, vuelve. Cristo te invita, su amor te corrige y en sus manos hay bendiciones infinitas que espera derramar sobre ti. ¡No te las pierdas! Si puedes entender este mensaje, aún estás en el tiempo de la paciencia y gracia de Dios. Que no se te escapen muchos millones por aferrarte a unos centavos.

Hoy disfruto de la vida. Cristo quiere hacer maravillas en mi vida.

Señor, corrige, transforma mi vida, quiero hacer tu voluntad. Amén.

Reflexión: ¿Cómo aprovecho la paciencia de Dios?

JF

Preparado

Manténganse alerta. 2 Pedro 3:17

Antes los médicos comunicaban la situación de salud a toda la familia menos al paciente. Todos entraban en un juego. Los días del enfermo estaban contados. Él ya estaba en las últimas y todos le decían: "No aflojes, vas a salir..." Patrañas, la muerte llegaba inexorable.

Enfrentar la más terrible situación con mentiras, pone cimientos de arena; con verdad, la convierte en un trampolín.

La Biblia nos habla mucho de Cristo, su amor, su obra redentora en la cruz, su perdón completo que cubre todos nuestros pecados y su paz eterna. De su Espíritu, nuestro consolador, de su asistencia y comunión diaria. Nos habla de este tiempo de gracia como nunca lo hubo. Gracia que también tiene un tiempo de juicio. Cristo vendrá otra vez. La Biblia dice que vendrá como ladrón en la noche, que será un día grande y terrible. ¿Estás preparado?

Tienes un abogado que es garantía total. Cristo mora en ti, diariamente tu corazón se llena de su amor y paz, en su Espíritu está tu fuerza y tu poder, no tienes por qué temer. En él hay victoria en todas las situaciones de la vida.

Hay muchos que no lo conocen, quizás están a tu lado. Llénate de él en su Palabra, en sus promesas y deja que el Espíritu te lleve y hable a través de tu voz y tus actitudes. ¡Proclamemos la verdad de Dios!

Hoy disfruto de la vida. Cristo es mi trampolín.

Tu día se acerca, Señor, guíame a compartir tu mensaje. Amén.

Reflexión: Todos tienen derecho a saber la verdad.

JF

Cambiar

No se amolden al mundo actual, sino sean transformados mediante la renovación de su mente. Romanos 12:2

Qué maravilloso es saber que puedo ser renovado. Que tu amor no sólo me perdona, sino que me da una nueva oportunidad. Que tú, el todopoderoso, Dios eterno, depositas tu misericordia y confianza en mí.

Mis errores del pasado han sido mis compañeros y maestros del fracaso. No te he permitido ser realmente mi Señor. He sido mal hijo, desobediente. Le he fallado a mi familia, a mis amigos. Mis palabras y miradas han sido, en extremo, hirientes. He sido infiel en pensamientos y obras. No he sido un buen ejemplo. He pecado de muchísimas maneras. Tú sabes, Señor... con pesar lo reconozco. Quiero, de tu mano Señor, no volver a transitar esos caminos. Sé que sin tu ayuda, no importa cuántas oportunidades tenga, siempre voy a fracasar.

Un nuevo instante, una nueva posibilidad. Tus actitudes despiertan en mi alma paz y responsabilidad. Por esto te suplico que me acompañes, me guíes, me des sabiduría para determinar los pro y los contra, me ayudes a valorar como tú valoras cada situación. En tu Palabra me enseñas muchos ejemplos de personas que fueron renovadas en su manera de pensar gracias a tus manifestaciones y tu apoyo. Tú, Señor, elegiste la cruz para salvarme, sé que me salvas ahora también. En tus promesas está mi fuerza y mi esperanza. Tu Espíritu cambia mis desaciertos. Bañado de tu gracia sé que puedo cambiar. Renuévame, Señor. Fiado en tu confianza, pondré mi mejor empeño.

Hoy me gozo. Tu confianza me alienta a cambiar.

Padre, gracias por perdonar mi pasado, y gracias por darme nuevas oportunidades. Amén.

Reflexión: ¿Qué herramientas tengo para cambiar?

JF

El trabajo es salud

Mi Padre aun hoy está trabajando, y yo también trabajo. Juan 5:17

Como lo señala el título, más allá del concepto primitivo como castigo por el pecado (Génesis 3:19), el trabajo es un privilegio para el hombre de poder ejercer una profesión, oficio o cualquier dedicación digna que glorifique a Dios y beneficie a la sociedad. Si bien es cierto que existen holgazanes que no saben disfrutarlo, el creyente reconoce los dones y talentos que ha recibido de lo alto. Él puede a través del espíritu de Cristo, gozarse en ser útil, apto en todo trabajo, disponiendo sus dones en hacer, crear, y producir.

Pero, por sobre todas las cosas, el creyente sabe que su trabajo tendrá el matiz de la excelencia: no trabajará porque sí, mecánicamente, sino motivado en la alegría de servir como sirvió Cristo y con una visión objetiva, con un propósito.

También nuestro Señor "trabajaba", y sus oficios estaban motivados en el profundo amor con que nos amó, y con un solo fin: rescatar lo que se había perdido. ¿Podremos imitarle? Veamos:

Fue profeta: enseñó en forma clara, precisa y justa la palabra de Dios (Juan 7:46; Mateo 7:28).

Fue y es sacerdote: cumplió perfectamente los mandamientos por nosotros, como inmaculado Cordero se sacrificó a sí mismo por nosotros y continúa su función intercediendo por nosotros ante el Padre celestial.

Es rey: gobierna sobre su iglesia, la conduce y la protege, pero también nos invita a nosotros sus súbditos, a confiar plenamente en él y a conducirnos en todos nuestros trabajos con el matiz de su último y gran mandamiento: "Así como yo los he amado, también ustedes deben amarse los unos a los otros" (Juan 13:34).

Señor, que imitándote, dignifiquemos diariamente nuestro trabajo. Amén.

WS

Compartir

No dejemos de congregarnos, como acostumbran hacerlo algunos, sino animémonos unos a otros, y con mayor razón ahora que vemos que aquel día se acerca. Hebreos 10:25

Una de las necesidades primordiales del ser humano –aparte de los elementos vitales– es vivir en sociedad, ya que es propio de su naturaleza (Génesis 2:18). Es así que la primera necesidad social se concreta en el matrimonio y la familia. Además, por afinidad a su emprendimiento o propósito se forman grupos, clubes, confederaciones, compartiendo sus proyectos en la medida que sus intereses y gustos lo señalen. Sus reuniones serán directamente proporcionales al interés y el agrado de quienes forman parte, en tiempo, forma y estilo; pueden decaer como perdurar.

El único "cuerpo asociado" que perdurará es la santa iglesia cristiana, la comunión de los santos. Aquél que ha encontrado en Cristo su razón existencial, no puede vivir aislado, porque tiene necesidad de formar parte de un cuerpo (1 Corintios 12:12-31). Al ser miembro del cuerpo de Cristo, inevitablemente tiene necesidad de compartir 1) el alimento espiritual en la Palabra, su gozo, alabanza y adoración a aquél que lo ha creado, redimido y santificado. 2) Tiene necesidad de participar sus alegrías y desahogar sus aflicciones sólo y únicamente con aquellos que comparten un mismo espíritu.

El aislarse y no compartir con hermanos en la fe, no sólo enfría y adormece su espíritu, sino que también lo priva del gran gozo de anticipar la alegría, la gloria, y el consuelo eterno.

Un leño apartado del fuego, primero deja de arder, luego sigue apenas humeante, con el riesgo de apagarse. Hay un solo fuego que une, congrega y santifica: el Espíritu Santo.

Creo, Señor, ayuda mi incredulidad y fortalece mi unión con mis hermanos. Amén.

WS

Nubes sin agua

En realidad, sin fe es imposible agradar a Dios, ya que cualquiera que se acerca a Dios tiene que creer que él existe y que recompensa a quienes lo buscan. Hebreos 11:6

Con el auge del Internet es habitual el intercambio de meditaciones, moralejas, reflexiones, etc. que a primera vista cautivan el interés y aprobación del lector. Son mensajes que apuntan a la auto-realización, y a la facultad innata del hombre de superarse, de edificar su vida en base al esfuerzo, voluntad y práctica de valores morales. La última que recibí, reza: "Lo principal son los valores espirituales, la realización y vivencia de la vida misma. Todo se logra con voluntad y esfuerzo... no te desanimes ante la primera frustración, porque la victoria se entreteje con eslabones de experiencia." Conceptos aparentemente "edificantes" pero totalmente vacíos de un mensaje espiritual basado en las Escrituras y que de esta manera confunden y desvían el mensaje del evangelio.

El no creyente podrá ejercitarse en valores éticos y morales y llevar así una vida aprobada por el criterio del mundo, pero jamás podrá agradar a Dios. Siendo el hombre por naturaleza espiritualmente muerto, su "buena conducta" no recibe el beneplácito de Dios. Por otra parte, el análisis de Pablo de su propia realidad es concluyente y coincide con la afirmación del Señor Jesús: "Separados de mí, no pueden ustedes hacer nada" (Juan 15:5).

La plenitud de vida y el poder de superar los escollos de nuestra vieja naturaleza sólo se logran cuando edificamos en Cristo y su Palabra; sólo en y con él podremos ejercitar los valores que surgen de la fe (1 Corintios 13). "Sin fe es imposible agradar a Dios" (Hebreos 11:6).

Señor, mora en mi corazón para que pueda edificar mi vida. Amén.

WS

Lo más sencillo, lo más grandioso

SEÑOR Todopoderoso, ¡dichosos los que en ti confían! Salmo 84:12

Muchas veces no valorizamos la tan conocida historia de la victoria de David sobre el gigante Goliat, más cuando no se medita en lo profundo de su enseñanza. Muchas veces se la considera como una simple historia para niños. Pero si la viéramos con la fe que tiene los niños, notaríamos tantas enseñanzas tan ricas y preciosas que deben permanecer en nuestro corazón para alentarnos en los avatares de la vida.

¡Cuantos "Goliat" se nos presentan a diario atemorizándonos! ¿Por qué no poder tener la fe y el espíritu de David? ¿No tendríamos la misma ventura?

Del ejército enemigo se presentan diariamente gigantes amenazantes de mil formas y diversas circunstancias. Si tenemos como jefe y gran capitán al Hijo de David, ¿no los podríamos derribar?

¿Cuántos "Saúl", –llámense líderes, dirigentes– son escépticos y nos cubren con pesadas cargas para ir al frente? ¿Por qué no ir solamente en "nombre del SEÑOR todopoderoso", y no llevar más que la fe y la esperanza?

¡Cuántos, como los hermanos de David, no pueden comprender y entender cuando sólo pensamos en luchar con las armas que Dios nos da! (Efesios 6:13-18). Pero no importa, ¡ellos mismos serán testigos de nuestra victoria mediante una honda y una piedra: la fe y la oración!

Volvámonos como niños y aprendamos lo que significa: "Si Dios está de nuestra parte, ¿quién puede estar en contra nuestra?" (Romanos 8:31).

Señor, que mi confianza sólo esté aferrada en ti, y mi esperanza en la promesa de tu Palabra. Amén.

WS

Naturaleza heredada

Entonces dirá el Rey a los que estén a su derecha: "Vengan ustedes, a quienes mi Padre ha bendecido; reciban su herencia, el reino preparado para ustedes desde la creación del mundo. Porque tuve hambre, y ustedes me dieron de comer; tuve sed, y me dieron de beber; fui forastero, y me dieron alojamiento." Mateo 25:34-35

La historia de los dos primeros hombres nacidos en este mundo revela la herencia natural recibida de sus progenitores. La manifestación absoluta de la naturaleza caída se revela en la descendencia de Adán, y es la misma que poseemos hoy. Es así que el homicidio que se comete hoy día no se diferencia en nada respecto al primero que sucedió en la historia. El hombre en su naturaleza no cambia, ni empeora o evoluciona, es lo que es, como lo señala Pablo (Romanos 1:18-32; 3:9-18).

El egoísmo y la envidia son las primeras señales de esta verdad; la envidia es el arma letal que mata ya en el corazón, y el egoísmo es la piedra de tropiezo que no permite poseer la plenitud de vida espiritual, y la más sutil infracción al primer mandamiento. Así es como Caín, desposeído de Dios y posesionándose en sí mismo, es irreverente en su respuesta a la requisitoria divina: "No lo sé", responde con el aliento de Satanás, padre de mentiras, al Padre de verdad que sabe todas las cosas. "¿Acaso soy yo el que debe cuidar a mi hermano?" La naturaleza caída no puede ver la necesidad del hermano.

¡Qué contraposición con aquellos que nacen espiritualmente del segundo Adán! Se despojan de sí mismos y tienen a Cristo en sus corazones "ya no vivo yo, sino que Cristo vive en mí" (Gálatas 2:20), dice San Pablo. De esa manera podrán observar siempre que, estando en Cristo, su hermano forma parte del mismo cuerpo, y cuando tienen cuidado de su hermano a sí mismos se benefician.

Señor, ¡que pueda amar a mi hermano como a mí mismo! Amén.

WS

Pulseada

Por ti derrotamos a nuestros enemigos; en tu nombre aplastamos a nuestros agresores. Salmo 44:5

¿Quién no fue protagonista de una "pulseada", esa competencia de fuerza muscular y destreza? Lo interesante es que nunca se da un empate, siempre hay un vencedor.

La "pulseada" más común permanente e inevitable en el creyente es entre su vieja naturaleza llamada "viejo Adán" y la nueva naturaleza –regenerada– llamada "nuevo hombre" ¿Cuál será vencedora? Depende del estado espiritual en que se encuentre la persona.

Satanás, con toda su astucia y gran poder, está al acecho siempre para alimentar y fortalecer al "viejo hombre" y utiliza como instrumentos nuestra debilidad carnal y el deslumbre de pasiones y ofrecimientos que apetecen al egoísmo, "la arrogancia de la vida" como lo menciona el apóstol Juan (1 Juan 2:16). ¡Es realmente poderoso y muchas veces se sale con la suya!

Pero la fortaleza del nuevo hombre está sobre todo en la Palabra, la oración y la confianza en el Espíritu Santo que mora en él y alcanza las herramientas necesarias para el triunfo. Cuando oramos "no nos dejes caer en tentación" reconocemos el poder del enemigo y la fragilidad de nuestro ser, y acudimos por la fortaleza necesaria y la seguridad de la victoria.

Quien se aferra a todas las armas que el Espíritu Santo pone a su alcance, siempre permitirá que en la "pulseada" se vea beneficiado y triunfante. La victoria final ya la logró Cristo; permaneciendo en él y con él su triunfo es el suyo; y podrá hacer propias las palabras del salmista: "En el día de la aflicción él me resguardará… me hará prevalecer frente a los enemigos que me rodean" (Salmo 27:5-6).

Señor, muéstrame tu rostro ante toda tentación. Amén.

WS

¿Somos responsables de esto?

Porque tanto amó Dios al mundo, que dio a su Hijo unigénito, para que todo el que cree en él no se pierda, sino que tenga vida eterna. Juan 3:16

Lunes 4 de octubre de 2004. Un alumno adolescente en una escuela en Argentina ingresa en el aula con una pistola y sin mediar palabras comienza a disparar contra sus compañeros obrando una verdadera masacre. Hay conmoción en el país, comentarios, debates e interrogantes buscando causales, culpables y responsables. Quizá las inscripciones halladas en el pupitre del agresor resumían todo: "La mentira es la fuente de felicidad de los hombres." "El que ha encontrado sentido a la vida, escríbalo aquí." "Lo mejor que pueda hacer el hombre es quitarse la vida."

La primer frase revelaba una triste verdad: el mundo guiado por su príncipe mentiroso encuentra su felicidad en el engaño y la mentira. Por supuesto que, con este criterio, no puede haber encontrado sentido a la vida, por no haber hallado a la verdad y la vida (Cristo), quien es nuestra carta y brújula en el navegar de nuestra existencia. Al no haber hallado la vida, al no encontrarle sentido, no hay "nada mejor" ¡que quitársela! En otras palabras: la receta diabólica es "¡la muerte es mejor que la vida!"

Esta triste experiencia que se repite periódicamente en distintas partes del mundo, marcan una cada vez más urgente necesidad de llevar luz a las tinieblas del mundo, es decir, llevar a Cristo.

Sumido en la mentira, el mundo está muerto y no puede hallar la vida. Nosotros, por gracia de Dios, gozamos de la verdad del evangelio, vida abundante y eterna. ¿Podemos permanecer indiferentes?

Señor, que la luz de tu evangelio se manifieste en nosotros ante el mundo. Amén.

WS

Preocupaciones y ansiedades

Así que no temas, porque yo estoy contigo; no te angusties, porque yo soy tu Dios. Te fortaleceré y te ayudaré; te sostendré con mi diestra victoriosa. Isaías 41:10

Todo lo que Jesús enseñó hace 2000 años no deja de tener vigencia, pues todo tiene que ver con la actitud del hombre como tal en todos los tiempos, de acuerdo a su naturaleza. Una de las características del pensamiento humano coincide con nuestra lectura de hoy. La nulidad o escasez de fe genera ansiedad y preocupación por el mañana: ¿Qué será de mí y de los que me rodean? ¿Qué respecto a mi salud, trabajo, estabilidad, familia, seguridad? Y si el futuro no resulta muy venturoso ¿cómo prevenirlo?

Jesús comprende y tiene compasión por las almas que por causa de su escasa fe no perciben el inmenso caudal de riquezas que su Padre les concede diariamente. En primer lugar les ha dado la vida, no sólo en el misterio de la existencia, sino todo lo que significa palpar en espíritu, mente y cuerpo la hermosura de Cristo, nuestra vida. Quien se preocupa por cuestiones temporales (que tienen un fin) no puede darse cuenta o percibir lo más valioso: la salvación, la vida plena y eterna reservada para un futuro que ya es un presente en el creyente.

Quien se preocupa por su futuro, debe observar que precisamente ese futuro está totalmente desprovisto de toda inseguridad y duda, puesto que allí está el Señor, con todo lo que significa su presencia: que a pesar del mundo y sus planes, su pródiga mano no faltará, y las bendiciones espirituales son eternas, propias de su amor y fidelidad.

"El Señor es quien me ayuda; no temeré." Amén. (Hebreos 13:6)

WS

9 de mayo 1 Juan 2:15-17

Celestiales en el mundo

Porque tanto amó Dios al mundo, que dio a su Hijo unigénito, para que todo el que cree en él no se pierda, sino que tenga vida eterna. Juan 3:16

Existen versículos bíblicos, que aparentemente son contradictorios si se los toma aislados o fuera de contexto; El apóstol Juan dice en su evangelio: "Tanto amó Dios al mundo que dio a su Hijo unigénito..."

Pero a su vez, en su carta universal recomienda: "No amen al mundo ni nada de lo que hay en él." Sabemos que en Juan 3:16, el verso más completo y hermoso de las Escrituras, resume el plan de salvación al pobre y perdido pecador que Dios tanto ha amado. El regenerado, que es objeto del amor de Dios en Cristo, no ha de amar lo que el mundo al frente de su príncipe ofrece: tentaciones a través de los ojos, la carne, y la arrogancia de la vida.

No conviene amar al mundo por dos razones: 1) Si lo hacemos no podemos amar a Dios ni tampoco gozar de su amor, ni estaremos respondiendo al espíritu de Cristo. 2) Si amamos al mundo tendremos las consecuencias en nosotros mismos: "el mundo se acaba con sus malos deseos". Estaríamos sujetos a lo pasajero cuando fuimos elegidos para ser eternos. Perteneceremos al sector que "se acaba", y para peor, para ser rechazados y condenados. "Donde esté tu tesoro, allí estará también tu corazón", dijo Jesús (Mateo 6:21). Si el tesoro de Dios fue la salvación del mundo, también será el nuestro: excluyendo todo amor por lo mundano, vayamos al mundo en pos del mandato del Señor: "Vayan y hagan discípulos de todas las naciones" (Mateo 28:19).

Señor, permíteme amar a quienes tú has amado en el mundo, llevándoles tu tesoro. Amén.

WS

Frutos

Este evangelio está dando fruto y creciendo en todo el mundo, como también ha sucedido entre ustedes desde el día en que supieron de la gracia de Dios y la comprendieron plenamente. Colosenses 1:6

Al evaluar un trabajo, sea personal o en un cuerpo colectivo, se trata de eliminar o corregir errores y exaltar o rescatar lo positivo. Por ejemplo, en una fábrica, se evalúa su producción, calidad, y aceptación de mercado. ¿Podemos comparar la vida del creyente en este sentido? Jesús compara su relación con los creyentes en la figura de una vid: él es el tronco, los verdaderos creyentes son los que dan fruto, los no auténticos, que no llevan fruto, son las ramas que son cortadas y echadas al fuego.

La razón de un frutal es dar frutos de su característica y a su tiempo, para ello existe. Dadas todas las condiciones favorables (tierra, aire, humedad, sol) tiene que dar frutos dando honor a su especie: el naranjo dará naranjas y la vid uvas.

Quien verdaderamente está ligado a Cristo –la vid– necesariamente dará frutos. Una rama no da uvas porque hay quienes apetecen de ellas o porque el mercado lo demande ¡da uvas porque es su naturaleza! Así los verdaderos hijos de Dios producen frutos de amor no porque alguien lo necesite, ni porque sea el último mandato del Señor, sino porque está íntimamente ligado a quien es amor.

La finalidad de un fruto como tal es la reproducción de su especie. Así, el fruto del amor del creyente apunta necesariamente a la expansión del reino de Cristo en la tierra a través del testimonio de palabras y de vida, no forzada ni programada, sino espontánea y auténtica.

Señor, hazme agente multiplicador en tu reino, con frutos de amor. Amén.

WS

Paz

No cambiará mi fiel amor por ti ni vacilará mi pacto de paz. Isaías 54:10b

Hermosas horas de comunión y paz disfruté en el inolvidable paisaje en la provincia de mi niñez y juventud. En sus barrancas de más de cien metros de altura, a orillas del río Paraná, Dios despliega espectaculares colores cada día entre un sol que cae, una nube que se pasea tranquila y algunas golondrinas que juegan y gorjean. Dios me enseñó mucho y de muchas maneras. Pero de confianza y calma me enseñó a través de un pajarito que anidaba en un árbol de la barranca.

Por razones que me son difíciles de explicar estas barrancas se desarman hacia el río y cuantos árboles, animales e incluso casas que hay en ellas, con ellas se van más cerca de la orilla, o incluso al agua.

Este pajarito amigo, anidaba en uno de estos árboles que se desbarrancó, amante, fiel, no abandonó su nido. Cuidó sus pichones en su viaje hacia la orilla del río.

Me hizo pensar en Jesús. Él tampoco nos abandona, no importa cuánto hayamos caído, nos busca, protege, ama y cuida. Estamos seguros y confiados bajo la protección de sus alas. Él es fiel, nos da vida, paz y la seguridad de la salvación eterna. No importa lo que pase a nuestro alrededor, Jesús renovó su pacto de paz con nosotros.

Hoy disfruto de la vida, Cristo me da confianza.

Querido Señor, te doy gracias por tu protección y tu cuidado, porque en todas mis caídas estás para salvarme. Saber que nunca me abandonas me llena de gozo.

Busco. ¿Cuántos textos bíblicos me hablan de paz?

JF

Q.E.P.D.

Ustedes deben estar preparados, porque el Hijo del hombre vendrá cuando menos lo esperen. Mateo 24:44

Sentí mucha angustia al llegar al lugar. El edificio tiene mucha luz y muchas plantas pero la situación transmite una sensación que oprime un poco el pecho. Camino pesadamente, como no queriendo avanzar. Hay gente pero no puedo ver sus rostros. Siento mucha tristeza. Todo ha cambiado, pero no tengo palabras para explicarlo. Ingreso, dudando, a un salón. Fuerzas que me atraen y que me repelen. Veo un féretro. Con dolor me acerco. Contengo la respiración. El corazón se me paraliza, el cuerpo se me eriza, la adrenalina corre... soy yo quien está en el féretro... Me sacudo y despierto. ¡Qué extraña pesadilla!

Despierto pienso, gracias Señor Jesús porque aún estoy vivo. Lléname de tu comunión para no temerle a la muerte. Ayúdame a vivir confiado en la misericordia sellada con tu muerte y resurrección. Tu amor y perdón me colman de la paz que sólo tú, Jesús, puedes dar. Que cada día esté preparado, para que cuando me llames, o tú regreses, no tenga temor sino plena seguridad de que por tus méritos, hay un lugar para mí junto a ti. Me has dado un nuevo día de vida, afirmo mi fe en tus promesas, sé que no seré defraudado.

Hoy disfruto de la vida confiado, porque Cristo es la resurrección y la vida.

Señor, no puedo saber cuántos días me quedan de vida, pero tu paz me inunda al saber que estaré contigo por la eternidad. En tu presencia está mi perdón y paz. Amén.

Reflexión: ¿Qué fortalece mi comunión con Dios?

JF

Crecemos

Creceremos hasta ser en todo como aquel que es la cabeza, es decir, Cristo. Efesios 4:15

Podemos hablar mucho o escribir mucho y de hecho lo hemos hecho. Pero espero que no nos pase lo que dice el dicho: "Del dicho al hecho hay mucho trecho", sino que confiados plenamente en nuestro Dios poderoso, hablemos, meditemos y por él cambiemos nuestra forma de pensar para que también cambiemos nuestra manera de vivir.

Cristo, por su inmenso amor lo dejó todo, se sacrificó hasta la cruz logrando nuestro perdón e hizo posible una realidad diferente para ti y para mí. Nos salvó y nos envía. Lo sabemos...

¿Cuánto influye esa realidad en nuestra vida diaria, en nuestra comunión con Dios y el trato con los que nos rodean?

Su Espíritu nos transforma, fortalece y nos inspira a amar y a crecer. Su amor es base, combustible, motor y horma de nuestro amor. Sólo amados podemos amar realmente, moviéndonos a la entrega total, al sacrificio, a darnos y a dar lo más valioso que poseemos por amor a los demás. Sólo empapados de su amor podremos crecer dejando huellas de su amor.

Hoy disfruto de la vida. Cristo crece en mí.

Querido Señor Jesús, ayúdame a no tener mi vida diaria separada de mi fe en ti, sino una vida influenciada por tu comunión. Quiero vivir y disfrutar lo que conozco de ti. Guíame con tu Espíritu, quiero compartirte en cada cosa que hago, de tu mano quiero crecer. Amén.

Reflexión: La comunión de Dios brota en mi corazón y llena mi alma de gozo.

JF

Huracán

En mi furia desataré un viento huracanado. Ezequiel 13:13

Son difíciles de explicar con palabras las vivencias de una persona que ha enfrentado un huracán. Esfuerzos de toda una vida se desarman en segundos. Una imagen quizás sintetice mil palabras cargada de impotencia, pequeñez, temor, destrucción y muerte. Semejante descontrol da vueltas alrededor. ¿Se puede anular? No. ¿Se puede prever? ¡Sí! gracias a las estaciones meteorológicas que con antelación nos anuncian su formación, trayectoria y fecha de llegada. Podemos prevenirnos y tomar recaudos para salvar lo más valioso que tenemos: la vida.

La iglesia es una estación meteorológica que Dios mismo ha instituido. Anunciar con antelación lo que viene es nuestra responsabilidad. Cada ser humano habrá de enfrentar su propio huracán de vida o condenación eterna. Todos, en algún momento de nuestra existencia, enfrentaremos a Cristo cara a cara. Él será nuestro juez justo, su obra nuestro abogado, y la fe nuestra fianza. Hoy el amor de Dios es favorable y valioso. La fe en su obra es el único aval, nuestra garantía, nuestro firme refugio. Es tiempo de prevenirnos y tomar recaudos. ¿Estás preparado? Cristo te llama; quiere protegerte bajo las alas de su amor.

Hoy con Cristo me preparo para el día de mi juicio.

Querido Padre, sin tu ayuda no tengo protección frente a tu santa justicia. Ruego que tu Espíritu fortalezca mi fe en la muerte y resurrección de Cristo. Dame un corazón firme y una vida nueva. Me lleno de tu paz confiado en que tú me rescatas. Amén.

Reflexión: Con Cristo yo también soy un buen meteorólogo.

JF

Por fe

Nuestros actos de justicia son como trapos de inmundicia. Isaías 64:6

Por medio de mis obras, no tengo forma de alcanzar a Dios. Su santidad no soporta mancha alguna.

Haz esta prueba, sacude una franela en una habitación soleada. ¿Qué ves? En la sombra nada. En la luz, seguramente pequeñísimas partículas en suspensión.

Así veo mis pecados, en mi oscuridad no los veo, aparentemente está todo bien, mi alma está limpia, me siento bien, yo creo haber alcanzado a Dios. Cuando su santidad ingresa en mi alma es como ese haz de luz que todo lo ve, lo discierne, lo distingue; no hay rincón que quede sin chequear. Nada puedo esconderle. Mis pensamientos, intenciones, acciones, omisiones, palabras y silencios, pasan por su zaranda. Su ley me acusa, me condena, me martirizo.

¡Cuán errado puedo estar! Cuando me siento alejado o santo por mí mismo, recuerdo: "No es por obras, es por fe en Cristo." No hay pecado tan grande que espante a Dios de mí, ni tantas obras y santidad de mi parte que lo acerquen.

Cristo hizo la única obra que me trae amor, perdón, paz y comunión: murió y resucitó por mí. Él es mi salvador, él me llama a creer y a confiar en su obra. Sólo él limpia realmente mi alma.

Hoy disfruto de la comunión que Cristo ganó por mí.

Querido Señor, tú conoces todos los rincones de mi corazón. Gracias por perdonarme todos mis pecados, por tu comunión y por darme la fe. Guíame, quiero amarte cada día más. Amén.

Reflexión: La fe, ¿es una obra mía o de Dios?

JF

Profetas

Así dice el SEÑOR. Ezequiel 2:4

Parece una mañana común y corriente. Los padres llevan a sus hijos al colegio. En el aula uno de los compañeros saca un arma y arregla cuentas pendientes. Algunos niños caen heridos, otros, ya sin vida.

Nos rasgamos las vestiduras... Acusamos... Condenamos... Nos lavamos las manos...

Los niños, adolescentes, y jóvenes del mundo (y los de la iglesia también) son bombardeados continuamente con todo tipo de imágenes que trastocan su forma de pensar. No es la tortura china de la gota. Es como una hidrolavadora. Los videos juegos, las películas, los noticieros, la realidad... imprimen más de cinco mil imágenes exorbitantes en sus curiosas mentes.

Hermano, no podemos esperar que el mundo cambie su rumbo. Somos un pueblo de sacerdotes, que intercede, de profetas que proclama. Busquemos todas las maneras de comunicar la voluntad de Dios. No queremos ser tibios (Apocalipsis 3:16).

Oremos y actuemos. Levantemos nuestra voz. Aprovechemos todos los medios posibles. Una llamada telefónica, una carta o correo electrónico. Como individuo y como grupo. A las radios, periódicos, TV y legisladores. Como cristianos, como iglesia tenemos mucho para decir.

Dios es quien te envía. Pues entonces ¡adelante!

Hoy comparto con todos lo que Dios pone en mi corazón.

Querido Señor. Perdón por las veces que he sido tibio. Sé que tú me puedes cambiar. En tu Palabra está tu promesa y tu voluntad. Háblame, guíame, muéstrame el camino. Dime lo que debo decir. Muchos se pierden sin conocer tu amor, perdón y salvación. Heme aquí, envíame a mí. Amén.

Reflexión: ¿Qué puedo hacer como individuo? ¿Y como iglesia?

JF

Información

Ahora lo considero pérdida. Filipenses 3:7

Llego con el automóvil a una esquina sin señalizar, doblo incorporándome a una cortada. Al final de la calle veo tres autos que vienen hacia a mí, y enfrente un cartel que me da la espalda. Pienso con ironía: ¡Tres que desatendieron el cartel "contramano"! Sigo adelante. Miro el cartel, indica: "Prohibido estacionar" No eran tres equivocados, ¡El equivocado era yo!

Hoy hay mucha gente que por falta de indicación toma cortadas en contramano. Hay otra ruta pero nadie se la indica. Cometen errores involuntariamente, por distracción, desconocimiento o porque están, sin saber, sinceramente equivocados.

En el texto Pablo nos cuenta cómo al principio él también estaba sinceramente equivocado. Jesús le habló y le dio el verdadero sentido a su vida. En la Biblia Jesús nos habla a todos. Ella es nuestro cartel indicador. Conociéndola encontramos la verdad, crece nuestra fe en Cristo, recibimos amor, perdón, paz. Cristo es el único camino a una vida completamente nueva.

Pero hay muchos que yerran el camino por desconocimiento. Sin saber han tomado una ruta que aleja sus almas de Dios. Les falta información. Dios quiere que les advirtamos de su error, que nosotros seamos los que coloquemos el cartel en lugar visible, en cada esquina. Todos tienen derecho a saber, porque Cristo murió y resucitó para darnos a todos vida eterna.

Hoy disfrutó de la vida. Cristo es mi camino.

Oración: Querido Señor, háblame, quiero llevar tu mensaje. Confío en que harás de mí un buen cartel para que muchos te conozcan. Amén.

Reflexión: Pienso en formas de compartir a Cristo de una manera clara.

JF

Respaldo

El SEÑOR es mi roca, mi amparo, mi libertador; es mi Dios, el peñasco en que me refugio. Salmo 18:2

Respaldos hay muchos y diversos. Los tienen las sillas, las instituciones, las empresas, la familia, el trabajo, la iglesia. Tú, ¿qué respaldos tienes? ¿Qué sería de tu vida sin ellos? No tenerlos significa mucha incomodidad, problemas y soledad, que se manifiestan más, cuanto más adversas son las situaciones. Todos los respaldos caerán, sólo hay uno que prevalecerá eternamente.

Gracias a Dios porque Cristo es nuestro más sublime respaldo. Podemos descansar seguros, es firme, confiable, no cambia ni falla. No se gana ni se compra, es gratis y está disponible. ¿Cómo puedo afirmar todo esto? Por todos los respaldos que él nos ha dado. Su amor infinito, su perdón completo, sus promesas fieles, su salvación eterna, su comunión profunda, su paz mayúscula, su dulce compañía y su Espíritu lleno de gracia y poder.

Tú también tienes este respaldo. Escudriña en su Palabra. Cada día se abre la puerta a la verdadera vida que Cristo ganó para ti. Sólo en su obra tenemos el único respaldo que no tambalea y que jamás caerá. Tenemos mucho por descubrir del respaldo de Dios. Aprovechemos el tiempo de gracia.

Hoy, confiado, descanso en mi Señor. Él es mi respaldo.

Querido Padre, te amo por darme tanta seguridad. Tú sabes cuántas veces he puesto toda mi confianza en otros respaldos. Perdóname. Confío en tu amor y me gozo en tu obra por mí. Guíame a compartir. Todos necesitan saber que tú eres el único respaldo definitivo. Amén.

Reflexión: Vale la pena invertir mi vida en Cristo. Su respaldo es eterno.

JF

Levántate

...el Hijo del hombre tiene autoridad en la tierra para perdonar pecados. Mateo 9:6

Querido Señor, tú sabes que muchas veces estoy como este paralítico, pues ya no puedo ni moverme. Aunque quisiera, nada puedo esconderte, Señor tú sabes bien, ayúdame a serte sincero. A veces involuntariamente, otras por mi debilidad, caigo, y mis pecados me someten hasta quedar postrado. Sé que no me corresponde. Que no tengo nada para ofrecerte a cambio. Soy un simple mortal, que merece tu castigo, no he obrado conforme a tu voluntad, he buscado lo que no te agrada, me he alejado de ti. De lejos oigo tu voz llamándome, te extraño, reconozco mis pecados. Perdóname.

Aquí estoy confiando sólo en ti, Señor Jesús. Tú tienes el poder para quitarme esta carga y librarme del yugo que me condena. Sólo en ti está mi redención. Tú pagaste el precio de mi rescate con tu sangre, le hiciste la cruz a mis pecados, anulaste mi deuda. Movido por tu gran amor me atrevo a suplicarte: ten compasión de mí. Confío, en tu resurrección está también mi victoria.

Dime como le dijiste a aquel paralítico: Levántate. Dame fuerzas, transforma mi espíritu. Ayúdame a vivir la vida como tú la pensaste para mí. Quiero gustar tu paz. ¡Cuánto poder tienen tus palabras: "Tus pecados te son perdonados"; qué dulces me saben en mi alma! Cuánto peso has sacado de mi mochila, Señor; me gozo en tu eterno perdón. Salto de alegría. ¡Mil gracias por tu gran amor!

Hoy disfruto de la libertad. Cristo me perdonó.

Gracias por rescatarme, Señor. Guíame a vivir con alegría. Amén.

Reflexión: Tu Espíritu consuela mi alma. Quiero ser un instrumento de tu paz.

JF

Comprender

...puedan comprender, junto con todos los santos, cuán ancho y largo, alto y profundo es el amor de Cristo. Efesios 3:18

Como seres humanos tenemos muchas cosas en común. Pero tan diversas pueden ser nuestras situaciones que en común llegan a tener muy poco. La situación económica, social, laboral, educacional, cultural, la conformación familiar, la edad, la salud, las religiones, el color de nuestra piel. Podríamos seguir enumerando cosas que marcan diferencias, y que no nos hacen mejores o peores, buenos o malos, sino sólo diferentes. Tenemos diferencias que muchas veces nos separaron y aún lo siguen haciendo.

Pero aunque hay muchas cosas que necesitamos igualmente, hay algo que todos anhelamos y necesitamos profundamente. Que mientras no lo tenemos, deambulamos insatisfechos. Aunque tengamos todo lo demás, palpamos su ausencia. Es algo que no envejece, no pasa de moda, no enferma, es seguro. No se deja influenciar ni se amedrenta bajo ninguna situación. No nos abandona, a todo le hace frente, ampliamente está por sobre todo. Nada le hace mella. Nada es más perdurable, ni más poderoso.

¿De qué estamos hablando? Del amor de Cristo... hasta que no cale en lo más profundo de nuestro corazón siempre habrá insatisfacciones, cosas que faltan. Con él todo está completo. Es más, rebosa. ¡Qué diferente puede ser nuestra vida! ¿Ya caló tu corazón?

Hoy disfruto de la vida. Cristo vive en mi corazón.

Querido Señor, te doy gracias por esta invitación de tu Palabra. Quiero arraigarme en tu amor, conocerte cada día más y que todos los creyentes seamos llenos de tu plenitud. Sé que tu poder no ha menguado. A ti sea la gloria por tu obra maravillosa. Amén.

Reflexión: Busco sinónimos de comprender. ¿Cómo comprendo el amor?

JF

El Padrenuestro

Pero tú eres nuestro Padre, aunque Abraham no nos conozca ni nos reconozca Israel; tú, SEÑOR, eres nuestro Padre; ¡tu nombre ha sido siempre "nuestro Redentor"! Isaías 63:16

Grandioso, inmenso, infinito, inconmensurable. ¡Cuántos calificativos han tratado de contener o expresar la grandeza y majestuosidad de Dios! Siempre nos "quedaremos cortos" en este sentido.

Y Dios, con todo lo que es, se revela a la altura de nuestra capacidad resumiendo su grandeza. Es un gran "sintetizador" en palabras y obras. Dijo: "Sea" y fue. Lo maravilloso de toda la creación es apenas una "muestra" de su grandioso poder y que en plenitud gozaremos en el cielo. Dios no complica las cosas. Dios sabe simplificar las ideas y los hechos y eso espera también de sus hijos. Su santa voluntad se resume en sólo diez mandamientos, y nuestras necesidades se complace en oírlas en pocas palabras: "Ten compasión de mí, que soy pecador" (Lucas 18:13), "Hijo de David, ten compasión de mí" (Lucas 18:38), "Enséñanos a orar" (Lucas 11:1). Todas estas palabras cargadas de contenido tuvieron su respuesta inmediata del inmenso caudal de la gracia de Dios: "Yo te perdono"; "recibe la vista, tu fe te ha salvado"; "cuando oren, sólo siete peticiones resumen las necesidades de ustedes".

Si sólo diez mandamientos resumen la voluntad de Dios, en la síntesis del Padrenuestro no se escapa ninguna de nuestras necesidades. En sólo un minuto podemos plantear ante el Todopoderoso absolutamente todo lo que nos es menester. Pero también es necesario cuidar de no hacer uso de la oración del Señor en una rutinaria repetición de palabras, sino tener conciencia del rico significado de cada petición en su amplitud y profundidad. Con la ayuda de Dios lo observaremos en las reflexiones siguientes. Hagamos nuestras las palabras de los discípulos:

Señor, enséñanos a orar. Amén.

WS

¡Padre!

En aquel día ya no me preguntarán nada. Ciertamente les aseguro que mi Padre les dará todo lo que le pidan en mi nombre. Juan 16:23

¡Hola! ¿hablo con fulano...? frase regular del comienzo de una comunicación telefónica. La introducción de la comunicación con Dios en la oración del Señor es directa y no marca dudas; a quien me dirijo es al celoso, santo y justo Dios de quien nos hemos apartado. Pero Jesús, nuestro Señor, quien es el camino al Padre y ha abierto para siempre el acceso al trono de Dios, nos muestra el rostro de un Dios amoroso, el cual es su Padre y también el nuestro.

¡Cuánto necesitamos volvernos como niños cuando oramos al Padre! Un niño tiene la simpleza, sencillez, fe, y seguridad de que su papito le dará lo que le pida. Y esa seguridad la tiene porque lo conoce, porque tiene una estrecha relación con él, vive "en la casa de su padre" que es también la suya.

Todos los creyentes somos hermanos en Cristo e hijos de un mismo Padre al cual podemos llegar a pedirle cariñosamente "Abba Padre" (papito) y al agregarle "nuestro" reconocemos el maravilloso sentido familiar de la "comunión de los santos", la iglesia. Al añadir "que estás en los cielos" estamos diciendo: "Padre, tu tienes guardado en lo inmenso de tu poder, todo y mucho más de lo que pedimos y podemos llegar a entender. De manera que en las siete peticiones que vamos a plantearte, tenemos la certeza de que nos has de responder a su tiempo y modo de acuerdo a tu sabiduría y voluntad. Depositamos nuestra confianza en ti porque eres fiel a tus promesas."

Gracias, amado Padre, por estar siempre dispuesto a escuchar nuestro clamor. Amén.

WS

Santificado sea tu nombre

Santifícalos en la verdad; tu palabra es la verdad. Juan 17:17

La primera petición nos remite al mandamiento: "No pronuncies el nombre del SEÑOR tu Dios a la ligera (Éxodo 20:7). El nombre de Dios ya es santo en sí mismo, y no será más o menos santo al pronunciar esta petición ¿Cuál es entonces su propósito?

El nombre de Dios se lo santifica cuando en medio de sus hijos se tiene plena conciencia que la revelación de su Palabra tiene un propósito eterno: ¡la salvación de muchas almas! Su Palabra es el medio de gracia de salvación y no la podemos tomar a la ligera, livianamente, ni imponer doctrinas al libre capricho y en forma antojadiza. La Palabra es santa, su propósito es santo, y al decir "santificado sea tu nombre" rogamos al Padre que nos ilumine y guarde en la verdad del evangelio, y que al vivir y testimoniar en esa verdad estemos santificando y glorificando su nombre. Estamos pidiendo ser instrumentos en sus manos para que la verdad de su Palabra sea extendida, y llegado el caso en que observemos al enemigo haciendo de las suyas, utilizando falsos profetas y falsas enseñanzas que enturbien, confundan y hasta ahoguen la verdad, que nos conceda sabiduría y discernimiento para rebatir errores y revertir situaciones.

El mundo en manos de su príncipe se burla de la Palabra, la ridiculiza y la pisotea. Las falsas religiones profanan el santo Nombre de Dios con enseñanzas fantasiosas e inventadas; por el contrario, los hijos de luz, en pureza de Palabra testimonio y vida, santifican el nombre de Dios.

Bendito Dios, que siempre santifiquemos tu nombre en espíritu, mente y cuerpo. Amén.

WS

Venga tu reino

No van a decir: "¡Mírenlo acá! ¡Mírenlo allá!" Dense cuenta de que el reino de Dios está entre ustedes. Lucas 17:21

Las primeras palabras pronunciadas por el Señor Jesús en el Evangelio de Marcos fueron: "Se ha cumplido el tiempo... el reino de Dios está cerca" (Marcos 1:15).

Además, sus enseñanzas expresadas muchas veces en parábolas comenzaban diciendo: "El reino de los cielos es semejante a..." De manera que su prédica, enseñanza, y propósito era llevar a los hombres al reino de Dios.

Concretamente, ¿qué significa reino de Dios, reino de los cielos? El hombre por naturaleza está sumido en el reino de las tinieblas y a expensas del príncipe de este mundo. Dios en su gracia y misericordia envió su Santo Espíritu para que a través de la luz de la Palabra puedan percibir al "Rey de reyes" y creer en él y así ser partícipes del reino de Dios.

Al rogar "venga tu reino" pedimos a Dios que esa bendita Palabra, que fue instrumento para "nacer de nuevo", nos mantenga en la fe y en una vida santa, que permanezcamos gozosos en el reino de gracia, su santa iglesia, y que no seamos perezosos en el encargo del Señor (Mateo 28:19-20).

El Señor Jesús, ascendido a los cielos y sentado a la derecha del Padre, gobierna y dirige su reino de gracia. Al decir "Venga tu reino" pedimos una multiplicada porción del Espíritu Santo para que sea posible la extensión de su reino terrenal, y que la promesa de su segunda venida nos sirva de aliento y esperanza; además, que ese esplendoroso momento no se dilate, sino que pronto se cumpla su glorioso advenimiento.

Rey de reyes, gobierna nuestras vidas. Amén.

WS

Hágase tu voluntad

Pues mi hermano, mi hermana y mi madre son los que hacen la voluntad de mi Padre que está en el cielo. Mateo 12:50

En las tres primeras peticiones del Padrenuestro rogamos por bendiciones espirituales: 1) El nombre de Dios santificado entre los suyos; las bendiciones de su Palabra. 2) El reino de Dios, la vivencia en el reino de gracia, su propagación. 3) La voluntad de Dios que se contrapone a otras nefastas y fatales voluntades: la del diablo, del mundo y nuestra propia naturaleza carnal.

Él conoce nuestra naturaleza caída que se manifiesta en pasiones y deseos, y que llevan a actos terribles y vergonzosos; el continuo asedio del diablo que trata de mil formas de hacernos enredar en sus redes; el mundo, aliado y dirigido por la voluntad de Satanás, que seduce con su brillo fatuo encandilando y haciéndonos tropezar y caer. Dios todo esto lo sabe, y en su gran misericordia muestra su amorosa voluntad de impedir que estas voluntades nos dominen, dobleguen y venzan.

Así es como el Señor Jesús en esta petición nos enseña a reconocer nuestra realidad y aferrarnos a su poder, de manera que Dios nos guarde en integridad y pureza, y podamos vencer toda voluntad perversa.

De nuestra parte, conociendo su voluntad resumida en su ley, vivamos acorde a ella en alegría y regocijo (Salmo 1:2), y aún cuando sea su sabia voluntad tener que soportar pruebas y sufrimientos, lo admitamos con santa resignación, sabiendo que lo que Dios permite es para bien de los que le aman.

Tu voluntad, Señor, se cumpla siempre en mí. Confiando en tu bondad, me entrego todo a ti. Amén.

WS

El pan nuestro de cada día

Sólo dos cosas te pido, SEÑOR; no me las niegues antes de que muera: Aleja de mí la falsedad y la mentira; no me des pobreza ni riquezas sino sólo el pan de cada día. Proverbios 30:7-8

El ser humano se diferencia de las demás criaturas por ser racional y espiritual. Las tres primeras peticiones tienen que ver con lo espiritual; la cuarta resume en pocas palabras el sustento para el cuerpo y la mente, necesidades cotidianas en lo material, y convivencia social.

Dios, al crear al hombre, observó su primera necesidad: "No es bueno que el hombre esté solo" (Génesis 2:18) dando a entender así la compañía de cónyuge, hijos, demás familiares, amigos, vecinos, etc. Alimento, ropa, vivienda, trabajo, ocupación, recursos económicos, propiedades, justicia, equitativa administración pública, paz, seguridad, salud y educación, son prioridades a las que el lector podrá añadir otras al observar su cotidiana necesidad.

Puede quien observe: ¿Tengo necesidad de pedirlo cuando lo disfruto diariamente? El Señor Jesús al enseñarnos a pedir "el pan nuestro de cada día dánoslo hoy" quiere persuadir a los suyos de que "toda dádiva y todo don perfecto descienden de lo alto"(Santiago 1:17); nada sucede sin que Dios lo permita u otorgue, por lo que debemos recibirlo con acción de gracias.

Al agregar "pan nuestro" nos enseña que debemos pedir lo que honradamente obtendremos con nuestro trabajo, y al añadir "de cada día, y dánoslo hoy", que no olvidemos que nuestros tiempos están en sus manos, y así como el Señor bendecía a su pueblo en el desierto dándole el maná cada día sin que tengan que preocuparse por el mañana, en nuestro peregrinar terrenal no nos ha de faltar lo necesario, ya que como en el pasado, nuestro futuro está en su pródiga mano.

Gracias, amado Padre, por tu provisión de gracia. Amén.

WS

Perdónanos... perdonaremos

Y cuando estén orando, si tienen algo contra alguien, perdónenlo, para que también su Padre que está en el cielo les perdone a ustedes sus pecados. Marcos 11:25

La quinta petición invita a una profunda reflexión en varios aspectos. En primer lugar nos hace recordar nuestra condición de pecadores y las limitaciones a las que nos ata, nuestra gran miseria espiritual, ya que diariamente ofendemos a nuestro Dios con pensamientos, deseos, gestos, palabras y acciones que enturbian nuestra relación con el Eterno. Esta realidad nos lleva a recurrir al inmenso caudal de su gracia para que nos perdone, nos limpie y así nos fortalezca para crecer cada día más en santidad de vida.

En segundo lugar nos invita a reflexionar que si de Dios hemos recibido un don de gracia tan grande, entonces debemos aborrecer todo género de pecado y vivir de acuerdo a su voluntad con gozo y alegría, ya que el perdón nos llena de consuelo, paz y vida plena.

En tercer lugar hacer morir en nosotros, disolver, la gran piedra de tropiezo que es el orgullo, el cual impide pronunciar estas dos frases: "perdóname, hermano" y "te perdono, hermano". Podríamos afirmar así que la quinta petición es "tropezadero" para pronunciar genuinamente la oración del Señor cuando asedia el egoísmo y el orgullo (Salmo 32:2).

Además tiene un condicionamiento: el que desee tener paz espiritual por medio del perdón divino, perdonará también a su semejante. La visión de la cruz de Cristo nos llena de un espíritu manso y humilde dispuesto a pedir perdón y a saber perdonar. Quien verdaderamente vive en su corazón la gracia del perdón, consecuentemente con amor sabrá perdonar cualquier ofensa.

Señor, que al recibir de tu gracia un perdón tan grande, sepa también siempre perdonar pequeñeces. Amén.

WS

Tentaciones

Recuerda que durante cuarenta años el SEÑOR tu Dios te llevó por todo el camino del desierto, y te humilló y te puso a prueba para conocer lo que había en tu corazón y ver si cumplirías o no sus mandamientos. Deuteronomio 8:2

Las Escrituras nos hablan de dos clases de tentaciones: las malignas del diablo, y las procedentes de Dios. ¿Tentación de parte de Dios? Para evitar confusiones, utilizaremos la palabra prueba. Las pruebas que Dios envía tienen el bondadoso propósito de fortalecernos en la fe. El testimonio de tantas historias bíblicas, como Job, José en Egipto, Jeremías, etc., atestiguan que las pruebas son herramientas de acercamiento a Dios. "Cuando soy débil, entonces soy fuerte" decía San Pablo refiriéndose a su "espina en el cuerpo", instrumento divino que lo perfeccionaba en la fe (2 Corintios 12:7). Por el contrario, cuando gozamos de toda clase de bienes sin sufrir una prueba, corremos el riesgo de "entibiarnos" en la fe. Las manifestaciones más marcadas de fe, consagración y testimonio a lo largo del cristianismo, se dieron en épocas de persecución. Al rogar "no nos dejes caer en tentación" reconocemos nuestra debilidad, la cual debe ser fortalecida. Rogamos que cuando el Señor nos envíe una prueba, también envíe una multiplicada porción de su fuerza para soportarla de acuerdo a su palabra (1 Corintios 10:13) de manera que dicha prueba resulte beneficiosa y no un motivo para desesperación o abandono.

Además, el diablo "como león rugiente" no deja de utilizar los brillos fatuos del mundo y las pasiones carnales para desviarnos de la fe; no podemos evitar sus maquinaciones, pero sí resistirlas, como lo mostró el Señor (Mateo 4:1-11). Con el Señor Jesús en nuestro corazón y un espíritu presto en oración, no temeremos tentación alguna.

Gracias, Señor, por las pruebas que envías y que nos acercan a ti. Fortalécenos para resistir al maligno. Amén.

WS

Líbranos del mal

El Señor me librará de todo mal y me preservará para su reino celestial. A él sea la gloria por los siglos de los siglos. 2 *Timoteo 4:18*

En la petición anterior el tema fue tentación y pruebas. Depende de nosotros el mal que pueda sobrevenirnos al caer en tentación; este mal puede alcanzarnos a raíz de nuestra imperfección pecaminosa a través del mundo y la carne. Pero el mal que rogamos a Dios que nos libre en esta petición, no depende de nosotros. La prueba que sufriera Job, las devastaciones de una plaga, inundaciones, sequías, terremotos, cataclismos, injusticias, guerras, perversiones de gente mundana, etc. son males que podemos llegar a padecer. Rogamos a nuestro buen Dios que nos guarde, proteja y ampare de todo esto, y aunque en su santa voluntad lo permita, nos ayude a soportarlo con la certeza que dicho mal el Señor lo redundará para nuestro bien (Génesis 50:20).

San Pablo escribe a los romanos: "Sabemos que Dios dispone todas las cosas (¡aún las malas!) para bien de los que le aman." Lo que importa no son las piedras en el camino, sino el llegar a la meta. Cuando llegue a nosotros nuestra última hora, el Señor nos libre de todo mal, en cuerpo y alma y nos dé la plena seguridad que ningún mal acose nuestro ser, sino que gocemos la paz, el consuelo, el sosiego del perdón divino, observando que nuestros enemigos espirituales están aplastados bajo los pies victoriosos de Cristo (Salmo 27: 5-6).

Señor, líbranos de todo mal, y aún cuando tengamos que soportar alguno, sostennos con tu poderosa diestra. Amén.

WS

Porque tuyo es el reino, y el poder, y la gloria

Porque escuchas la oración. A ti acude todo mortal. Salmo 65:2

El evangelio, escrito originalmente en idioma griego, se ha perdido y contamos sólo con copias que son escritos posteriores. Estas versiones pueden contener recortes o agregados. Este es el caso que nos toca referente a la conclusión del Padrenuestro: "Porque tuyo es el reino y el poder y la gloria por los siglos de los siglos. Amén." (Comparar Mateo 6:13 y Lucas 11:4). Esta frase es un agregado posterior al original. De cualquier manera, aunque no se lo considere inspirado por el Espíritu Santo, ni tampoco del puño y letra del evangelista, expresa una gran verdad y un reconocimiento de parte de aquél que acaba de plantear ante el trono del Padre todas sus necesidades. Expresa que todo lo peticionado está expuesto ante sus ojos porque considera que Dios es quien gobierna con gloria y poder sobre todo lo creado, y que sin lugar a dudas ha de dar curso a una respuesta favorable. No significa con esto que seamos complacidos en todo, sino que el amoroso Padre nos concederá lo que realmente necesitamos a su tiempo y a su modo.

"Porque tuyo es el reino, el poder, y la gloria" nos debe concientizar que sólo al único verdadero y trino Dios debemos y podemos orar por medio de nuestro Señor Jesucristo, y que es vanidad, falta de fe y paganismo, orar "por otra vía" u otro intercesor.

Tú sólo, oh Dios, escuchas y atiendes. Tuyo sólo es el brazo fuerte, tuyo sólo es el corazón amante y tierno.

Gracias por dar oído y atención a nuestras necesidades. Amén.

WS

Seguro

Hay un solo Dios y un solo mediador entre Dios y los hombres, Jesucristo hombre, quien dio su vida como rescate por todos. 1 Timoteo 2:5-6

Si tuvieras que hacer un viaje en avión y para tu destino hubiera sólo dos compañías que hicieran el vuelo, y si sabes, a ciencia cierta, que una de las dos empresas hace tres meses que no tiene personal de mantenimiento de las unidades, ¿comprarías con toda confianza el pasaje? Sí... pero en la otra compañía.

Si en un comercio te brindan la posibilidad de hablar con el dueño, ¿elegirías hablar con el encargado?

Generalmente elegimos lo más seguro y no queremos intermediarios.

En la vida espiritual todos tenemos derecho a la seguridad de la vida eterna y a hablar directamente con Dios Padre, Hijo y Espíritu Santo. Se han inventado un montón de caminos espirituales. Pero hay uno solo: Jesucristo, Dios mismo, que dejó todo por rescatarnos y librarnos eternamente. Jesús quiso morir y resucitar para llenarnos de sus bendiciones. Dios te ofrece su amor en todo momento y situación de tu vida, te invita a caminar una vida plena, sin intermediarios. Vayamos confiados, seguros, porque Jesucristo ganó ese derecho para todos los seres humanos. Y para ti también.

Hoy en Cristo estoy seguro.

Querido Señor, perdóname por las veces que he buscado otras alternativas para mi salvación. Límpiame. Te suplico que me ayudes a confiar en ti por sobre todas las cosas. Que tu Espíritu llene mi vida de tus bendiciones. Guíame, quiero ser un instrumento de tu amor, y disfrutar de la vida que pensaste para mí y para los que me rodean.

Reflexión: El mundo los proclama a miles, pero Jesucristo no tiene sustitutos ni intermediarios.

JF

Bendiciones

De su plenitud todos hemos recibido gracia sobre gracia... por medio de Jesucristo. Juan 1:16-17

De alguna forma está presente la palabra bendición en más de trescientos setenta versículos bíblicos. En muchos casos se refiere a personas en particular o al pueblo creyente en general. Muchas son promesas, otras tantas, cumplimientos palpables de Dios, de dichas promesas, que tristemente muchos no pudieron disfrutar por falta de fe o por buscar independencia lejos de Dios. Buscando llenarse de sus afanes temporales, perdieron eternas bendiciones a raudales. Palabras, historias, promesas del ayer que se continúan repitiendo hoy en cada amanecer.

Hemos pecado y nos hemos perdido. Pero Cristo nos buscó, se hizo hombre, nos encontró y rescató. Gracias a Cristo Jesús el mensaje de Dios es más claro que nunca. Por su muerte en la cruz, todo sacrificio fue consumado, el velo del templo abierto y la comunión con él ahora es directa. En su resurrección está su más perfecta promesa: la plena seguridad de la vida eterna junto a él. Humanamente ya no está entre nosotros, ascendió a los cielos. Por su Espíritu Santo recibimos diariamente sustento y fortaleza, bendiciones a granel, y el cumplimiento de todas sus promesas. Dios no ha cambiado, su poder no ha menguado, tampoco su Palabra. Vivimos el tiempo de gracia, amor, paz, y perdón, que pueden ser una realidad y llenar tu corazón.

Hoy disfruto de la vida llena de bendiciones que Cristo logró para mí.

Te alabo, Señor, por cada bendición que de tu mano se derrama sobre mí, y por poder confiar en ti. Abre mis ojos. Amén.

Reflexión: ¿Cuántas bendiciones tengo?

JF

Vayamos

Señor... te ruego que envíes a alguna otra persona. Éxodo 4:13

¿Has escuchado la voz de Dios llamándote, pidiéndote que abandones el pecado, o enviándote? Su voz se escucha de diversas maneras, en su Palabra, en la oración, en un himno o canción cristiana, en nuestro interior, en las palabras de otras personas, en un llamado de la iglesia, etc. ¿Qué hacemos con ese llamado?

A veces nos atemorizamos. Nos empequeñece la grandeza del llamado. Miramos la tarea y no a quien nos llama. Le ponemos trabas, excusas, nos hacemos los sordos, damos vueltas, o como Moisés, miramos para el costado y le proponemos a creyentes "más idóneos". ¿Qué actitud tienes tú?

Cristo nos ama, salva, llama, transforma, envía y nunca nos abandona. Camina con nosotros continuamente. Somos instrumentos en sus manos. La obra es de Dios todopoderoso. Y porque es de él, procuramos lo mejor. Su Espíritu nos llena, nos capacita buscando la excelencia. Su voz se hace cada vez más clara. Luchamos y trabajamos con nuestro viejo Adán. Cuando caemos, el Espíritu nos sostiene y de él recibimos amor, perdón, paz, gozo, sabiduría, fe, paciencia, amabilidad, bondad, humildad, dominio propio, fortaleza, mansedumbre e infinidad de dones. Cristo te llama y te dice "vayamos". Sin lugar a dudas tiene muchas sorpresas reservadas para ti. ¡Descúbrelas!

Hoy agudizaré mi oído. Cristo me envía a mí.

Señor, tú conoces mis debilidades, mis temores, mis excusas. Pero eres todopoderoso y puedo confiar en ti. Me entrego en tus manos. Cumple tus planes en mí. Amén.

Reflexión: Podría mirar para otro lado, pero prefiero acercarme más a Cristo. ¿Cuáles son tus planes Señor?

JF

Protector

"...no tendrás temor alguno; te acostaras y dormirás tranquilo. No temerás... porque el SEÑOR estará siempre a tu lado y te librará de caer." Proverbios 3:24-26

Miedos, angustias, pánico. Los sentidos se agudizan notablemente y cosas insospechadas te causan temor. Luces y sombras dibujan confusas situaciones que te hace correr por la espalda una sensación, mezcla de frío y cosquillas. Tus pensamientos van a mil revoluciones por minuto, tu corazón también. Y no hablemos de una noche de tormenta y de truenos. ¿Los pecados, la muerte y el infierno también traen temor a tu corazón? La verdadera paz está en la comunión con Cristo, él es nuestro único salvador. Querido hermano, el mensaje de Cristo es de arrepentimiento, perdón y paz. Con su muerte y resurrección aplacó todo temor, canceló toda deuda, abolió toda esclavitud para toda la humanidad. También para ti.

¿Qué hago con mis temores?, ¿los escondo, me pongo una careta, los tapo? Enfréntalos, sé sincero, confiésalos, clávalos en la cruz de Cristo. Con su resurrección nos trae nueva y abundante vida. En Cristo está tu victoria. Su paz es más grande que tu temor. Tómate fuerte de su mano y enfrenta con él todas las situaciones. Aprovecha esta difícil circunstancia para disfrutar sin derroches de la presencia del Todopoderoso. Él prometió: "...no tendrás temor alguno; te acostaras y dormirás tranquilo. No temerás... porque el SEÑOR estará siempre a tu lado y te librará de caer."

Hoy dejaré mis temores a los pies de la cruz, por ellos también murió mi Señor.

Querido Jesús, gracias por los momentos de temor. Por ellos despliegas más tu comunión conmigo. Ayúdame a confiar. Amén.

Reflexión: Mis temores me dejan tan chiquito que entro en la mano de mi Señor ¡Qué grande es él!

JF

Examen

...se rodearán de maestros que les digan las novelas que quieran oír. 2 Timoteo 2:3

Tuve el examen, me fue pésimo, no llegué ni al tercio. Era la última posibilidad de salvar esta materia fundamental en mi carrera. Es el tercer año que repruebo. No encuentro la solución... Si los profesores accedieran a aprobarme, si les acercara un cheque... Nadie lo sabrá. Una dádiva a cambio de un "favorcito."

Las situaciones presionan. A veces encontramos soluciones que abren puertas poco deseables. ¿Qué tal si aquel alumno llegase a ser tu cirujano, o el ingeniero encargado de una central nuclear?

¿Hay sobornos espirituales? Sí, y resultan más deplorables. Cuando la iglesia, los pastores, y cada miembro en particular no predican lo que Dios quiere, lo que Dios ordena, lo que él ha hecho, sino que predican lo que la gente quiere oír. Hay sobornos, y son más desastrosos porque conducen a la perdición eterna de almas.

Si caímos, sincerémonos con nuestro amoroso Señor. Confesémosle nuestros pecados, aceptemos su salvación. Su corrección no siempre será lo que querríamos oír, pero sin dudas, será lo mejor. Dios no vino a juzgar todavía. El tiempo del examen aún no ha llegado. Preparémonos para salir aprobados, seguros y confiados porque Cristo de esto también nos ha redimido.

Hoy es tiempo de gracia, restauración, y luz pura.

Querido Señor Jesucristo: gracias por tu gran amor. Sálvame. En tu Espíritu está el poder de mi resurrección. Enséñame tu voluntad y a compartirla con todos, tal como es. Amén.

Reflexión: En la Biblia, sin retaceos está la palabra del Señor dándonos la salvación a todos nuestros problemas.

JF

Medio ambiente

Sean fructíferos y multiplíquense; llenen la tierra y sométanla; dominen a los peces del mar y a las aves del cielo, y a todos los reptiles que se arrastran por el suelo. Génesis 1:28

Al crear al hombre, Dios le dio la gran responsabilidad y el privilegio de administrar todo lo creado: "Llenen la tierra y sométanla, dominen a los peces del mar y a las aves del cielo." Hoy se celebra el Día internacional del medio ambiente, fecha fijada con la finalidad de tomar conciencia del desequilibrio ecológico, originado por el mismo hombre, y sus consecuencias: el descontrol en el uso de los bienes naturales al borde del aniquilamiento de distintas especies, tanto en el reino animal como vegetal; el abuso de elementos químicos dando lugar al "efecto invernadero" y su desencadenante; los cambios de temperatura, deshielos, nuevas enfermedades. No hace falta más detalles de lo que ya sabemos.

¿Ya sabemos? Entonces, ¿qué hacemos al respecto? No es imprescindible afiliarnos a entes de protección ambiental, aunque reconocemos sus nobles propósitos. El amar y cuidar todo lo creado mostrará nuestro amor al Creador y a nosotros mismos, que somos los beneficiarios directos de todo lo bello y útil emanado de las manos de Dios.

El verdadero desequilibrio ecológico nació en el mismo Edén con la desobediencia de Adán. Fue el comienzo de un efecto dominó hasta nuestros días. Jesús, el segundo Adán, fue encargado de restaurar la creación. En comunión estrecha con quien es nuestra cabeza, natural, espontánea y responsablemente no dejaremos sucumbir todo lo hermoso que el Creador nos ha legado para nuestro propio bien, ¡aunque lo nuestro sea sólo plantar un árbol!

Por lo hermoso que hay Señor, en la tierra, el cielo, el mar, por tu paternal amor, nuestra alabanza y loor. Amén.

WS

Promesas

¡Bendito sea el SEÑOR, que conforme a sus promesas ha dado descanso a su pueblo Israel! No ha dejado de cumplir ni una sola de las gratas promesas que hizo por medio de su siervo Moisés. 1 Reyes 8:56

Las promesas son buenas y válidas cuando, confianza de por medio, genere esperanza y ésta una realidad. Existen promesas condicionadas. El padre le dice a su hijo: "Si tengo buena cosecha te compraré un ciclomotor" (condicionamiento fortuito). "Si apruebas tus estudios te regalaré una computadora" (condición de esfuerzo-premio). Porque te amo y eres mi hijo te regalaré... (incondicional).

La promesa que hiciera el Señor a Abraham no tenía condicionamiento ni demandaba esfuerzo. Abraham accedería a una realidad con sólo creer: "Mira hacia el cielo y cuenta las estrellas... ¡Así de numerosa será tu descendencia!" (Génesis 15:5). Abraham creyó a pesar de su vejez.

Así como una adolescente espera paciente sus 15 años con la seguridad de un regalo prometido por sus padres, las promesas de Dios son firmes, indudables, y se las vive como una realidad presente a pesar de la espera del cumplimiento del tiempo. No cometamos el error de Sara y Abraham de "apurar" por nuestros medios los planes de Dios (Génesis 16:2). Sepamos tener la paciencia que otorga la esperanza de firme consumación cuando llegue el tiempo. Todo tiene su tiempo. Todas las promesas divinas se cumplieron y cumplirán de acuerdo a los planes de Dios.

Dios prometió a sus hijos bendiciones temporales y eternas; éstas están ya consumadas; las otras –necesidades temporales y cotidianas–, la sabiduría de Dios dispondrá cuándo y dónde acorde a nuestras reales necesidades.

Grandes, fieles, tus promesas siempre son. En ellas siempre confiaré. Amén.

WS

Desolación y muerte

Pues como el cuerpo sin el espíritu está muerto, así también la fe sin obras está muerta. Santiago 2:26

¿Qué cuadro puede representar la desolación y la muerte? ¿Un sembrado seco por falta de lluvia? ¿Una ciudad destruida por un bombardeo? ¿Un bosque arrasado por las llamas? ¿Cómo podría haber presentado nuestro Dios la situación del hombre caído en el pecado, destituido de su gloria y condenado al infierno? No existe cuadro más significativo que el valle de los huesos secos, y lo expresado por el apóstol Pablo en su carta a los Romanos (1:18-32). La situación del hombre natural equivale a "huesos secos" imposibilitados por su misma condición. Pero lo que es imposible, Dios lo transforma en posible en la medida de su gran poder. Aquí encontramos una fiel ilustración: Dios, por medio de la predicación de la iglesia, hace oír al más seco y recalcitrante muerto en sus delitos y pecados: "¡Huesos secos, escuchen la palabra del SEÑOR!" (v. 4). Ésta es la maravillosa obra de regeneración obrada por el Espíritu Santo.

Cabe señalar las distintas situaciones del hombre en esta figura: huesos, tendones, carne y piel se unían, pero no tenían vida. No alcanza con el oír, con el sólo conocimiento de la Palabra para tener vida espiritual. ¡Cuántos tienen "nervaduras teológicas", "huesos unidos de verdades doctrinales" y "piel de sana enseñanza", pero... están muertos! Sólo el espíritu de Dios puede darnos vida espiritual cuando logra en nosotros la humildad necesaria para expresar, como aquel recaudador de impuestos: "¡Ten compasión de mí, que soy pecador!" (Lucas 18:13). A partir de ese momento, podemos caminar por los senderos señalados por el Señor, demostrando en signos de verdadero amor, una nueva vida.

Conviérteme Señor, y seré convertido. Amén.

WS

Salud espiritual

Lo único que sé es que yo era ciego y ahora veo. Juan 9:25b

María (62 años) venía padeciendo desde su juventud de una enfermedad muy grave. Su estado, entre quejidos y clamores, pronosticaba un fatal desenlace, hasta que derivada a un centro especializado, un experimentado médico la diagnosticó y medicó correctamente. Sólo le había aconsejado: "Confíe en mí y siga rigurosamente mis indicaciones."

Días antes que fuera dada de alta, visité a María en el hospital y le pregunté de qué enfermedad se trataba, cuál era la medicación, y qué fue lo que hizo el médico. María respondió: "No recuerdo el nombre de la enfermedad ni tampoco el nombre del medicamento ni su composición química, lo que sí recuerdo, y quiero que usted lo sepa, es el nombre del médico, el Dr. Daniel Fernández, a quien estoy eternamente agradecida y no dejaré de recomendarlo a quien sea; no sé lo que hizo, sólo sé que ahora vivo, gracias a Dios por medio del Dr. Fernández. Puedo decir que, así como estoy ahora, nací de nuevo."

La experiencia y el testimonio de María son idénticos a los de todo pecador, que consciente de su fatal destino, se entrega en los brazos de su médico divino. No es necesario para ser salvo tener un exhaustivo conocimiento teológico de la obra redentora de Cristo, sólo recordar las palabras de Pablo: "Cree en el Señor Jesús; así tú y tu familia serán salvos" (Hechos 16:31), encomendándonos así a su piadosa misericordia, recibir la salud espiritual, su perdón y paz, y no dejar de seguir fielmente sus instrucciones: "Ahora vete, y no vuelvas a pecar" (Juan 8:11).

Gracias, amado Señor Jesús, ¡estuve muerto, y me haz dado la vida! Amén.

WS

¿Dónde me ubico...?

Porque el que a sí mismo se enaltece será humillado, y el que se humilla será enaltecido. Mateo 23:12

La mayoría de las enseñanzas del Señor fueron presentadas en forma de parábolas. Muchas de ellas contraponiendo dos personajes o situaciones: los dos hijos, los dos deudores, el fariseo y el recaudador de impuestos.

Veamos el perfil de los personajes a considerar. Los fariseos eran miembros de una secta judía muy cumplidora de la ley de Moisés, confiados en sí mismos y que suponían recibir el favor de Dios por el simple hecho de cumplir exigencias legales; vanagloriosos, despreciativos, orgullosos. Los recaudadores de impuestos eran objeto del desprecio de toda la comunidad por su función; exageraban las cifras, eran sobornadores, usureros, pecadores manifiestos.

La parábola plantea las oraciones presentadas por un fariseo y un cobrador de impuestos. La oración del fariseo –que en realidad no era tal porque en sus pensamientos, complaciéndose a sí mismo, no se elevaba a Dios– reflejaba lo ya expuesto. En realidad no había ido al templo a orar, no había pedido nada, su oración se limitaba a enumerar lo malo que no hacía y el "bien" que hacía. La oración del recaudador de impuestos "¡Oh Dios, te compasión de mí, que soy pecador!", fue muy pobre en palabras, pero riquísima en contenido: una humilde confesión y una ardiente súplica.

El veredicto del Señor: el fariseo volvió a su casa cargando más pecados, el recaudador de impuestos, que había llegado cargado de culpas, volvió perdonado, en paz con Dios.

Toda parábola expone dos situaciones en la que inevitablemente nos veremos reflejados, jamás estaremos en una posición intermedia: se está en una o en otra. El espíritu del fariseo despierta muchas veces en nuestra vieja naturaleza, pero gracias a Dios que nos ayuda a expresarnos como el recaudador de impuestos: "*¡Oh Dios, te compasión de mí, que soy pecador!*" *Amén.*

WS

Luz

El que me sigue no andará en tinieblas. Juan 8:12

El hombre ha producido intrincados, específicos, costosos, variados, y algunos antiecológicos inventos, que permiten generar energía eléctrica, que se puede transformar en luz.

El creador ha diseñado una única fuente, simple, general, económica, insustituible, perdurable, poderosa, segura, que produce la luz que genera calor y vida: el sol.

Si juntásemos la energía de todos los inventos no podríamos generar la luz que el sol nos regala en un solo día, ni tendría los mismos resultados. ¡Qué diferencia!

En el aspecto espiritual sucede lo mismo. El hombre se inventa complicados y variados artilugios en busca de la luz que le dé vida espiritual. Vive en plena oscuridad y cuando alguien genera algo que no llega ni a ser una penumbra, muchos lo buscan creyendo haber alcanzado la verdadera luz. Desilusión, esclavitud, amargura, soledad, falta de vitalidad, muerte... productos de una búsqueda infructuosa.

En cambio Dios nos entrega en Cristo su potente luz que nos llena de vida y calor. Su amor nos permite ver las cosas como son. En Cristo tenemos la verdadera libertad, gozo, seguridad, energía y eterna compañía. Él es nuestra fuente perdurable de salvación.

Cristo quiere abrir mis ojos... miro el color de la vida.

Hoy disfruto de la vida. Cristo la ilumina.

Señor, me sorprende tu creación terrestre. ¡Y es una sombra de tu creación espiritual! Tu Palabra nos afirma que has hecho cosas tan grandes y maravillosas que ningún ser podría imaginar... Gracias, Señor Jesús, por rescatarme y prepararme un lugar eterno junto a ti. Amén.

Reflexión: Cristo es mi eterno sol.

JF

Muerte

Ésta es la segunda muerte. Apocalipsis 21:8

La muerte, como algo que no es inherente al ser humano, nos causa muchos problemas y angustias. Ver que la vida propia o la de un ser querido se esfuma, trunca planes, llena el alma de tristeza y pesar. Dolor físico, separación, impotencia.

Pero aunque parezca no tener más solución, gracias a Cristo tenemos esperanza y seguridad de una vida nueva. Su resurrección es nuestro aval. Creer en él es la clave. Su comunión nos llena de paz, porque su obra en la cruz es nuestra única salvación. Aun para la segunda muerte.

Pero, ¿qué es la segunda muerte? La separación definitiva, eterna y sin retorno del alma humana de la presencia divina. Soledad infinita. Dolor sin fin. Completo abatimiento. Absoluta desesperanza. La Biblia nos habla de sufrimientos extremos interminables como herencia del pecado y el alejamiento constante del amor de Cristo.

Si la muerte física nos desestabiliza tanto si estamos sin Cristo, ¿cuánto más la segunda? Hoy tenemos la bendición de tener a Cristo abogando, haciendo el puente, reconstruyendo la comunión, trayendo perdón de Dios, amor, fe y esperanza. ¡Qué pérdida resulta para el hombre quedarse sin él!

Hoy disfruto de la vida. Cristo me libertó de la segunda muerte.

Señor, perdón por haberte subestimado tantas veces, por dudar, por no amarte sobre todas las cosas. Sin ti, todas las esperanzas son vanas, pasajeras, y vacías. Líbrame del poder del pecado, de la muerte, y del mal. Para ti nada es imposible, sé que puedo confiar en tu verdadera y eterna salvación. Amén.

Reflexión: La salvación de Cristo trae paz eterna a mi alma.

JF

Aborto

Hay caminos que al hombre le parecen rectos, pero... Proverbios 14:12

¿Qué sabes sobre el aborto? Opiniones: es sólo quitarse un problema de encima, desechar un estorbo. Es una puerta a los derechos y a la libertad de la mujer. Es un negocio. Es mantener una imagen, estatus, o tapar un "descuido". Razonamientos que avalan decisiones...

Gracias a Cristo somos libres, pero no todo nos conviene. Abortar no es más que interrumpir la gestación. El sistema no es lo importante, tampoco el tiempo de gestación que en muchos casos llega a ser apenas unas horas.

Las decisiones equivocadas conducen a problemas mayores, humanamente más difíciles de solucionar. Estamos llamados por Cristo a vivir en libertad responsablemente, madurando en amor, cediendo nuestros derechos por amor.

Hoy es tiempo de gracia pero mañana será tiempo de juicio para las intenciones de nuestro corazón. Si las decisiones del pasado nos condenan busquemos a Cristo. Él tenía derechos que, por amor a nosotros, no ejerció. Por el contrario, aceptó humillaciones para darnos vida en abundancia. Llenémonos de vida y amor. Llenémonos de Cristo. Que nuestras intenciones de hoy no parezcan rectas sino que, guiados por Cristo, sean rectas.

Hoy disfruto de la vida. Cristo afirma mi camino.

Señor Jesús, ya redimiste todos mis pecados. Que tu Santo Espíritu me guíe a aceptar tu perdón y salvación. Ayúdame, necesito vivir en tu amor y aprender de ti. Orienta mis pasos para que mis caminos sean rectos. Que cuando me presente cara a cara ante ti, por tu gracia tenga gozo y paz. Amén.

Reflexión: ¿Cuántos de mis valores de hoy continuarán teniendo el mismo peso en la vida eterna?

JF

Música

Prorrumpa mi boca en alabanzas al SEÑOR. *Salmo 145:21*

El director le dio a cada una de las cuatro voces del coro, el tono correspondiente. En un silencio previo marcó el ritmo y a su indicación, cada voz siguió una línea melódica diferente. Se creó un clima especial, las manos del director hablaban, pequeñísimas muecas estaban cargadas de significados. Una obra de escasos minutos, llevó meses de trabajo previo, pruebas y correcciones de acordes problemáticos.

La vida, la familia, la iglesia, se asemejan a un coro. Cada uno, no hace sólo lo que quiere, ni toma el tono que más le gusta, ni hace sus propios arreglos, ni elige su propio ritmo. Cada uno para que todo salga bien, confía, mira y sigue al director.

Cristo es mi director. En su muerte hizo el silencio inicial, en su resurrección me dio el tono. Su Espíritu fluye dándome un clima de comunión, su mirada basta, entiendo sus muecas, él entiende las mías, hace tiempo que trabaja en mí. ¡Cuánto cambió mi vida! Hay acordes que aún no me salen, pero su gracia y su amor me guían, por él los alcanzaré. El trabajo es arduo, hay pruebas y correcciones. He aprendido mucho y más me falta por aprender. Has puesto un nuevo ritmo en mi espíritu. ¡Me gozo en tu música Señor!

Él quiere integrarte a ti también. Cristo mismo te dice ven, para ti ha pensado una obra especial.

Hoy disfruto de la vida. Cristo es mi director.

Señor, ayúdame, quiero entender las notas de tu escala musical. Guíame, que tu Palabra sea mi clave. Que en tu música siempre se deleite mi alma. Amén.

Reflexión: Señor, ¿cuál es el próximo acorde?

JF

Palabra

Y el Verbo se hizo hombre y habitó entre nosotros. Juan 1:14

Siempre me ha sorprendido el poder de las palabras. Son capaces de ejercer un efecto transformador. Las dulces, deleitan. Las duras, aunque hieren, pueden extirpar males. Las amorosas, llenan de luz y color. Las picantes, arden, pero condimentan. Las reflexivas, acomodan. Las legalistas, corrigen y sentencian. Las verdaderas, liberan. Las chiquitas, esconden. Las alentadoras, vivifican. Las sabias, enseñan. Las básicas, saben a más. Las amables, aceitan y evitan fricciones.

Si sólo pudieras elegir una y sólo una, ¿con cuál te quedarías?

Hay una palabra que si se escribiera con letras gigantes en oro y piedras preciosas, no lograría representar, ni en lo más mínimo, el valor que encierra. Es poderosa en sí misma, única y eterna. Es capaz de generar vida, es fuente de amor, perdón y paz. Es manantial que sacia toda sed. Como regazo, contiene, abraza y enjuga toda lágrima. Palabra que libera de toda opresión y decadencia, que redime y restaura, de cuya victoria quiere hacerte parte.

Hay una palabra que quiere llenar tu corazón: Jesucristo.

En un pesebre como niño manifestó su humildad, en la cruz su humillación, en la resurrección su victoria, en nuestros corazones la comunión, y en la eternidad su plenitud. Revelada en la Biblia, Jesucristo es la Palabra que todos necesitamos conocer verdaderamente.

Hoy disfruto de la vida. Jesucristo es mi palabra de aliento divino.

Querido Señor, que la gracia contenida en tu Palabra se derrame sobre mí. Que mi mente y alma sean una página donde sólo tú puedas escribir con letras indelebles. Hazme un mensajero de tu amor. Amén.

Reflexiono en Juan 1:1-18, la Palabra que se hizo hombre.

JF

Estrella

Al ver la estrella, se llenaron de alegría. Mateo 2:10

Los sabios de oriente eran astrónomos y también amplios conocedores de las promesas de Dios. Esta conjunción es una divina clave, sabiduría y anhelo de comunión, que siempre genera saludables frutos.

La estrella era mensajera del cumplimiento de las promesas de Dios. Para muchos pasó desapercibida, o fue sólo como un bello astro. Los sabios, en cambio, entendieron la revelación: el Mesías, el Salvador había nacido. Por este extraordinario mensaje lo dejaron todo. Hicieron cientos de kilómetros por desiertos y montañas. Evadieron miedos y problemas. Pero no perdieron en el camino sus preconceptos. Quizás por tormentas y nubes o por simple lógica humana, como tantas veces nos pasa a nosotros, extraviaron su guía y equivocaron la ruta. Buscaron al rey en el palacio. Sorpresa y conmoción. En Jerusalén, nadie sabía de él.

Volviendo a las promesas de la palabra de Dios, encontraron reorientación y guía. Abandonando su camino errante, se llenaron de alegría al ver nuevamente a la estrella que los conducía a Jesucristo el salvador del mundo, que fuera de toda lógica, había nacido en un establo; los animales le dieron refugio.

Conociendo a Jesús no necesitaron de la estrella. Ella fue únicamente un medio, una guía, una mensajera. Eso podemos ser tú y yo.

Hoy disfruto de la vida. Cristo me hizo su mensajero.

Señor, gracias por todas las personas que han sido tus estrellas en mi camino. Con tu mensaje de amor y paz, llena de comunión y alegría el corazón de los que me rodean. Haz de mí un mensajero fiel. Amén.

Reflexiono en las cualidades de un mensajero.

JF

Gestos

...se arrojó a los pies de Jesús. Lucas 7:38

El cine ha transculturalizado muchos gestos, tristemente, no siempre los mejores. Una seña, un gesto, puede encerrar mil palabras y puede ser muy efectiva. Lo fundamental es estar atento y tener el mismo código. En sí mismos no son ni buenos ni malos. Pero el mensaje puede ser constructivo y alentador, o todo lo contrario. Tú, ¿qué gestos o señas usas? ¿Te identifican como cristiano? ¿Son edificantes?

Cristo y su obra son el mejor gesto del amor de divino. Dios se incorporó a la raza humana en Jesús. Este solo gesto, increíble, está acompañado de su gracia y encierra un profundo mensaje de la búsqueda, el perdón y el amor de Dios por el ser humano pecador. Reconciliación y paz. Amor que abandona toda majestad, exaltación y gloria, para encarnarse en un vientre materno.

Gestos y señas que algunos entendieron y fueron movidos a amarlo. Otros, en cambio, lejos de entender, lo persiguieron. Creyéndose dueños de la verdad, entendidos en las señas de Dios, lo crucificaron para librarse de él. Sin embargo, Jesús mostró su amor tan grande, cuando aun colgando de la cruz, en medio de terribles sufrimientos exclamó: "Perdónalos, Padre..."

Cristo, con su amor, nos enseña a ser diferentes y a tener gestos diferentes.

Hoy disfruto de la vida. Jesús es en mí el gesto del amor de Dios.

Querido Señor, enséñame a entender todos tus gestos, a tener tus códigos y a ser personalmente un gesto tuyo para todos los que no te conocen. Que todo en mí hable de ti. Amén.

Reflexión: Gestos para usar, gestos para abandonar.

JF

Aprobado

Si yo buscara agradar a otros, no sería siervo de Cristo. Gálatas 1:10

Sumamente duro puede ser el mensaje de tu profesor, médico, juez, y aun el de tu pastor. No resulta nada fácil tener que decir ciertas cosas, pero, a tiempo, una vacuna evita una enfermedad y sus secuelas.

Esconder la verdad crea desconfianza y cuando la verdad se revela, duele más o puede ser muy tarde.

Como cristianos, somos responsables de una verdad suprema. Si la enmascaramos o acomodamos, no somos honestos ni con nosotros mismos, ni con nuestros semejantes, ni con Dios.

Seamos fieles, no dudemos, transmitamos el mensaje de Dios tal cual lo recibimos. Con toda la dureza de la ley de Dios afirmamos que todos estamos muertos en nuestros delitos y pecados, separados de su santidad. Así, nuestro fin es el sufrimiento eterno en el infierno. Quien no entienda minuciosamente esta dolorosa verdad no podrá disfrutar en toda su amplitud del evangelio y sus promesas: que gracias a la muerte y resurrección de Cristo Jesús, todos estamos llamados a vivir en paz con Dios, invitados a disfrutar su amor, a gozarnos en su presencia, favor, y gracia eternamente. Creer el evangelio, de todo corazón, cambia nuestro enfoque de las cosas y fructifica en una manera de pensar y de vivir que es evidentemente diferente.

Toda la Biblia nos habla de esto, no es un mensaje nuestro. Es el mensaje de Dios.

Señor, como a Pablo, me llamas a serte fiel y a no buscar agradar a los hombres, ni a mentirles. Ayúdame. Todos necesitan saber la verdad tal cual es. Amén.

Reflexión: ¿Cómo transmito la verdad de Dios?

JF

Amor

Tanto amó Dios al mundo. Juan 3:16

Escucha a los padres hablar con su bebé. El niño dice "Mim" y ellos responden: "Sí, a nosotros también nos gusta que seas nuestro hijo, tenerte en nuestros brazos..." y el diálogo continúa un largo rato. ¡Dos baberos por favor! Uno para el bebé y otro para el papá... a mí me pasó.

El amor hace cosas maravillosas. Lo que para unos puede ser una tontería, para otros es lo mejor que les puede pasar. El amor es el vínculo que llena de ternura el corazón. Es el traductor, inspirador e impulsor que nos mueve a dar todo, a hacer con ganas cosas que de otra manera hasta nos darían asco y repulsión. Cambiar los pañales de tu hijo puede ser un ejemplo muy pequeño.

El amor es esa fuerza tan grande que Dios reveló en la creación, que encarnó en el pesebre de Belén, y que enarboló en lo alto del mástil del Gólgota. Porque el amor es la esencia misma de Dios. Es su más potente característica.

Por un distorsionado "amor", desorientado en posesiones egoístas, el mundo hace de las suyas. En cambio Dios da enteramente, de corazón, sin esperar nada a cambio. Todo lo que nos pide redunda en nuestro propio beneficio. No tiene caretas, todo está expuesto claramente en Cristo, en su obra y su Palabra. El amor de Dios redime, perdona, vivifica, fortalece e impulsa.

El verdadero amor es lo que todos, y aun el mundo, necesitamos.

Hoy disfruto de la vida. Cristo me ama.

Dios de amor, gracias por vivir en mi corazón. Amén.

Reflexión: Amor en acción.

JF

Verdad

La verdad los hará libres. Juan 8:32

¿Has visto a los niños (o no tan niños...) discutir acaloradamente defendiendo posturas? –Papá, él me... Y el otro se defiende: –Sí, papá, pero él... y el dialogo continúa cargado de "Sí, pero él..." Ambos tienen parte de verdad y parte de acomodar la verdad.

¿Qué es la verdad? "Yo soy el camino, la verdad", dijo Jesús. Única verdad pura. Verdad que en su ley pesa, verifica, acusa y condena. Pero que en su evangelio ama, llama, busca, salva, renueva y se comparte.

También está nuestra "verdad". La del pecador que defiende su causa, como alcohólico que no quiere aceptar su enfermedad hasta que no cae en lo más profundo. Verdad que muy lejos está de Jesús. Verdad remendada, mentirosa, que se basa en apariencias, que sólo cuida él: ¿¡Qué dirán... !?, y que se defiende a capa y espada. Que sólo logra encarcelar un espíritu envejecido, solitario, lastimado, perdido... tú sabes mejor que nadie. ¡No defiendas más esas cadenas...!

Cristo quiere abrir la tumba que te aprisiona. Rinde tu confusa verdad a su verdad. Confiesa tu pecado, no temas. Cristo te comprende, te ama, y vino para salvarte. Sólo en Cristo encontramos el camino, la verdad y la vida.

Hoy disfruto de la vida. Cristo me liberó.

Jesús, tú sabes cuánto me cuesta encubrir mis pecados. Mírame, entumecidas están mis manos por defender mis cadenas. Tengo miedo... yo no puedo... Ayúdame a serte sincero y a ser sincero conmigo mismo. En tu verdad está mi libertad. Tu amor me guía. Amén.

Reflexión: ¿Quién es el padre de toda mentira?

JF

El reino del revés

Él mismo, en su cuerpo, llevó al madero nuestros pecados, para que muramos al pecado y vivamos para la justicia. Por sus heridas ustedes han sido sanados. 1 Pedro 2:24

"Reino del revés..." podría titular el hombre natural a las Sagradas Escrituras cuando lee: "Los primeros serán últimos..." "El que quiera salvar su vida la perderá...", o en el caso del pago del jornal en la parábola de los viñadores, ¡que paradójicamente se ve tan injusto!

Pero lo que no sabe el inconverso es que justamente en estas "paradojas" es donde se esconde el evangelio, el mensaje de la gracia universal de Dios.

El mundo basa su justicia en la ley del talión: "Ojo por ojo". La justicia de Dios enseña la ley del amor que va contra el razonamiento lógico, pero acorde a la voluntad de Dios: el culpable es absuelto y el justo paga por el pecador.

La razón humana no puede aceptar tal ofrecimiento de gracia y así expresa su propia doctrina, ya sea en las religiones paganas o en denominaciones "cristianas": "Yo me quiero hacer responsable de mi falta y quiero pagar mi culpa." Loable, por cierto, ante la justicia civil, pero tan imposible como deplorable a los ojos de Dios.

Dios ya castigó nuestra culpa una vez y para siempre; nuestros pecados los borró en la cruz de Cristo, pagó las culpas de toda la humanidad satisfaciendo la justicia divina. ¿Qué cuenta queremos pagar si ya está todo pagado?

Pero si bien es cierto que "nada debemos hacer porque todo está hecho", una salvación tan llena de gracia demanda un accionar como respuesta: nuestra total consagración "para que... vivamos para la justicia".

Tu vida, Salvador, diste por mí, y nada quiero yo, negarte a ti. Amén.

WS

Faltas ocultas

Ante ti has puesto nuestras iniquidades; a la luz de tu presencia, nuestros pecados secretos. Salmo 90:8

La ley es "delicia" para el regenerado (Salmo 1:2) pero no así para el inconverso, ya que la misma le señala su culpabilidad y castigo; el creyente también es consciente de ello, pero ve su castigo en la cruz de Cristo, y así puede observar "deliciosa" la ley porque es la voluntad de Dios, y como regenerado, tiene el espíritu de Cristo.

Pero también David, el autor de este salmo, encuentra en la ley una advertencia: que ante la perfección de la ley, observa su imperfección, y precisamente por ello no alcanza a ver ni comprobar todos y la variedad de yerros, faltas y pecados de los que no se da cuenta, y que ofenden a Dios. Pero también existen aquellas faltas que sí sabe, y está consciente del conocimiento de Dios, pero no abiertamente ante sus semejantes. Hagamos "personal" el pensamiento. Yo sé muy bien cuales son esos pecados que guardo en mi corazón y me perturban, ese resentimiento hacia tal persona, ese prejuicio hacia otra; esa falta que no termino de perdonar; esa imagen falsa que mostré y que Dios sabe bien que no es auténtica; esa idea, pensamiento, o incluso esa palabra con doble intención o dicha con ironía; ese desaire, ese gesto de indiferencia... ¡tengo un verdadero tacho de basura bien tapado que envenena todo mi ser! El vertedero de toda inmundicia para respirar aire de paz y perdón es la cruz del Señor, ¡allá vamos!

Perdona, Señor, mis errores de los que no soy consciente; líbrame de pecar a sabiendas; no permitas que tales pecados me dominen, ¡así estaré libre de culpas! Amén.

WS

Amor

Por encima de todo, vístanse de amor, que es el vínculo perfecto. Colosenses 3:14

La palabra amor es una de las más usadas, como también manipulada, y mal interpretada.

En el ambiente grecorromano en el que se movía el apóstol Pablo no se tenía conocimiento del concepto del amor que analizaremos hoy. Se conocía el amor eros, carnal, pasional; el amor filial, familiar, filantrópico, puramente humano. No se conocía el amor genuino, en esencia, que es Dios, y que las Escrituras señalan *agape* (caridad) y que también San Juan remarca en sus epístolas.

Pablo personifica el amor no con calificativos o epítetos; no dice: "Es grandioso, fabuloso, hermoso, sin igual", sino que "personifica" con un accionar, una dinámica en siete aspectos positivos y siete negativos. Así como la luz blanca al pasar por un prisma muestra siete colores ubicados en orden, Pablo toma la palabra amor, la hace pasar por el prisma de la realidad de un hijo de Dios y encuentra catorce colores, que reunidos todos, son la dirección más excelente del hombre redimido hacia Dios y su voluntad. Si este amor que tiene catorce matices es el que mueve nuestras vidas, somos bienaventurados en la verdadera fe; ¡tiene un matiz divino!; siete cosas que se hacen o viven cuando hay amor y siete cosas que no se practican cuando hay amor. El amor es: paciente, sufrido, bondadoso, se regocija en la verdad, todo lo cree, espera y soporta; el amor no es envidioso, jactancioso, orgulloso, egoísta, rencoroso, enojoso ni grosero.

¡Todas estas virtudes forman el abanico que surgen de la fe salvadora!

Señor, que eres todo amor, ¡lléname de ti! Amén.

WS

Nuevo corazón

He sido crucificado con Cristo, y ya no vivo yo sino que Cristo vive en mí. Lo que ahora vivo en el cuerpo, lo vivo por la fe en el Hijo de Dios, quien me amó y dio su vida por mí. Gálatas 2:20

Don Matías, antiguo y muy apreciado peluquero de barrio, observó que disminuía su clientela, y no precisamente por contar con alguna competencia. Un vecino amigo observó que su mal aliento era la causa, por lo que le sugirió cepillarse los dientes con mas frecuencia. Pero su problema no era bucal, sino su arruinado sistema digestivo. Por más radiante que brillaran sus dientes, el inconveniente permanecía. Consciente de su problema don Matías reflexionó: "¡Sólo con un estómago nuevo solucionaría mi problema!"

Por naturaleza, en el sentido espiritual nos parecemos a la situación de don Matías. No podemos tapar la evidencia de nuestro estado natural, corrupto del pecado; a su hedor manifiesto y permanente no se lo cubre con obras que aparenten una blancura exterior cuando la raíz del mal es interior y permanente. "Porque del corazón salen los malos pensamientos, los homicidios, los adulterios, la inmoralidad sexual, los robos, los falsos testimonios y las calumnias" (Mateo 15:19). La solución no está al alcance de nadie porque el pecado es propio de nuestra naturaleza humana, sino sólo en el diseñador y fabricante original del hombre, nuestro Dios. Él nos invita, y a la vez nos capacita con el poder de su Santo Espíritu, a despojarnos de la fuente del mal; a morir a nuestra naturaleza corrompida junto a Cristo y su cruz, y a resucitar en él a una nueva vida; de ésta emanarán la frescura y aliento de buenas obras, muy nuestras, pero motivadas por quien cambió nuestras vidas: ¡Cristo en nuestro corazón!

Señor, que recordando siempre nuestro Bautismo, muramos contigo permanentemente. Tu resurrección sea la nuestra a cada instante. Amén.

WS

Alabanzas: ¡una necesidad!

¡Alaben ustedes a nuestro Dios, todos sus siervos, grandes y pequeños, que con reverente temor le sirven! Apocalipsis 19:5

Sólo tres personajes bíblicos tuvieron el privilegio de ver el cielo abierto con todas sus maravillas: Esteban, al ser apedreado (Hechos 7:56); Pablo, en un misterioso arrebatamiento (2 Corintios 12:2), y Juan, en su visión apocalíptica donde nos acerca la escena celestial en la que miles de ángeles, junto a millones de redimidos, cantaban alabando al cordero a la diestra del trono de Dios (Apocalipsis 4 y 5).

El profeta Isaías tuvo su visión dentro del santuario del templo donde observó ángeles que alababan a Dios: "Santo, santo, santo es el SEÑOR Todopoderoso..." (Isaías 6:3).

Sí, nuestro Dios es digno de gratitud, adoración y alabanza. Nuestro culto, nuestra honra, nuestra gratitud, serían incompletas sin la alabanza; los redimidos en el cielo y los ángeles alaban a Dios continuamente. Ciertamente los que esperan algún día unirse al coro que cantará ese canto alrededor del trono de Dios, deberán comenzar aquí en la tierra a reconocer y alabar su bondad, misericordia, y amor uniéndose al coro celestial entonando el "Sanctus" (Santo, santo, santo). "¡Cuán bueno, SEÑOR, es... entonar, oh Altísimo, salmos a tu nombre!", expresó el salmista. ¿Por qué es bueno alabarle? Porque nuestro espíritu se recrea en el temor del Señor, por cuanto percibimos la dignidad inmensa de alabanza de quien nos ha dado todo lo que poseemos y necesitamos en espíritu, alma, y cuerpo, y porque en medio de las tribulaciones de esta vida, los sufrimientos no son más que evidencias de poseer en nuestro corazón a nuestro gran amigo y salvador Jesucristo.

¡Que todo nuestro ser, Señor, alabe tu glorioso nombre con palabras y obras! Amén.

WS

Somos su gloria

...fueron comprados por un precio. Por tanto, honren con su cuerpo a Dios. 1 Corintios 6:20

Todas las cosas emanadas de la mano creadora de Dios glorifican a su creador: el águila en su majestuoso planear y velocidad de vuelo, el caballo con su gallardía, resoplido y relincho, el león con su feroz rugido, el suave y delicado canto de las aves, la blancura eterna de picos nevados, las flores con su colorido y perfume. La coronación de la creación fue el hombre a imagen y semejanza divina, la máxima expresión de gloria. Caído en pecado, perdió todos estos atributos y en esa situación nada puede hacer para volver al estado original. El hombre, en su bajeza, no valía nada, pero el amor de Dios lo valoró al más alto precio. Cuando se compra algo, se paga con valor equivalente. Pero a pesar de nuestra miseria, para Dios no fuimos una bagatela, ¡nos valoró a la altura del precio de la sangre de su Hijo!

Cuando un rey en la antigüedad salía a la batalla, su gloria y trofeo era traer encadenado al rey enemigo y sus hombres rendidos a sus pies; y no sólo esto, sino que se gloriaba en el botín hallado.

Jesús, nuestro gran Rey en la batalla de la cruz y con su gloriosa resurrección, trajo encadenado al diablo, venció al pecado, la muerte y el infierno. Y como "botín de guerra" reunió a todos sus salvados, ellos serán sus trofeos. El gran Rey tiene su corona llena de brillantes perlas; así lo observó acertadamente el poeta:

¡Su eterna diadema de eterno esplendor
la adornan las joyas que amante compró!

Glorifiquemos al Señor en nuestros actos. Amén.

WS

Su cruz, nuestra gloria

Si alguien ha de gloriarse, que se glorie en el Señor. 1 Corintios 1:31

Tres cosas son las que ostenta el hombre para exponer su gloria, su vanidad: riquezas, poder, y fama. Pero ninguna de las tres le sirve si no lo manifiesta. ¿De qué sirve el poder si no se lo ejerce sobre algo o alguien? ¿De qué sirve la riqueza si no se la ostenta o aprovecha? El hombre necesita manifestarlas para realzar su propio ego, para glorificarse a sí mismo, y lo hace como consecuencia de la tentación del Edén: "...llegarán a ser como Dios..." (Génesis 3:5).

Toda la historia de la humanidad está repleta de muestras de orgullo, de ostentación, y de vanagloria.

Siempre cuando así se dio y no se glorificó a Dios, se desencadenó una humillante caída con tristes consecuencias. La torre de Babel, "...nos haremos famosos" (Génesis 11:4) es el primer eslabón de esta verdad, y la caída de todos los imperios son eslabones de la misma cadena.

El creyente... ¿puede tener algo en qué gloriarse? La confesión de Pablo es la de todo creyente: "Jamás se me ocurra jactarme de otra cosa sino de la cruz de nuestro Señor Jesucristo" (Gálatas 6:14). ¿Qué quiso significar Pablo?

Lo que para el mundo es una locura, para el creyente es su gloria. Personificando el argumento: lo que Cristo ha hecho por mí en la cruz es el trofeo más glorioso que poseo. En Cristo piso la cabeza a la serpiente antigua; en él el pecado ya no me domina y la misma muerte perdió su terrible poder. ¡La triunfal resurrección de Cristo es nuestro gran triunfo y gloria! Todas las glorias humanas perecerán, sólo permanecerá la nuestra, la que ensalzamos en la conclusión de la oración del Señor:

"Porque tuyo es el reino, el poder y la gloria por todos los siglos." Amén.

WS

Ayes

¡Ay del mundo por las cosas que hacen pecar a la gente! Inevitable es que sucedan, pero ¡ay del que hace pecar a los demás! Mateo 18:7

Ante una situación embarazosa, en la que no vemos una salida, es propio exclamar un: ¡Ay de mí! Fue el profeta Isaías quien tuvo la experiencia de ver a Dios, y ante esta situación exclamó "¡Ay de mí, que estoy perdido! Soy hombre de labios impuros... mis ojos han visto al Rey, al SEÑOR Todopoderoso!"

Isaías tenía conciencia de su situación: su condición de miserable pecador era incompatible con la grandeza, majestuosidad, y santidad divina; y no estaba equivocado al exclamar su ¡Ay! Nadie que sea pecador podrá permanecer ante la presencia santa de Dios. La herida venenosa del pecado es la que genera los ayes. A quienes no están conscientes de esto, a quienes no vean su realidad, el Señor les gime ayes de advertencia: "¡Ay de ti, Corazín! ¡Ay de ti, Betsaida!" (Mateo 11:21). "¡Ay de ustedes, maestros de la ley y fariseos, hipócritas!" (Mateo 23:13).

También existen ayes para quienes no sean responsables: "¡Ay de ustedes, pastores de Israel, que tan sólo se cuidan a sí mismos! ¿Acaso los pastores no deben cuidar al rebaño?" (Ezequiel 34:2). Al tener conciencia de ello, cada creyente exclamará con San Pablo: "¡Ay de mí si no predico el evangelio!" (1 Corintios 9:16).

Todos los ayes históricos mencionados se pueden actualizar perfectamente si nuestra conducta coincide con los personajes y las circunstancias históricas. Pero también se actualiza un altar en el que arden brasas encendidas. El altar de la cruz con todo el rigor de su fuego es como brasa encendida que toca nuestros labios impuros, quitando culpas, restituyendo el gozo y reconciliándonos con el Padre en los cielos, donde ya no habrá ayes sino sólo ¡aleluyas!

Querido Padre, que mis labios no se cansen de hablar de tu amor. Amén.

WS

Los dos hijos

Me agrada, Dios mío, hacer tu voluntad; tu ley la llevo dentro de mí. Salmo 40:8

Las enseñanzas de Jesús por medio de parábolas eran parámetros de comparación ante la actitud de dos personajes que señalaban dos situaciones o reacciones antagónicas.

En la parábola de los dos hijos no se plantea una tercera posibilidad de un tercer hijo que haya dicho voy, e inmediatamente fue, lo que significaría la obediencia perfecta. En el planteo de los dos hijos vemos la imperfección del mundo; tanto uno como el otro no satisficieron al padre: el primer hijo al negarse al principio (en la figura, las rameras y pecadores), y la del segundo hijo en la figura de los religiosos que no creyeron, ni se arrepintieron. Ambos necesitan de la gracia y del perdón de Dios. ¿Cuál hizo la voluntad del padre? El que dijo "no voy" pero luego fue; la bisagra de cambio está en la reflexión que lo lleva al arrepentimiento y de ahí a la acción.

¿Con cual de los hijos nos identificamos? ¿Hemos dicho una vez "voy"? Creo que todos lo hicimos el día de nuestra profesión de fe. ¿Fuimos?

Jesús llamó la atención y reprochó a aquellos que en su orgullo creían ser justos, pero jamás reprochó a los pecadores que iban a él. Tampoco nos reprocha hoy, sino que nos invita amorosamente a un cambio de actitud; si la nuestra fue habernos negado a ir, él nos invita y faculta a hacer uso de la bisagra del arrepentimiento. Si estamos sofocados por nuestra desobediencia, cambiemos de actitud para que la frescura del perdón nos llene de paz y fortaleza espiritual. De esa manera trabajaremos gozosos en su viña.

Padre, en tu Palabra nos llamas a la obediencia a tu voluntad. Cólmanos de tu Espíritu para que obedezcamos con alegría. Amén.

WS

Tradición y tradiciones

Por causa de la tradición anulan ustedes la palabra de Dios. Mateo 15:6

¿Qué es una tradición? Es la comunicación de ciertas costumbres de una generación a otra. Malas o buenas, difícilmente se pueden desarraigar. Los clásicos "ñoquis del 29" en Italia, y el "mate" a una determinada hora en países del cono sur americano, son pequeños detalles generalizados de una costumbre. Pero lo peligroso es cuando una tradición con tinte religioso usurpa el lugar que no le corresponde, ubicándose en primer plano. Los judíos tenían tradiciones que merecieron la desaprobación del Maestro.

Nosotros también corremos el riesgo de colocar una tradición en lugar de nuestra fe. En la Navidad, ¿no ocupan el primer lugar a veces las tarjetas, Santa Claus, la opípara cena, y el arbolito, antes que el mensaje del pesebre? ¿No se corre similar riesgo en la Pascua de Resurrección con el clásico conejito y los huevos de chocolate? ¿Qué recordamos hoy 29 de junio? La iglesia recuerda a dos grandes apóstoles que dieron su vida testimoniando su fe hasta la muerte. ¡Cuántos, ignorando esta verdad, sólo recuerdan lastimar sus pies caminando sobre brasas! ¡Y muchas veces auspiciado por quienes deberían condenarlo! Jesús advirtió: "Ustedes quebrantan el mandamiento de Dios a causa de la tradición" (v. 3).

Si entregamos el corazón a Jesús, no nos apeguemos a tradiciones humanas u originadas en la mente del hombre. ¡Nuestra honra será deleitarnos en la ley del Señor, su santa Palabra!

Líbranos, Señor, de sutilezas, costumbres, y tradiciones que nada aprovechan. ¡Que nuestro obrar sólo lleve a tu glorificación! Amén.

WS

Cero

Mateo, el recaudador de impuestos. Mateo 10:3

Mateo era un símbolo negativo para sus compatriotas. Él le cobraba impuestos a los israelitas para el imperio romano. Era odiado por muchos por egoísta y traidor. A pesar de todo, Cristo lo eligió, lo transformó. Le dio un valor que nadie quería darle.

Un cero solo, tiene valor nulo. Acompañado por muchos ceros más sigue teniendo el mismo valor: nulo. Pero cuánto puede cambiar si va detrás, a la derecha, de un número con valor. ¡Adquiere un efecto multiplicador! Y ahora sí, cada cero cuenta progresivamente.

Basar mi vida en opiniones propias o ajenas, desestabiliza. Puede hacerme sentir un cero a la izquierda, completamente nulo, inútil, caduco, o exageradamente potenciado.

Cristo es mi número uno. Sólo junto a él cobro verdadero valor. Un valor que no tiene comparación con nada que este mundo pueda ofrecer. Todo aquí pasa, envejece, se oxida, se pierde. Nada traje y ninguna posesión me acompañará cuando me vaya. En cambio de Dios recibí la vida desde el primer momento, todo lo que tengo o soy, se lo debo a él. Sólo por su gracia recibo el perdón que me asegura que él me aguarda, para que disfrute de la nueva creación por toda la eternidad.

Hoy disfruto de la vida. Cristo le da valor a mi vida.

Señor, por ti la vida de Mateo se transformó completamente. Tomó un valor único y eterno. Sin ti, mi vida es un cero a la izquierda. No permitas que me obnubilen las opiniones de los demás. Dame el valor que tú quieras. Amén.

Reflexión: ¿Qué valor tiene Cristo en mi vida?

JF

1 de julio Lucas 12:13-34

Monedas

Donde tengan ustedes su tesoro, allí estará también su corazón. Lucas 12:34

Lisy jugaba con su hermano al quiosco. Para empezar hicieron división de bienes. Como ella era la cliente Augusto quería que tuviera más dinero, y le dio varios billetes de cien. Él se quedó con muchas monedas y pocos billetes de menor valor. Lisy se enojó, quería las monedas.

Desconocer el verdadero valor de las cosas, desorienta. Un solo billete vale muchísimas monedas. Una tarjeta puede valer muchísimos billetes. En Jesucristo recibimos la tarjeta de Dios. Él es nuestro crédito. En su banco hay beneficios sin fin, a granel, todo cuanto necesitamos. La promesa de Dios dice que cosas que ni aún podemos imaginarnos son las que él prepara para sus hijos.

Podemos permitir que unas cuantas monedas terrenales nos causen tanta miopía que no podamos ver claramente lo que Dios nos ofrece. Analicemos nuestra propia situación. Verifiquemos en qué hemos puesto nuestro corazón, todos los bienes juntos que este mundo ofrece, son analgésicos. Calman pero no curan. No alcanzan para comprar nuestro perdón. Nunca llenarán nuestra alma, ni traerán paz y amor a nuestro corazón, ni nos acompañarán en el momento de nuestra muerte.

Nuestros bienes son una bendición. No hagamos de ellos un lastre que impida que Cristo nos eleve al cielo, donde él prepara mucho más que unas superfluas monedas.

Hoy disfruto de la vida. Cristo me da de sus riquezas.

Querido Padre, que las riquezas de tu Espíritu, sean en mi alma una tarjeta que me permita disfrutar y compartir tus tesoros. Por los méritos y la obra de Cristo. Amén.

Reflexión: Lizy al final entendió. ¿Y yo?

JF

Jerusalén

No se alejen de Jerusalén, sino esperen la promesa del Padre. Hechos 1:4

Jerusalén, centro religioso, económico, y capital de Judea, se turbó al enterarse del nacimiento de Jesús. Sus maestros se admiraron de su sabiduría cuando aún era niño. Muchos jerosolimitanos fueron testigos de numerosos milagros de Jesús. Por ellos, él se conmovió hasta las lágrimas. Jerusalén fue el lugar donde compartió la última cena, lo crucificaron, y murió, pero por sobre todas las cosas, el lugar donde resucitó. Jerusalén fue la cuna, el primer hogar de la naciente iglesia. Jerusalén fue el odre nuevo donde el Espíritu derramó aquel vino nuevo que llenó de "mosto" y poder a los primeros cristianos. Jerusalén fue el punto de partida del gran trabajo de Dios entre los suyos para proclamar la salvación a todos los hombres.

¿Dónde está nuestra Jerusalén? ¿Dónde aguardaremos el cumplimiento de sus promesas y las manifestaciones del Espíritu Santo? ¿Dónde está el punto de partida para nuestro servicio? ¿A quiénes les predicaremos en primera instancia?

Analízalo con Dios, pide la guía de su Espíritu, escucha la voz del Maestro y considera a tu hogar. Verifica, Dios quiere hacerte un instrumento para compartir el mensaje de salvación en primera instancia con los tuyos, con tus hermanos de sangre, con tu propia familia. ¿Y tus vecinos?

Hoy disfruto de la vida. Cristo manifiesta el poder de su Espíritu en mi Jerusalén.

Querido Padre, cuento con tu promesa. Sé que este gran trabajo que quieres realizar no es mío, sino nuestro, pues tú lo quieres hacer a través de mí. Ayúdame a confiar en la guía de tu Espíritu. Amén.

Reflexión: ¿Cuáles son mi Judea y Samaria?

JF

Río

Por donde corra este río, todo ser viviente que en él se mueva vivirá. Ezequiel 47:9

Del templo del Señor sale un pequeño chorro de agua aparentemente insignificante al principio. Crece conforme se aleja convirtiéndose en un río que sólo se cruza a nado. Un río que llena de bendiciones cada lugar por donde pasa. Todo en él tiene vida y da vida. En sus orillas los árboles producen frutos todos los meses y sus hojas son medicinales. Es capaz de transformar las aguas sumamente saladas y sin vida del mar Muerto, en aguas dulces colmadas de variada vida como si fuera el mar Mediterráneo.

¿Qué tiene que ver con nosotros esta visión de Ezequiel? Mucho, descubrir cada parte, cosa que sólo podremos hacer con la guía del Espíritu, llenará de bendiciones nuestra vida y la de quienes nos rodean.

¿Quién es este insignificante chorro de agua que brota del templo? Si comparamos textos, tendremos la respuesta. Hay alguien que lejos de ser insignificante, eligió hacerse como los insignificantes para poder transformar y hacer que los que eran un mar Muerto lleguen a estar llenos de variada y abundante vida (Juan 6:35; 4:14; 7:37-38). Esta fuente es capaz de transformar y llevar tanta vida que los árboles que crecen en sus orillas producen frutos todos los meses y son curativos. (Salmo 1) Seguramente el costo por alcanzar esto es sumamente alto. Verifica tu mismo cuanto cuesta (Apocalipsis 21:6).

Hoy disfruto de la vida. Cristo es mi manantial.

Padre, tu Palabra está llena de tesoros que sólo podré disfrutar conociéndolos de tu mano; Espíritu, sé tú mi maestro, guíame a leerla, conocerla, compararla, vivirla. Amén.

Reflexión: ¿Qué tesoros puedo sacar de lo que tengo guardado? Mateo 13:51-52.

JF

Coherencia

Haré que haya coherencia entre su pensamiento y su conducta. Jeremías 32:39

Cuando era niño, en los casamientos entre creyentes no se bailaba... hasta que se iba el pastor. En los almuerzos de una congregación evangélica se bebía en vasos opacos... con la botella de vino debajo de la mesa. Vivimos en un país cristiano... pero no está permitido que un maestro dé testimonio de Cristo en las escuelas públicas. Frente a algunas personas, condenamos de pecado algunas cosas... que en privado no nos pesa realizar. Cuando predicamos: "Al césar lo que es del césar"... Cuando compramos sin factura para ahorrarnos unos pesitos... Piensa... ¿qué "incoherencias" conoces?

Quien pretende cubrirse con apariencias, más que frazada tiene un pañuelo. ¿Dónde está Dios en nuestra escala de valores? Por naturaleza, Dios no ocupa el primer lugar. Huimos o corremos en contra de Dios y terminamos dando golpes al aire. Nuestro yo tiene la corona y nosotros mismos no podemos destronarlo. Pero Dios vino para cubrirnos con su gracia y perdón. Detente, presta atención, escúchalo.

Si no fue capaz de negarnos a Cristo, si él mismo quiso rescatarnos del chiquero de nuestros pecados, ¿no podrá darnos todo lo que necesitamos? Sinceridad y fortaleza; integridad y poder; genuino arrepentimiento y paz; madurez y amor; compromiso y acción. Su Espíritu puede y quiere darte coherencia.

Hoy confío, Dios ha prometido, ¡él siempre cumple!

Señor, tú conoces bien cada una de mis incoherencias. Ayúdame a verlas, limpia mis oídos, quiero escucharte. Transfórmame, hazme coherente contigo, obra en y a través de mí. Amén.

Memorizo y reflexiono en Jeremías 32:27: Yo soy el SEÑOR, Dios de toda la humanidad. ¿Hay algo imposible para mí?

JF

Zaqueos

Porque el Hijo del hombre vino a buscar y a salvar lo que se había perdido. Lucas 19:10

Podemos rechazar a las personas, o pueden causarnos repulsión su aspecto externo, interno, intelectual, o espiritual. A Cristo ningún aspecto de las personas le produce rechazo. Sus brazos están abiertos para todos los que se arrepienten, por todos él siente verdadero amor. A él no le hacen mella las críticas de los demás. Su objetivo es claro: buscar y salvar.

Como seguidores de Cristo, aprendamos del Maestro. Dejemos de lado todo lo que no se ajuste a buscar y salvar. Como individuos, familias, y congregaciones compartamos este objetivo. No permitamos que las estructuras, buenas intenciones, o el suplir necesidades estén por encima, sean más importantes, dejen de lado o ahoguen el buscar y salvar. Verifiquemos que nuestras inversiones de tiempo y ofrendas cuentan con la total aprobación de nuestro Salvador. Nosotros somos embajadores –no dueños– instrumentos para que nuestro Señor alcance a buscar y salvar a quienes nos rodean.

Verifica tus metas con este objetivo. Preséntalos delante del Señor. Considera todas las posibilidades bíblicas. Sinceramente permite que él te plantee las correcciones. Deja que el poder de su Espíritu realice los cambios necesarios. Cristo quiere buscar y salvar. ¿Aceptas el desafío?

Hoy disfruto de la vida, con Cristo buscamos nuevos Zaqueos.

Querido Señor, te doy gracias porque tú no rechazas a nadie. No hay apariencias repulsivas para ti. Tú sabes cuántos prejuicios se me presentan respecto de otras personas. Conociendo tu amor, me arrepiento de todo esto. Perdóname. Te ruego que pulas mi amor. Amén.

Reflexión: ¿Cuánto gozo hay en decir con Cristo: "Hoy ha llegado la salvación a esta casa"?

JF

Cemento

Dios es arquitecto y constructor. Hebreos 11:10

El cemento es una mezcla en polvo, de arcilla molida con materiales calcáreos, que en contacto con el agua se solidifica y endurece. Es una característica que lo hace apto en la construcción por ser dócil y moldeable al prepararlo y extremadamente firme al fraguar.

Según el relato del Génesis, nosotros también somos polvo. El Padre celestial, buscando una mezcla dócil y moldeable para su gran construcción, nos da del agua de su Espíritu. Él es quien nos provee los medios y el ambiente propicio para nuestro mejor fragüe. Con él, alcanzamos no sólo mayor firmeza sino también nuestra suprema expresión.

Nuestra vida tiene un propósito. Guiados por el Espíritu Santo podremos encontrarlo, aprovecharlo, desarrollarlo y disfrutarlo. Sólo hay un camino, la fe en la obra y las promesas de Jesucristo; una fe que fructifica en esperanza por su reino celestial, en libertad a toda opresión, seguridad por su protección, gozo en su salvación, firmeza por la acción de su Espíritu, y proclamación para la salvación de los que aún no lo conocen.

La Biblia está llena de ejemplos de personas que Dios mezcló al agua de su Espíritu. Hebreos 11 es un catálogo de lo que Dios es capaz de hacer con personas comunes que confiaron y permitieron que él trabaje en y con ellos. Conozcamos sus historias, ellas nos fortalecen y alientan.

Hoy disfruto de la vida. Cristo es mi constructor.

Señor, sabes cuántas veces he frenado tu actuar en mí. Perdóname. Dame la fe necesaria para depositar mi vida entera y eterna en tus manos. Amén.

Reflexión: Blando en sus manos, firme en propósito.

JF

Prostitutas

Tampoco yo te condeno. Juan 8:11

Para unas es una profesión, amparadas por la ley, hasta realizan aportes al Estado como tales. Otras lo son por elección al margen de la ley, otras empujadas por circunstancias que no pudieron resolver, otras obligadas desde una muy tierna edad. En todos los casos detrás de esa cara bien arreglada que se vende o regala en una esquina o en un "negocio", hay un alma por la que Cristo también murió. Esa alma, taponada de tantos pecados, en muchos casos está casi sin aliento, pero no deja de sufrir. Sufre porque está en falta, por estar usada como un trapo sucio, donde muchos descargan sus más locas pasiones por unos billetes. Esos billetes ponen una máscara que sólo tiene un efecto momentáneo, una satisfacción pasajera. La Biblia claramente, en muchísimos pasajes de ley, condena la prostitución, pero el evangelio de Cristo, no las condena sino que las llama a una vida nueva, sin caretas. Él tiende su mano para que ellas sean completamente libres, para que encuentren en su comunión, el valor pleno de su paz y gozo eterno.

Hoy disfruto de la vida, soy mensajero de Cristo.

Señor, no estoy llamado a condenar a las personas. Muchas de sus actitudes van en contra de tu voluntad, pero detrás de esas apariencias hay un alma que necesita de tu salvación, de tu paz, amor, y vida. Prepárame, lléname de tu comunión. Que tu Santo Espíritu fortalezca mi escudo de fe, me dé palabras y herramientas. Sella con tu victoria nuevas vidas. Amén.

Reflexión: Por Cristo no hago distinción, selección, ni segregación de almas.

JF

Homosexuales

[...no] heredarán el reino de Dios. 1 Corintios 6:10

La homosexualidad antes era una vergüenza, por lo que se discriminaba a los que vivían en esa condición. Hoy, con toda la propaganda que ha tenido, muchos la ven como algo normal.

Bíblicamente ambas posiciones son erróneas: las del pasado, que condenaba sin ayudar, discriminaba abandonando, y la del presente, que promociona, que insita, sin medir las consecuencias, procurando olvidar la voluntad de Dios.

Como creyentes estamos llamados a anunciar el juicio y castigo eterno de Dios para los que viven fuera de su voluntad y también el amor de Dios que supera y perdona ampliamente todo pecado, llama al arrepentimiento, cura las heridas y transforma a nuevo, justificando y santificando, lo que el pecado envileció.

No discriminamos ni abandonamos a quienes viven en tal situación. Comprendemos pero no aceptamos sus prácticas. Todos somos pecadores, tenemos debilidades, conocemos las redes del diablo y del mundo que nos esclavizan al pecado. Por esto los invitamos a conocer la voluntad del Padre que los creó, a que sean llenos del amor de Cristo que los salvó y a que se entreguen a la guía del Espíritu que los quiere y puede santificar a una vida completamente libre, nueva y aceptable a Dios. Porque todos, sólo en comunión con Cristo, encontramos paz, fe, esperanza y la vida llena del verdadero y eterno gozo.

Hoy disfruto de la vida. Cristo rompió las cadenas de toda esclavitud.

Señor, tú nos das a todos la posibilidad de cambiar. Perdón por no aprovecharla al máximo y por no compartirla. Guíame, quiero disfrutar y compartir tu gran amor. Amén.

Reflexión: Persuadir sin discriminar.

JF

Adictos

...su cuerpo es templo del Espíritu Santo. 1 Corintios 6:19

Los bombones deslumbran con sus envoltorios, la dulzura inicial los hace muy atractivos... pero muy pocos, o nadie, comería uno si supiera que el relleno es de hiel.

Por alguna razón las artimañas del diablo son tan grandes que sabe como meternos en apuros, que gustosos aceptamos un "bombón" así. Nadie está exento. Todos podemos caer en el uso indebido de drogas, sexo, alcohol, tabaco, u otros vicios.

Estar atentos, darnos cuenta y ayudarnos es tarea de todos y de cada uno. Probablemente la adicción no sea más que un detonante de otros problemas de fondo que necesitaremos solucionar. Procurar el apoyo de profesionales es de gran ayuda. Permitir que Dios nos guíe con su amor y sabiduría es prioritario. Como iglesia necesitamos ayudar a sanar, recuperar, liberar de las adicciones, y también del problema de fondo.

Oremos para que Cristo trabaje con nosotros rompiendo las cadenas de toda dependencia, para que prepare a sus hijos en forma profesional y para que juntos apoyemos o iniciemos hogares de recuperación. Como congregaciones capacitémonos, busquemos o diseñemos folletos, organicemos charlas, aprovechemos la Internet. Procuremos de todas formas llevar el evangelio. Hay muchos que tienden la mano buscando una ayuda. Cristo con su amor nos guía. Obreros: ¡a la mies!

Hoy disfruto de la vida. Cristo hace de mis manos sus manos.

Querido Señor, gracias por tus manos tendidas que nunca se niegan a darme ayuda y confianza. Haz de mi cuerpo tu templo. Obra en mí, quiero ser como tú. Amén.

Reflexión: ¿Qué haría Cristo en mi lugar?

JF

Caminos trazados

Cuando el faraón dejó salir a los israelitas, Dios no los llevó por el camino que atraviesa la tierra de los filisteos, que era el más corto, pues pensó: "Si se les presentara batalla, podrían cambiar de idea y regresar a Egipto." Por eso les hizo dar un rodeo por el camino del desierto, en dirección al Mar Rojo. Éxodo 13:17-18

La incertidumbre más marcada es cuando en un viaje no tenemos dirección, cuando no contamos con una señal de rumbo.

Gracias a Dios que en sentido espiritual ya nos ha marcado el rumbo. Luego de haber librado a su pueblo de Egipto, el Señor se apresta a guiarlo hasta Canaán, la herencia prometida a Abraham, Isaac y Jacob, fiel figura de la realidad que goza el creyente que ha recibido la promesa de recibir una posesión celestial. Así es como también él, luego de habernos librado de la esclavitud del pecado, de la muerte y del diablo, nos conduce a lo largo del peregrinar terrenal, en el que no sabemos los pormenores del camino, pero sí de un futuro certero: la vida eterna.

Existe en el pueblo de Dios, tanto histórico como espiritual, un antes y un después figurado en Egipto (vieja naturaleza) y el desierto (la íntima relación con Cristo) donde en medio de pruebas y aflicciones, goza de la gracia y el amor de Dios.

Dios ha trazado una ruta (13:17), quizá la menos lógica, pero la más adecuada para mostrar su gloria, y la más necesaria para probar a los suyos. Es así también como muchas veces no comprendemos los caminos de Dios en nuestra vida, pero esos caminos siempre estarán trazados de acuerdo a su sabiduría para llegar a destino seguro.

Hemos de considerar al comienzo de cada día todos los detalles que se muestran en el paralelismo del peregrinar de Israel y nuestra vida, una maravillosa descripción de la realidad humana y la portentosa disposición de gracia divina.

Señor Jesús, sé mapa y brújula en nuestro peregrinar. Amén.

WS

Absoluta dependencia

Bueno y justo es el SEÑOR*; por eso les muestra a los pecadores el camino. Él dirige en la justicia a los humildes, y les enseña su camino. Salmo 25:8-9*

La lectura de hoy es un fiel testimonio de la absoluta dependencia del creyente de la mano de Dios. Observamos que el pueblo "vivía su día" y no se debía preocupar del mañana, ya que el día siguiente estaba en los planes de Dios. Cuando acampaban no sabían cuando marcharían, y cuando marchaban no sabían cuando acamparían, pero sí sabían que el Señor iba delante. Absoluta dependencia que identifica también nuestra vida: cuando enfermos, no sabemos si sanaremos; si sanos, desconocemos la prueba del mañana, pero sí sabemos que el Señor va delante como el buen pastor guiando sus ovejas. Cuando se conoce y se ama a Dios, el corazón se alegrará de la absoluta dependencia divina. El inconverso quiere ser independiente, libre, pero no es sino esclavo del pecado y su propia voluntad, guiado por sus pasiones; el que es sumiso a Dios y dependiente de su voluntad es el verdaderamente libre en Cristo (Juan 8:36). La marcha del cristiano no es siguiendo normas humanas, sino siguiendo las pisadas de quien "es el camino", Cristo.

Es triste que alguien sigua el camino trazado por su propia mano (Jonás, Saúl). ¡Qué bendición cuando Dios desvía el curso de nuestro camino sin que sepamos para qué, pero sabiendo que es para nuestro bien y para su gloria! (Abraham, Génesis 12:1; José en Egipto, Pablo y el varón macedonio).

Sigamos bajo cualquier circunstancia bajo las sombra de la nube y el calor del fuego; será una verdadera bendición someternos al dedo de Dios.

"Señor, cuando tu quieras vamos a marchar, cuando lo dispongas, nos detendremos." Amén.

WS

Primer prueba, una maravilla más

Encomienda al SEÑOR tu camino; confía en él, y él actuará. Salmo 37:5

Los caminos de Dios son difíciles de entender, pero maravillosamente útiles para quienes confían ciegamente en él.

La primera prueba que Dios pone en la ruta de su pueblo alcanza a mostrar la fragilidad de su fe, y una vez más la manifestación de su gloria y poder. El pueblo había sido testigo en Egipto de la presencia del todopoderoso, debían descansar en base a esa experiencia, teniendo la más absoluta confianza y fe; sin embargo surge el reclamo irónico en sus labios: "¿Acaso no había sepulcros en Egipto que nos sacaste de allá para morir en el desierto?" ¡Vil manifestación de incredulidad!

¿No nos atormentamos muchas veces, inútilmente, tratando de comprender la razón de vernos expuestos a tal o cual situación? La incredulidad lleva a cuestionar a Dios en presencia de las dificultades; la fe expone las dificultades ante aquel que todo lo puede.

Ante la murmuración del pueblo, la sorprendente respuesta de Moisés fue: "Quédense quietos, que el SEÑOR presentará batalla por ustedes"(v. 14). Es la frase símbolo de la absoluta gracia divina en todo sentido, y más aún en el más grande don: la salvación eterna en Cristo. Él es quien "peleó por nosotros" y dejó sepultados para siempre bajo sus pies a nuestros enemigos, como el faraón y su ejército bajo el Mar Rojo. Nosotros nada tenemos que aportar, ¡todo es de gracia!

Cuando alguna vez nos veamos asfixiados por los cuatro costados, no tenemos más que "quedarnos quietos" y dejar todo en manos de Dios, él actuará.

Señor, en ti está nuestro poder y fuerza, ¡no temeremos! Amén.

WS

Un cántico triunfal

¡Cuán bueno, SEÑOR, es darte gracias y entonar, oh Altísimo, salmos a tu nombre. Salmo 92:1

Hasta aquí sólo se oyó de boca de Israel clamor y angustia en su opresión, quejas y murmuraciones ante las pruebas (14:12). Pero ante el cuadro por demás elocuente que ahora veían (¡derrotados por completo sus enemigos!), no podía darse otra cosa que un cántico, alabanza y glorificación al prodigioso Dios que los ha salvado.

Este cántico de Israel es la primera expresión colectiva de todo un pueblo al poder y a la majestuosidad de Dios en el desierto. Está a la vista la causa de tal manifestación de júbilo y regocijo: ¡la salvación total y definitiva! Han comprobado su total pasividad, sólo era menester creer y obedecer, y el absoluto accionar del Todopoderoso; nada en el cántico se atribuyen a sí mismos, todo glorifica a Dios, aunque el Señor había peleado, ¡el triunfo era de ellos!

Sólo así los verdaderos adoradores podrán rendir su culto con sencillez y plenitud de gratitud y reverencia, cuando perciban su incapacidad y su miseria, y levantando los ojos a la cruz puedan ver derrotados completa y absolutamente a sus enemigos, en una obra totalmente divina. ¡El triunfo de Cristo es nuestro!

Muchas veces nuestra adoración y alabanza pareciera no alcanzar la plenitud que merece quien sólo es digno de ello, nuestro gran Dios único y verdadero; cuando esto se da, significa que no hemos podido "ver en plenitud" con los ojos de la fe los dos extremos arriba señalados. Cuando "por fe" observemos ambas dimensiones, no podremos ser menos que Moisés y su pueblo en su cántico triunfal.

¡Loado y bendecido seas siempre bendito Señor! Amén.

WS

Mara–Elim

Hermanos míos, considérense muy dichosos cuando tengan que enfrentarse con diversas pruebas. Santiago 1:2

Habíamos ya observado al pueblo de Israel en tres posiciones en distintos tiempos, que figuran nuestra realidad actual pero en forma simultánea: Egipto (el mundo), el desierto (la vida cotidiana en comunión con Cristo) y Canaán (el cielo).

Israel ya "ha muerto a Egipto", y aunque la reciente experiencia de salvación que los llevó a exclamar un cántico de gloria los debe alentar y saber sobrellevar toda prueba, ante la primera oportunidad que se les presenta, ¡vuelven a murmurar y añorar los "tesoros" de Egipto! Esto es un fiel reflejo de nuestra realidad cuando escasea la fe: apenas convertidos rebozamos de gozo y verdor por las bendiciones del evangelio, pero ni bien soplan vientos áridos del desierto de la prueba, nos sentimos inclinados a dejarnos aplastar por el desánimo y a volver la mirada al mundo.

Pero la murmuración de Israel ha servido para mostrar la grandeza de la gracia de Dios. No se enciende en ira dejándolos a expensas de la amargura de las aguas o dejándolos morir de sed, sino que mostrando su gran caudal de amor y paciencia, anticipa la dulzura del mensaje de la cruz. Moisés arroja en las aguas amargas un arbusto, símbolo del leño del calvario, y al instante se transforman en aguas dulces.

¡Qué necesarias son las pruebas! No para "volvernos a Egipto", sino para una nueva oportunidad de percibir la gracia y la manifestación del amor divino. No faltarán "aguas amargas" en nuestro peregrinar, pero la cruz del calvario siempre presente, revertirá nuestro ánimo espiritual para que así podamos gozar de preciosos "oasis Elim" en cada etapa de nuestro peregrinar.

Gracias, Señor, por las pruebas. ¡Fortalece nuestra fe! Amén.

WS

¡Así somos!

Desde la creación del mundo las cualidades invisibles de Dios... se perciben claramente a través de lo que él creó, de modo que nadie tiene excusa. A pesar de haber conocido a Dios, no lo glorificaron como a Dios ni le dieron gracias, sino que se extraviaron en sus inútiles razonamientos, y se les oscureció su insensato corazón. Romanos 1:20-21

Israel debía haber observado que era infinitamente mejor estar en el desierto con Dios que en medio de los hornos de ladrillo de Egipto; pero "viendo no veían". Al corazón humano le cuesta mucho creer en el amor puro de Dios, tiene más confianza en el diablo que en Dios (Génesis 3:1-6). ¡Cuánta miseria y degradación ha sufrido por dar oído a la voz de Satanás! Sin embargo, jamás se oye alguien que murmure contra él, y esta relación se repite como el girar de una rueda: diariamente cosecha los amargos frutos de su influencia y en lugar de abandonarlo, se le somete cada vez más. Sin embargo, respecto a Dios murmura y se rebela ante la primera apariencia de prueba. ¿Y nosotros? Olvidamos fácilmente miles de bendiciones y observamos la más pequeña privación; fuimos hechos hijos coherederos en Cristo para vida eterna, y recibimos miles de bendiciones temporales ¡sin embargo nos quejamos! Esto se debe por no cultivar un espíritu de gratitud y confianza.

¡Cuán diferente es nuestro divino maestro! Él es el verdadero Israel en el desierto (Mateo 4:1-11) rodeado de fieras, ayunando 40 días, jamás murmuró o se quejó, ¡su Dios era todo! Cuando el tentador se le acercó ofreciendo glorias y distinciones, lo rechazó todo permaneciendo firme en plena dependencia a la Palabra divina ¡Qué distinta la naturaleza envenenada por la serpiente en el pensamiento de Israel! Al igual que en el Edén (Génesis 3:12), sigue acusando indirectamente a Dios al murmurar contra Moisés y Aarón. Que este contraste nos sirva para que en su momento nos demos cuenta en qué terreno nos encontramos.

Señor, ¡no nos dejes mirar hacia atrás! Amén.

WS

Pan del cielo

Así que mi Dios les proveerá de todo lo que necesiten, conforme a las gloriosas riquezas que tiene en Cristo Jesús. Filipenses 4:19

En casi todos los capítulos de Éxodo observaremos una constante: un pueblo endurecido, incrédulo, murmurador, y un Dios clemente, paciente, y dadivoso.

"¡Cómo quisiéramos que el SEÑOR nos hubiera quitado la vida en Egipto!... Allá nos sentábamos en torno a las ollas de carne... ¡Ustedes han traído nuestra comunidad a este desierto para matarnos de hambre a todos!" (v. 3). Oscuro y ligero pensamiento de incredulidad, al que Dios en su gracia responde: "Voy a hacer que les llueva pan del cielo." ¡Qué contraste entre el "pan de Egipto" –terrenal– con el "pan de los ángeles" llovido del cielo!

Israel en su corazón permanentemente "volvía a Egipto" en todo sentido, en casi toda su historia, sobre todo en idolatría e incredulidad, y a consecuencia de ello fueron castigados "más allá de Babilonia" (Hechos 7:39-43). Ésta es una seria advertencia para el pueblo de Dios hoy: quienes han gozado de la liberación de este siglo y no caminan con Dios satisfechos y agradecidos, despreciando como "pan liviano" la gracia divina, están en serio peligro de ser "echados fuera". Los cristianos que hemos sido bautizados, sepultados y resucitados en Cristo tenemos el privilegio de alimentarnos del "pan vivo que descendió del cielo"; nuestro alimento es Cristo (Juan 6:35, Mateo 26:26), el sostén del pueblo de Dios.

¡Qué hermosas figuras encontramos después del paso del mar: en la marcha "miraban hacia arriba" obedeciendo la nube y el fuego, y "de arriba" recibían el pan cotidiano! Igualmente nosotros, pero en acción de gracias, no dejemos de "levantar los ojos" en dirección a nuestra guía y permanente socorro.

¡Gracias, Señor, por saciarnos siempre! Amén.

WS

Agua de la roca

¡Dios es mi salvación! Confiaré en él y no temeré. El SEÑOR es mi fuerza, el SEÑOR es mi canción; ¡él es mi salvación! Isaías 12:2

Una vez más se manifiesta la increíble ceguera de la naturaleza humana al reclamar al siervo de Dios por agua. Lógicamente "razonaban por vista"; si la luz de sus ojos de fe hubieran iluminado sus corazones, pacientemente hubieran esperado, expectantes, otra maravilla de Dios. También una vez más se manifiesta la paciencia y la gracia divina en contraposición a las viles palabras tentadoras: "¿Está o no Dios en medio de nosotros...?" El Señor ordena a Moisés golpear la roca, no con su vara de mando, sino con la vara con que golpeó el río (Éxodo 17:5). De la peña brotaría el agua que saciará al pueblo. La misma vara que cambió las aguas en sangre (Éxodo 7:17) debió herir la peña que era Cristo a fin de que un río de vida y refrigerio fluyera a favor de la humanidad (Juan 19:33-34).

Pero debía hacerlo sólo una vez, "Porque también Cristo murió por los pecados una vez por todas" (1 Pedro 3:18). Moisés enardecido por el asedio del pueblo comete dos errores: golpea con su vara, dos veces, lo que produce la desaprobación del Señor (Números 20:12), pero a pesar del error de Moisés, por amor a su pueblo, Dios hace fluir el manantial.

El error de Moisés se actualiza en aquellos que hoy "vuelven a sacrificar en forma incruenta al Cordero de Dios" desaprobando la Palabra: "una vez y para siempre".

Así como en el Maná vimos un tipo de Cristo, el agua de la roca nos presenta la figura del Espíritu Santo (Considérese Juan 7:37-38).

Te agradecemos, Señor, ¡nos haz saciado de hambre y sed! Amén.

WS

Amalec contra Israel La lucha interior

Vivan por el Espíritu, y no seguirán los deseos de la naturaleza pecaminosa. Porque ésta desea lo que es contrario al Espíritu, y el Espíritu desea lo que es contrario a ella. Los dos se oponen entre sí, de modo que ustedes no pueden hacer lo que quieren. Gálatas 5:16-17

Nos llama la atención que ante el ejército del faraón el Señor peleó por Israel ordenando al pueblo "permanezcan quietos y observen"; ante Amalec debían tomar las armas y luchar.

Son dos enemigos en distintos escenarios; el faraón y su ejército representan nuestros enemigos espirituales que sólo Dios, en la figura de Cristo, podía vencer: diablo, pecado y muerte. Amalec es el tipo de nuestra vieja naturaleza con la que diariamente debemos luchar y vencer, como consecuencia de que el Espíritu Santo mora en nosotros. El combate no se dio antes de haber comido del alimento espiritual y bebido de la roca espiritual (1 Corintios 10:3-4). Así también en lo espiritual: todo ha sido obra completa de Dios, que obra la perfecta redención; a partir de aquí, se da la lucha entre la vieja y la nueva naturaleza, ahora es el Señor quien lucha en nosotros. Cristo ha combatido por nosotros, ahora el Espíritu Santo combate en nosotros.

Si Israel hubiera pensado que con la destrucción del faraón se eximía de todo enemigo, Amalec le señala otra realidad. Así es también hoy. Es verdad que Jesús venció nuestros enemigos espirituales, pero no olvidemos que tenemos a Amalec diariamente en nuestro camino: los deseos de la carne, la codicia de los ojos y la arrogancia de la vida (1 Juan 2:16), y la serpiente antigua que aunque con la cabeza aplastada, no deja de "dar coletazos". En esta lucha, en momentos vencía Amalec, cuando Moisés (prototipo de Cristo) levantaba los brazos, vencía Israel.

Con Cristo permanente en nosotros, "Amalec" siempre será vencido. Amén.

WS

Como sobre alas de águila

Porque la porción del SEÑOR es su pueblo... Lo protegió y lo cuidó... como un águila que agita el nido y revolotea sobre sus polluelos, que despliega su plumaje y los lleva sobre sus alas. Deuteronomio 32:9-11

Al tercer mes de su salida de Egipto, Israel se establece frente al Sinaí, donde tendrá un solemne encuentro con su Dios. El Señor se dirige a su pueblo por medio de Moisés... ¿cuál sería su mensaje? ¿palabras de reproche y de juicio? ¡Nada de ello! A su pueblo ya redimido nada le reprocha, sólo apela a su memoria: "Ustedes son testigos de lo que hice con Egipto, y de que los he traído hacia mí como sobre alas de águila". El pueblo debía recordar, no lo que ellos eran o como actuaban, sino lo que Dios es e hizo por ellos: ¡gracia absoluta!, y sobre ella descansaría el pacto que les propone: "Serán mi propiedad exclusiva si fueren obedientes y guardaren mi pacto."

No sería un pacto en el cual debían cumplir ordenanzas y leyes, sino confiar. El Señor los llevaría sobre alas de águila, y ellos mansamente se dejarían llevar como un padre lleva a su pequeñuelo.

Pero el pueblo no sólo era murmurador e incrédulo sino también presuntuoso y autosuficiente; responde al unísono: "Cumpliremos todo lo que el SEÑOR nos ha ordenado." ¡Craso error!; se habían dejado caer de las alas de la gracia para someterse al rigor de la ley. Si hubieran sido más realistas y humildes habrían respondido: "Siempre de tu mano, con tu ayuda, tu providencia y gracia intentaremos cumplir, permítenos refugiarnos en tu misericordia porque tú nos conoces como somos."

"¿Cumpliremos?" El becerro de oro, los baales, son el resultado de su presuntuosa confianza en sí mismos.

Señor: débil, pobre, ciego soy; fortaléceme, enriquéceme, dame tu luz. Amén.

WS

Comerciantes

¡Malvados! Miqueas 6:10

Nuestros bienes y capitales son una prueba para nuestra fe. Sigamos el consejo bíblico (v. 8), mantengamos la línea, seamos honestos, fieles a nuestro Señor y a nuestro prójimo. No procuremos unos pesos más por unos gramos o centímetros menos. Si Dios está en primer lugar lo demás todo se acomoda. Con él, no procuramos ganar por usura ni por medidas falsas ni con balanzas desbalanceadas. Estamos seguros que todo cuanto poseemos, lo tenemos por Cristo. Y la gracia de Cristo no tiene precio alguno, ni vale cambiarla por todo el oro del mundo.

Recordemos las palabras del Señor: "Al césar lo que es del césar..." Cumplir con las cargas tributarias que cada estado impone es un deber. Estamos seguros: si es de Dios que tengamos un negocio, él nos ayudará no sólo a mantenerlo, sino a acrecentarlo. Además lo utilizaremos para compartir el evangelio con los que aún no lo conocen. ¿Cómo? Con ejemplo y seriedad comercial porque somos hijos de Dios. Textos bíblicos en lugares visibles, folletos evangelísticos de regalo, oración, y el propósito de ayudar con su Palabra a todos los que necesitan aliento, pueden ser el comienzo... Permitamos que Dios nos guíe y veremos cosas maravillosas.

Hoy disfruto de la vida, Cristo trabaja conmigo.

Señor, tú sabes cuántos errores he cometido, ¿me ayudas a corregirme y enmendarlos? Santo Espíritu, guíame, que mis bienes sean una prueba por la que se acreciente mi fe en ti. Utilízalos, Señor, para que otros también te conozcan. Amén.

Reflexión: Navidad o Semana Santa... ¿Qué otras fechas pueden ser buenas para compartir el evangelio de una manera diferente?

JF

Recomenzar

Vivamos de acuerdo con lo que ya hemos alcanzado. Filipenses 3:16

Juan tenía cinco años, estaba en preescolar y ya escribía, leía, dibujaba meticulosamente, en carreras siempre era el primero. Todo cambió. Dejó de escribir, hacía garabatos, dejó de correr, y quería un chupete... ¿Qué pasó? Llegó Esteban, su nuevo hermanito.

Juan, en vez de construir, inconscientemente, empezó a desarmar, en vez de seguir puliendo lo alcanzado optó no sólo por estancarse, sino por decrecer. Tenía el apoyo de todos para seguir creciendo, pero él iba para atrás.

Muchas veces nosotros también retrocedemos. Si te paras frente al espejo, ¿qué ves? Estamos llamados a vivir conforme a lo que hemos aprendido. Lo compartido en estas devociones, ¿lo has podido aplicar en tu vida?

Con paciencia y ayuda Juan salió adelante, hoy tiene quince años, Esteban diez. Este año salieron campeones en carrera de cien metros en sendas categorías. ¡Se preparan para competir a escala provincial!

No descuidemos el amor de Dios y su paciencia. Tú y yo estamos llamados a ser campeones. Cristo nos corrige, orienta, e impulsa. Él es nuestro maestro; su amor es nuestra fuerza, y compartir la vida eterna en paz es el premio que él ha conseguido para cada uno de nosotros. Con él ¡vale la pena examinar nuestras vidas!

Hoy disfruto de la vida. Con Cristo aprendo de mis errores y vuelvo a empezar.

Querido Señor, te doy gracias por tu paciencia. Tu gran amor es una realidad en mi vida, guíame, quiero estar atento y disfrutar al máximo cada bendición. Entréname, haz de mí cada día un campeón. Amén.

Reflexión: ¿Cómo ejercito mi comunión?

JF

Integridad

Cuando vi que no actuaba rectamente, como corresponde a la integridad del evangelio, le dije a Pedro... "vives como si no lo fueras..." Gálatas 2:14

Pedro era impulsivo e inseguro. Caminó en el agua, pero... comenzó a hundirse. Prometió no abandonar a Jesús, pero... lo negó tres veces. Fue amigo de gentiles... hasta que aparecieron los judíos. Por esto Pablo le llama la atención.

Si estamos recorriendo caminos equívocos, lo mejor es que alguien nos dé una mano, nos llame la atención, ayudándonos a volver. Nadie está exento. Todos fallamos. Procurando integridad necesitamos llamarnos la atención mutuamente. Aceptar la corrección divina, en boca de nuestros hermanos, demanda humildad, sumisión y mansedumbre. Naturalmente estas palabras no están en nuestra carne.

La integridad no es un objetivo a alcanzar sino un fruto natural de la comunión con Dios. Ahondemos en los evangelios y aprendamos de Cristo. Si permitimos que él guíe nuestras decisiones, hará de nosotros personas completamente íntegras.

Si hasta ayer no has sido íntegro, aprende de tus errores, y no permitas que te marquen indeleblemente. Dios está a tu lado y quiere escribir una historia diferente en tu vida. Con Pedro lo hizo. ¡Con nosotros también puede hacerlo!

Hoy disfruto de la vida. La comunión con Cristo me da integridad.

Querido Señor, tú perdonaste y moldeaste a Pedro. Haz conmigo lo mismo. Ayúdame a aceptar las correcciones que me haces a través de mis hermanos. Lléname de tu Espíritu, dame comunión y por ella, firmeza e integridad. Amén.

Reflexión: No es fácil aceptar el pulido. ¡Pero cuánto brillo trae!

JF

Instrumentos

Usa la fuerza que tienes... Yo soy el que te envía. Jueces 6:14

Por desidia nosotros, como Israel, buscamos otros dioses, dejando de lado al Señor. La situación se torna desesperante. Los enemigos persiguen, destruyendo y matando. "...clamaron al SEÑOR..." (v. 6). ¡La llave! Todo comienza a cambiar. Los profetas de Dios nos recuerdan las maravillas pasadas y reclaman el primer lugar para Dios (v. 8). Un enviado trae palabras de aliento (v. 12).

Pero como Gedeón, tenemos reclamos: "¿Cómo es que nos sucede todo esto? ¿Dónde están las maravillas...?" (v. 13). Como respuesta recibimos una tarea: "Ve con la fuerza que tienes" (v. 14). Con la autoestima por el suelo, también respondemos: "Soy el más insignificante..." (v. 15).

Bueno es reconocer nuestra debilidad, pero mejor es escuchar a Dios prometiendo y asegurándonos: "Yo estoy contigo... Yo te envío." Dejemos que él ajuste la sintonía, busquemos la señal (vv. 17, 36). Dios es el mismo ayer y hoy. En Cristo tenemos su promesa, profecía, y poder en su máxima expresión. Como Gedeón, estamos llamados a confiar en él, a aceptar nuestra tarea. ¡Con él lograremos la victoria!

Habla con Dios, plantéale tu realidad, pregúntale. Permítele el primer lugar y verás que hoy también hace maravillas. ¡Y cambia nuestras miserias en gozo!

Hoy disfruto de la vida, Cristo me hizo un instrumento de su obra.

Perdón, Señor, por mi débil fe. Ayúdame a serte sincero. Obra en mí las maravillas que tú has planeado. Te alabamos por la obra de Cristo y por los milagros que tienes preparados para tu pueblo. ¡Que tu Espíritu nos llene de gozo! Amén.

Reflexión: Mi baja autoestima cambia en seguridad cuando el Señor está en primer lugar.

JF

Justicia

...para que en él recibiéramos la justicia de Dios. 2 Corintios 5:21

La justicia divina hace estremecer a muchos. Martín Lutero temblaba pensando en ella. Queriendo alcanzarla, flagelaba su cuerpo. Pensaba que con sus sufrimientos apaciguaba la justicia divina. Muchos viven aterrados, pensando que son sus méritos los que alcanzan la justicia, o son sus pecados los que los condenan.

En la Biblia, Lutero encontró una llave que cambió toda su vida. No son nuestros méritos los que alcanzan la justicia de Dios –porque según Isaías 64:6 son trapos de inmundicia– ni nuestros pecados los que nos condenan, pues por ellos, murió Cristo.

Sólo Cristo, con sus sufrimientos, muerte, y resurrección calmó la justicia divina. Pagó la fianza. Anuló toda condena. Nos libró del pecado y la muerte. Ganó un lugar junto al Padre para ti y para mí. ¡Sólo por Cristo somos salvos! No por nuestros méritos, ni sufrimientos, ni nada que tú, yo, ni nadie, fuera de Cristo, pueda hacer.

Perdemos la justicia alcanzada por Cristo, cuando no confiamos en él, no creemos de corazón en su obra, no necesitamos su perdón, no hacemos nuestro su amor, no permitimos que la obra completa de Cristo se plasme y él viva en nosotros. En síntesis: perdemos la justicia cuando no tenemos fe.

¡Cuánto valor tiene creer en Cristo!

Hoy disfruto de la vida. Cristo me alcanzó con su justicia.

Jesús, ayúdame a valorarte. No dejes que me aleje de ti, ni que sobredimensione mis obras. En tu obra está mi justicia. Dame más fe. Amén.

Reflexión: Lutero encontró valor, fuerza, amor, perdón, paz y gozo en Cristo ¿Y yo?

JF

Corazón nuevo

Les daré un nuevo corazón, y les infundiré un espíritu nuevo; les quitaré ese corazón de piedra que ahora tienen. Ezequiel 36:26

Muchos seres humanos han demostrado tener un corazón de piedra. Muchos otros lo disimulan muy bien. Muchos lo han trabajado tanto que parece un diamante... mas no deja de ser una piedra. Razones, excusas, cuestiones, experiencias, todo puede servir para endurecer nuestro corazón. Pero dentro de ese sarcófago, de esa caparazón, hay un alma que clama, que siente el frío de la piedra, la soledad de la separación de Dios.

¡Está la promesa! El Espíritu Santo tiene una dinamita, que parte toda piedra, que libera toda alma, que sopla un nuevo aliento, un nuevo espíritu: Cristo. Y la fe, en su obra, en su redención, en su amor y perdón, es la llave que activa la dinamita capaz no sólo de romper un corazón de piedra sino una montaña completa. Confía, el Padre ha dado la promesa, Cristo ha hecho el trabajo, y el Espíritu es quien los valida en ti, quien cambia tu corazón de piedra, quien quita tus caretas, quien hace nacer en ti el amor divino.

Hoy disfruto de la vida. Por Cristo tengo un nuevo corazón.

Cuando yo traté de cambiar mi corazón, nunca pude elevar la temperatura... Seguía siempre frío. Cuando tú estás en mí, todo cambia. ¡Qué diferencia! Mantenme siempre firme. Quiero gozar de tu gracia y tu favor por la eternidad. Amén.

Reflexión: Dios tiene el poder de cambiar todos los corazones... alabanza, oración, lectura bíblica, comunión y servicio diario, fortalecen mi fe y mi relación con Dios.

JF

Excusas

"¡Ah, Señor mi Dios! ¡Soy muy joven y no sé hablar!" Jeremías 1:6

Abraham y Sara (Génesis 17 y 18), Moisés (Éxodo 3 y 4), Gedeón (Jueces 6), Jeremías... ante el llamamiento divino, se rieron, dudaron, dieron vueltas, expusieron razones, vieron problemas. Temerosos, desconfiados, intentaron esquivar los planes divinos.

Nosotros, en el siglo veintiuno, no somos la excepción. Acostumbrados a decidir nuestros caminos, a ser "dueños" de nuestras vidas, a hacer nuestros planes –a veces lejos de la voluntad de Dios– nos resulta difícil entregarle la corona y dejar de plantearle excusas. Si nuestro yo es fuerte, no resulta nada fácil permitir que Cristo sea verdaderamente el Señor de nuestras vidas, Rey soberano sobre todo lo nuestro.

La agenda está muy cargada. No tenemos tiempo para orar o leer la Biblia, y ni que hablar de algún servicio de amor... ¿Cómo está nuestra fe?

Pero, ¿quién me da la vida, el tiempo, la familia, los bienes? ¿Quién me da salvación y vida eterna? ¿De quién recibo todas las bendiciones? La gracia de Dios me mueve a pensar, valorar, reconocer, agradecer y compartir.

¡Que Cristo sea el Señor de mi vida es lo mejor que me puede pasar!

Hoy disfruto de la vida. Cristo es mi Señor.

Querido Padre, no soy más que un ser humano. Te expongo mis dudas, mis miedos, mis excusas. Sé que tu amor y tu paciencia son, gracias a Cristo, muy grandes. Ayúdame a no desperdiciarlos. Que tu Espíritu me guíe, me corrija, me ilumine en todas mis decisiones. Sé verdaderamente mi Señor, cumple tu voluntad en mí. Amén.

Reflexión: Señor, ¿qué esperas de mí?

JF

Enfermedades

Acudían y eran sanados. Hechos 28:9

Podemos ver las enfermedades como un castigo, un llamado de atención, una prueba, algo normal que sufrimos como consecuencia del pecado.

No caigamos en el error de creer que si Jesús y los apóstoles sanaron, también nosotros hoy debemos ser sanados milagrosamente; o creer por otro lado que Dios hoy es incapaz de hacer milagros.

La Biblia nos dice que Timoteo (1 Timoteo 5:23), Trófimo (2 Timoteo 4:20), y Epafrodito (Filipenses 2:25-30), estuvieron enfermos. Ellos eran colaboradores de Pablo, y aunque Pablo en Malta (Hechos 28:9) sanó a enfermos, a ellos no los sanó.

Que yo esté sano o enfermo pasa por los planes de Dios y su soberana sabiduría. De Cristo recibo lo bueno y lo que creo que es malo. "Dios dispone todas las cosas para el bien" (Romanos 8:28). Él busca mi crecimiento y fortalecimiento, aún en una enfermedad terminal, pues será la última valla que me separa de la meta final. Pronto estaré cara a cara con mi Señor. Cristo me fortalece y carga mis dolores, su Espíritu me da comunión y aliento, el amor del Padre celestial me mueve a amar más a quienes me rodean. Pensar en la muerte me lleva a valorar la vida y el tiempo que hoy tengo.

Hoy disfruto de la vida. Con Cristo supero toda enfermedad.

Querido Señor, perdóname por aferrarme tanto a mi cuerpo. Ayúdame a entregarte todos mis pecados y dolores. Abrázame, quiero desatar el nudo que tengo en mi garganta, desahogar mi aflicción en tu regazo. Cuando esté contigo no habrá dolor, ni lágrimas, ni enfermedades. Fortalece a los que me aman. Amén.

Reflexión: En la vida y en la muerte estoy en las manos de mi Señor, gozando su comunión.

JF

Maravillas

"...estaban llenos de temor y decían: "Hoy hemos visto maravillas." Lucas 5:26

Los maestros de la ley y los fariseos estaban muy cerca de Jesús, pero dudando o en su contra.

Dios no hizo maravillas sólo en el pasado. Hoy también las hace. Serán nuestros lentes espirituales los que los vislumbren o los que los opaquen, impidiendo que los veamos. Por eso los fariseos interpretaban como blasfemias las palabras de Jesús: "Tus pecados quedan perdonados." El perdón es una limpieza espiritual, invisible a los ojos naturales. Jesús no necesitaba ratificar lo que estaba diciendo, por el contrario, dándoles una oportunidad de cambiar, manifiesta el poder divino sanando no sólo su alma sino también su parálisis.

Hoy también hay incrédulos. Y también están los que se gozan en las maravillas del Espíritu. ¿Dónde estoy yo?

Dejaré que el Espíritu me guíe. Si no puedo caminar, permitiré que mis hermanos me acerquen a Jesús. Voy con fe. ¡Él es mi salvador! Él me limpia de todo pecado y renueva mis fuerzas en alma y cuerpo. ¡Ha hecho maravillas!

Restaurado, fortalecido, lleno de su perdón y amor, invito a otros a conocer a Jesús. ¡Todos necesitamos ser llenos de su Espíritu! Los más débiles necesitarán más de mi tiempo y esfuerzo. ¡Qué gozo es poder servirte, compartiendo tus maravillas, Señor!

Hoy disfrutó de la vida. Cristo hace maravillas en mí.

Danos fe para creer en tu Palabra, Señor. Quita nuestra incredulidad. Trae luz a mis ojos. A todos nos dices: "Tus pecados quedan perdonados, levántate y anda." Haz que saltemos de alegría. Amén.

Reflexión: Hay maravillas que son muy abundantes. No esperaré a perderlas para darme cuenta.

JF

Cambio

"El que antes nos perseguía ahora predica la fe que procuraba destruir." Gálatas 1:23

Saulo aparece en Hechos 8, aprobando y poniéndose al frente de la persecución y muerte de los discípulos, procurando destruir el cristianismo.

Pero Dios tiene otro plan para él. Cristo conoce bien a Saulo. Detrás de conocimientos tergiversados, de celos mal encaminados, de firme determinación basada en un error, Cristo ve un alma anhelando comunión y paz con el Padre. Interviene, no para castigarlo, ni juzgarlo. ¡Tan grande es su amor y perdón!

Cambió su visión, moldeó su espíritu, transformó su corazón. Nació una persona nueva. Los discípulos temían una trampa, pero se gozaron en el poder del Señor Jesús.

Saulo fue transformado en el apóstol Pablo. Dejó de enfrentarse con Dios y se entregó en sus manos. Acató su voluntad. Realizó viajes misioneros por todo el Imperio Romano, predicando, formando congregaciones, enseñando a judíos y a gentiles que Jesucristo es el Mesías y el camino al Padre. Escribió cartas que nos enseñan y motivan también a nosotros.

¿Cuántos perseguidores de hoy serán los predicadores de mañana? Oremos. Nadie queda afuera. Cristo tiene un lugar para todos, él puede cambiar aun al corazón más duro.

Hoy disfruto de la vida. Cristo nos incluye a todos en su amor.

Querido Padre, perdón por las veces que he dudado de tu poder. Ayúdame a no discriminar a los que te persiguen. Ellos también necesitan conocer la verdad. Enséñame a amarlos. Guíame al orar. Amén.

Reflexión: La gracia de Dios alcanza a todo el mundo. Nuestros errores y pecados mueren en la cruz. Dios nos llama a todos.

JF

Los dos montes

Porque la paga del pecado es muerte, mientras que la dádiva de Dios es vida eterna en Cristo Jesús, nuestro Señor. Romanos 6:23

El pueblo había cometido un grave error al considerarse autosuficiente, desechando la gracia, sometiéndose a la ley cuando expresaron: "¡cumpliremos!" Ante esta perspectiva el Señor ya no se presenta con su gracia sino en su celo, santidad, justicia; el pueblo también se ha presentado tal como es, pecador, incrédulo, desobediente. ¡Terrible contraste! Como el pueblo no había sabido dejarse llevar "sobre alas de águila" y deseaba volar con sus propias alas de justicia propia cuando dijeron "cumpliremos" sin considerar su debilidad, su propia voluntad los hace ver ante un Dios Santo, en gloria y majestad, en lugar de paternal y misericordioso.

Así, la presencia de Dios en el Sinaí con rayos y truenos, el vallado infranqueable con riesgo de muerte, es la figura de la santa ley de Dios que revelaba lo que el pueblo era y en qué condiciones estaba: pecador y a expensas de la muerte. "Maldito sea quien no practique fielmente todo lo que está escrito en el libro de la ley" (Gálatas 3:10). Todo aquel que piensa salvarse por méritos a sus obras, está frente al Sinaí con "rayos y truenos", ante la ira y el castigo de Dios.

¡Cuán diferente es la manifestación de la gracia en el Calvario! Toda la ley, toda la voluntad de Dios había sido satisfecha por aquel que, siendo nuestro sustituto, pende de la cruz pagando nuestra deuda de pecado, derrotando la muerte, y sellándonos vida eterna.

El orgullo humano expresa "haremos"; la humilde sumisión a la gracia dice: "Tú lo haz hecho todo por nosotros, por lo tanto en ti viviremos gozosos acorde a tu santa ley."

Señor, te alabo por tu gracia que me acepta como soy y me transforma en santidad. Amén.

WS

¿Cumpliremos...? ¡Todo está cumplido!

Aquellos de entre ustedes que tratan de ser justificados por la ley, han roto con Cristo; han caído de la gracia. Gálatas 5:4

En nuestra reflexión anterior pareciera –a los ojos naturales– que Dios condena la obediencia en la intención del pueblo cuando dijo "cumpliremos". ¿Qué cumpliremos? ¿la ley? Dios mismo nos hace ver que quien se somete a la ley está bajo maldición (Gálatas 3:10); quien toma este camino está obligado a un imposible: ¡cumplir los mandamientos a la perfección! Es necesario entonces buscar el camino de la gracia: ahí está Jesús, Emanuel, "Dios con nosotros" ¡Dios mismo cumple por nosotros lo que su ley demandaba: perfección! Jesús fue perfecto por nosotros al someterse a la ley. Podrás decir: Sí, ¡pero tengo pecado! ¿Cómo me puedo librar de él? Jesús asumió la maldición de la ley cuando murió en la cruz por nosotros, como está escrito: "Maldito todo el que es colgado en un madero" (Gálatas 3:13). "No hay ninguna condenación para los que están unidos a Cristo Jesús" (Romanos 8:1). "La sangre de su Hijo Jesucristo nos limpia de todo pecado" (1 Juan 1:7).

De manera que podemos decir: existen "dos" caminos al cielo; el primero imposible de llegar por él: la escalera de la ley; quien pretenda escalarla cae en el primer peldaño: "No tendrás otros dioses además de mí." El segundo camino es infalible: es el puente trazado por Dios mismo entre el cielo y la tierra, ¡el Cristo crucificado! Quien confía en él y se abandona a sus brazos, permitirá que Jesús viva en él, de esta manera, espontáneamente la justicia de Cristo fluirá gozosa en él en todo lo que emprenda, y podrá decir con el salmista:

Señor, ¡tu ley es mi delicia! (Salmo 1:2). Amén.

WS

El creyente y la ley

Cristo es el fin de la ley, para que todo el que cree reciba la justicia. Romanos 10:4

Libres de la exigencia de la ley, gozando de los privilegios de la gracia, el creyente puede en medio del mundo gozar de un pedacito de cielo; siendo pecador, tener la santidad de Cristo; sufriendo rudas tormentas de oposición y pruebas, gozar de la paz en Cristo.

Pecador, terrenal, llevando su cruz. Santo, ciudadano del cielo, consolado en Cristo.

¿Qué relación guarda el creyente que goza de los privilegios de la gracia, respecto a la ley? La ley no deja de tener vigencia, sólo y principalmente, no tiene el poder aniquilador del Sinaí, estando frente al Calvario, ya no truena ni condena, pero sigue en pie con su función mientras seamos prisioneros de nuestro cuerpo y en relación con la vieja naturaleza. Sigue mostrando cual espejo lo terrible que es el pecado y su consecuencia. Cuánto necesitamos esta función de la ley para darnos cuenta lo terrible que es caer en pecado y la necesidad de volvernos diaria y abundantemente al pie de la cruz para depositar allí nuestra debilidad y culpa, y recibir el consuelo: "No temas, yo morí por ti, yo te perdono."

El regenerado ha muerto a sí mismo, y Cristo vive en él (Gálatas 2:20), de manera que es "Cristo en él" quien lucha contra toda tentación, y es "Cristo en él", la nueva creación, la norma de conducta en su vida, que será de beneplácito en todos sus pensamientos y acciones, y podrá decir junto a San Pablo: "Todo lo puedo... (hacer, decir o pensar) ¡en Cristo!" (Filipenses 4:13).

Gracias, Señor, por tu fortaleza en mí. Amén.

WS

El becerro de oro

Porque me has visto, has creído –le dijo Jesús–; dichosos los que no han visto y sin embargo creen. Juan 20:29

"La fe es... la certeza de lo que no se ve" (Hebreos 11:1). Podemos decir en contraposición que la incredulidad demanda una visión palpable, tangible.

Israel había sido testigo directo de Dios, de su poder y misericordia; lo habían palpado, podían convencerse que "no hay otro Dios que no sea el SEÑOR".

Pero ante la primer ausencia de "testimonios visibles" (Moisés demoraba en descender del monte), caen en la más baja y miserable ignominia: ignoran al verdadero y único Dios, y piden a Aarón: "Tienes que hacernos dioses que marchen al frente de nosotros." ¡Acaban de oír la ley en el monte Sinaí! El primer mandamiento: "No tendrás otros dioses además de mí" (Éxodo 20:3-5). ¡Aquí está el resultado de su promesa "todo lo que el SEÑOR ha ordenado, cumpliremos!" ¡He aquí postrados ante un becerro de oro! Preferían un becerro labrado a metal y fuego que pudiesen ver, que un Dios invisible pero presente en todas partes, vivo, real; preferían una falsificación visible antes que una realidad invisible.

Lamentablemente siempre ha sucedido así con el hombre: Aunque no nos hagamos un becerro de oro, el pecado del Israel histórico es un "tipo" de pecado al que no estamos exentos de caer: confiar más en una criatura visible antes que en las promesas de un Dios invisible.

Por gracia de Dios por el poder de su Santo Espíritu, estamos capacitados a "vivir por fe" en un Dios invisible que nos concede el privilegio de "hacerse visible" en todas la maravillas de su magistral creación.

¡Sólo a ti Dios creador, salvador y santificador, adoramos! Amén.

WS

Moisés: tipo de Cristo

El SEÑOR tu Dios levantará de entre tus hermanos un profeta como yo. Deuteronomio 18:15

El desenfrenado pecado del pueblo en el valle produce natural y consecuentemente el enardecimiento del enojo de Dios, que desde la altura del monte expresa a su fiel siervo Moisés su firme determinación: "Déjame que lo destruya, que borre hasta el recuerdo de su nombre. De ti, en cambio, haré una nación más fuerte y numerosa." En otras palabras: con el aliento de mi ira los destruiré, como barrí con el diluvio una generación perversa y preservé a Noé, te preservaré a ti para ser retoño de otro pueblo a través del cual se cumplirá mi promesa hecha a Abraham, Isaac y Jacob.

Pero observamos el temple, la humildad, la mediación del paciente siervo, tipo de nuestro Señor Jesucristo: cuarenta días y noches permanece postrado, ayunando y orando por su pueblo. Renuncia al alto honor y la gloria personal de ser raíz de un nuevo pueblo y le interesa que sólo el nombre de Dios sea glorificado, argumentando: "No destruyas tu propia heredad... no sea que allá, en el país de donde nos sacaste, digan: 'El SEÑOR no pudo llevarlos a la tierra... los sacó para que murieran en el desierto.'" Tal imagen no merecía entre los paganos, el nombre del Todopoderoso, e intercede: "Pasa por alto la terquedad de este pueblo, su maldad y su pecado."

Vemos aquí un anticipo del "Hijo del hombre" apagando el enojo de Dios e intercediendo por su pueblo. El pastor de ovejas de Madián, subió a lo alto para interceder por su rebaño; nuestro gran pastor eterno lo sigue haciendo permanentemente por nosotros.

Señor, por tu gran amor perdona nuestras rebeliones. Amén.

WS

Olimpíadas

Sigo avanzando hacia la meta para ganar el premio que Dios ofrece mediante su llamamiento celestial en Cristo Jesús. Filipenses 3:14

Deportistas y atletas se reúnen cada cuatro años en algún lugar del planeta en las tradicionales olimpíadas. El propósito en cada disciplina es llegar a lograr la codiciada medalla de oro, la cual identifica supremacía. Pero para llegar a esta instancia debe primar la excelencia, según la disciplina, en belleza, destreza, habilidad, creatividad, fuerza y concentración. Qué satisfacción siente quien logra la meta, y qué alegría contagia a todo el país que representa, a tal punto que los ciudadanos lo disfrutan como su propio logro: ¡ganamos!, dicen, y no está mal expresado, porque ese deportista los representa, porque están cobijados bajo la misma bandera.

En el estadio de la vida, jamás lograremos el triunfo por más que nos ejercitemos y nos esforcemos, porque conocemos nuestra condición. Gracias sean dadas a Dios que el creyente tiene en "el Hijo del hombre" un fiel representante en sentido espiritual; él nos hizo formar parte del reino de Dios. Él fue el vencedor por excelencia; y su triunfo nos llena de gozo y lo celebramos como nuestro, a tal punto que podemos exclamar: nuestra salvación, nuestra justicia, nuestro galardón.

Jesús mostró su belleza y perfección al cumplir la voluntad del Padre. Su triunfo sobre el diablo y el peor de los enemigos –la muerte– lo demostró con la fuerza del amor. Su corona es la nuestra, y este premio que tanto le costó, nosotros lo recibimos gratuitamente.

¡Gracias, Señor, por un galardón tan grande! Amén.

WS

Santuario

Nadie puede recibir nada a menos que Dios se lo conceda. Juan 3:27

"Dios a quien ama, disciplina...." Disciplinados bajo la ley pero motivados por la gracia, el pueblo se dispone para la obra del santuario en la tienda del Encuentro.

El pueblo con alegría ofrendó "más de lo necesario", pero tengamos en cuenta que por todo lo que poseían tenían a quien atribuir su agradecimiento: todo provenía del Señor, tanto en bienes como el talento o capacidad creativa: "He escogido a Bezalel... y lo he llenado del Espíritu de Dios, de sabiduría, inteligencia y capacidad creativa" (Éxodo 31:2-3). Bezalel y todos sus ayudantes debían volcar lo que habían recibido en una obra "tipo" que representaría el trono de Dios y sus atributos; debían trabajar en base a un diseño que Dios mismo había planteado y no debían desviarse en absoluto en sus detalles: material, formas, tamaño, color, calidad y medida, todo sería "figura de lo que habría de venir".

Así también el Señor dotó a su pueblo de distintas capacidades para edificar el cuerpo de Cristo que es la iglesia (Efesios 4:11). Todo aquel que pertenece al cuerpo de Cristo ha sido capacitado para aplicarlo en lo que "ya ha sido diseñado y nada debe ser cambiado".

Preguntamos: ¿Consagramos todo lo recibido, en energía, dones, tiempo, para los intereses de la iglesia en la cual mora Dios? Nadie puede excusarse diciendo "no tengo dones", pues todos somos llamados y todos tenemos un lugar, y es el Espíritu mismo de Dios quien nos inspira y capacita para la privilegiada tarea de construir el reino de Dios.

Señor, todo lo que soy y tengo pertenece a ti; ¡ocúpame a mí! Amén.

WS

Nadab y Abiú

Profesan conocer a Dios, pero con sus acciones lo niegan; son abominables, desobedientes e incapaces de hacer nada bueno. Tito 1:16

El Señor había ordenado clara y precisamente todo lo referente al santuario, la legislación respecto al culto, los diversos sacrificios, ofrendas, etc. Todo estaba perfectamente señalado, lo que se debía y lo que no se debía hacer; no había lugar para errores o equivocaciones.

Pero vemos aquí que Nadab y Abiú, pertenecientes a la casta sacerdotal, que pasando por alto las disposiciones de Dios, cambian la voluntad divina por la suya propia ofreciendo un "fuego extraño", un culto de su propia humana ocurrencia; quizá ante su parecer "muy original o singular", pero...¡alejado de los designios de Dios! Todo lo que se hace o dice fuera de la voluntad divina es pecado; la actitud de los hijos de Aarón merecieron fatal desaprobación del Altísimo.

Estimado lector: todo aquello que no está revelado en las Escrituras y que surge "de nuestro parecer" guiados por la razón o la "lógica", no solamente no glorifica a Dios sino que profana su nombre y mancha el cuerpo de Cristo.

A lo largo de la historia de la iglesia hallamos muchos "Nadab y Abiú" ostentando vestiduras sacerdotales y ofreciendo "fuegos extraños" de falsa doctrina, despreciando lo limpio, claro y trasparente del mensaje del evangelio, cambiando por "caminos alternativos", habilitando "otros" intercesores, ofreciendo el mismo "culto" que mereció antaño la desaprobación divina. ¡Líbranos de esto, Señor! Si no ha sido consumida la iglesia por el ardor de su ira, es porque sobreabundó su paciencia y gracia por amor a su fiel "pequeña manada".

Preservanos, Señor, en el verdadero culto, sólo de acuerdo a tu Palabra. Amén.

WS

Palabra eterna

Toda la Escritura es inspirada por Dios y útil para enseñar, para reprender, para corregir y para instruir en la justicia, a fin de que el siervo de Dios esté enteramente capacitado para toda buena obra. 2 Timoteo 3:16-17

Cada vez más observamos graves consecuencias que surgen de la incredulidad, a partir de la no aceptación total y suficiente de las Sagradas Escrituras. Mediante el liberalismo de interpretación "racional" se ha llegado a señalar como "anacrónico" el concepto de pecado de muchas manifestaciones de corrupción carnal, (por ejemplo, distintas expresiones de sodomía); sucede que el hombre, obedeciendo sus intereses promiscuos, quiere hacer a Dios "permisivo y fluctuante".

Además, se considera que la Palabra no es lo suficientemente completa para responder muchos interrogantes de hoy: "La Biblia quizá haya suplido la necesidad de su época, pero la vida contemporánea necesita otras respuestas", dicen algunos. Si la Biblia es defectuosa para el lector contemporáneo, ¿a dónde y a quién iremos sobre todo por necesidad espiritual sino atravesando el "eje central" sobre el que gira toda la verdad, que es la cruz de Cristo? San Pablo nos dice que "toda Escritura es útil... a fin de que el siervo de Dios esté enteramente capacitado..." (2 Timoteo 3:17). Pero hay quienes sostienen que la Biblia calla cosas que necesitamos saber. Todo lo que la Biblia pueda "callar" no es imprescindible ni para nuestro peregrinar ni para nuestra salvación.

La Biblia será para nosotros como la nube que durante el día provee de frescura, y el calor del fuego en la gélida noche, que nos obligue a levantar los ojos al cielo y recibir incesante toda bendición material y espiritual; y a la hora de la muerte nos veremos satisfechos con sólo uno de sus maravillosos versos: "No temas, que yo te he redimido; te he llamado por tu nombre; tú eres mío" (Isaías 43:1).

Señor Dios, gracias por tu santa Palabra. Amén.

WS

"Rumiar" la Palabra

He visto que aun la perfección tiene sus límites; ¡sólo tus mandamientos son infinitos! Salmo 119:96

La reflexión precedente nos sirve para clarificar los conceptos de interpretación de este capítulo donde el Señor clasifica los animales según sus características para señalar diferencias entre animales puros e impuros. Respecto a los cuadrúpedos dos cosas eran necesarias para que fuesen considerados "limpios": que rumiasen y tuviesen la pezuña partida en dos; una sola de las condiciones sería insuficiente. Así es como encontramos verdades espirituales en estas enseñanzas ceremoniales. La acción de rumiar expresa la idea de digerir interiormente y la pezuña partida representa la marcha exterior, ambas cosas se deben complementar en el creyente. El ganado nos enseña una beneficiosa lección: recoge la hierba y después se acuesta tranquilo para rumiarlo. Así, el creyente se alimenta de "verdes pastos" (la Palabra) digiriéndolos después interiormente (Salmo 1:1-2). El estudio mecánico sin meditación no dará su provecho. Los creyentes de Berea (Hechos 17:11) recibieron el título de "más nobles" porque escudriñaban, analizaban, y comprobaban la veracidad del mensaje recibido. Quien así actúa comprobará que la Escritura se explica por sí misma y hallará respuesta a todos sus interrogantes.

También el rumiante debía tener la "pezuña partida", detalle que señala la marca exterior. Se puede profesar la Palabra, pero si el sendero no queda marcado acorde a ella, nada sirve.

Así entendemos a Santiago (2:17): todo lo que el Espíritu Santo ha obrado en nuestros corazones quedará marcado en el sendero de nuestra vida en obras de amor; a su vez, éstas serán la evidencia de la "Palabra rumiada" en nuestros corazones.

Señor, que mis huellas sean el auténtico reflejo de mi corazón. Amén.

WS

Niñitos: tesoros de Dios

Los hijos son una herencia del SEÑOR, los frutos del vientre son una recompensa. Salmo 127:3

En los tiempos bíblicos, la situación de una mujer estéril era juzgada como maldición; por el contrario, tener muchos hijos era considerado un reflejo de benevolencia divina (Salmo 127:3).

Así es como lo reconocerían aquellos padres que llevaron sus pequeños a Jesús para que los bendijera. Para los discípulos, el Señor estaba demasiado ocupado en un tema, ¡más que importante, penoso!, que trasciende lastimosamente a nuestros días (Marcos 10:1-12). Pero la actitud de esos padres –inoportuna para los discípulos– es muy acertada a los ojos del divino maestro que le da la importancia y trascendencia que se merece para siempre: que los niños deben ser llevados a él.

¡Cuántos divorcios se evitarían si todos los niños fuesen llevados desde párvulos a los brazos del Señor! "¡Dejen a los niños venir a mí!" es un clamor continuo del Maestro en días que los padres contemporáneos dejan su "preciosa aljaba" en manos del mundo, dando prioridad a otros intereses, que sin dejar de tener su importancia, no tienen la trascendencia e importancia que tiene el llevar a Cristo en sus corazoncitos, de conocerlo en su tierna edad, de confiar en él como su fiel y eterno Salvador y amigo.

Una buena educación, vacunación, sanidad, relación social y cultural, son valores importantes, pero no trascendentes. Pero el simple y sencillo hecho de dejar a los niños en brazos de Jesús es sumamente importante en lo temporal y trasciende los límites de esta vida a los brazos eternos del bendito Salvador.

Señor, no quiero que mis niños sean del mundo. ¡Tómalos en tus brazos! Amén.

WS

10 de agosto Isaías 40:1-2; 9-11

Un consuelo perpetuo

Aunque en mi furor te castigué, por mi bondad tendré compasión de ti. Isaías 60:10b

¡Qué bueno y reconfortante es recibir buenas noticias! Qué refrescante escuchar con tono de alegría la superación de un problema: la reconciliación de quienes estaban enemistados; el haber saldado una deuda; el restablecimiento de la salud de un enfermo; la conversión de un incrédulo.

El pueblo de Israel ha sufrido el desastre del exilio, y en medio de su dolor surgen palabras de aliento: Dios no abandona a su pueblo, y les prepara completa libertad y restauración. Estas palabras de consuelo tienen doble objetivo: sirven tanto para el momento histórico que estaban pasando, como son también una profecía sobre la venida del Mesías quien restaurará todas las cosas. La figura del Mesías es siempre sinónimo de esperanza: "Jerusalén, portadora de buenas noticias, ¡alza con fuerza tu voz!... di a las ciudades de Judá '¡Aquí está tu Dios!'" Dios restauró a su pueblo luego de la esclavitud en el exilio babilónico. Así también nos restaura y consuela hoy: "Aquí estoy yo, tu Dios, te libré de tu culpa y te concedo la liberación para llevarte al país de promisión: la vida eterna." Finalmente, la buena noticia consoladora de perdón tiene un tierno mensaje tipificado en la figura de nuestro Señor, el buen pastor: "Tu Dios llega con poder, como un pastor que cuida su rebaño, recoge los corderos en sus brazos; los lleva junto a su pecho, y guía con cuidado a las recién paridas."

Henos aquí, Señor, tu pequeña manada, sólo en ti hallamos refugio, protección y seguridad. Amén.

WS

Sincronización

Todo debe hacerse para edificación de la iglesia. 1 Corintios 14:26

Si tienes la oportunidad de ver en marcha un viejo reloj destapado te sorprenderás del trabajo de ingeniería de precisión que tiene. Pequeños engranajes se mueven y oscilan perfectamente sincronizados impulsados por la "cuerda", ese diminuto fleje de acero que se enrosca sobre sí mismo, por presión externa.

En la iglesia, si estamos atentos, escucharemos también un vivo tic-tac. Tú formas parte de ella. Tu engranaje es necesario.

Muchos han pensado que la cuerda, la presión por la cual todo entra en funcionamiento en la iglesia, es la ley, las obligaciones para con Dios. Falta precisión.

La "cuerda" de la iglesia es la gracia del Padre manifestada en Cristo. Es una fuerza grande y poderosa que lleva vida en sí misma. ¡Y a todos nos llama a trabajar, a edificar la iglesia!

No estás obligado a entrar en ritmo.

Si Cristo toma tu corazón, su Espíritu te hace entrar en ritmo. ¡Y lo disfrutas! ¡Y quieres más! ¡Y más lo disfrutas! El amor sincronizó tu vida. Hay paz en tu alma. La gracia de Cristo te impulsa.

Sincronizados edificamos para su gloria, para salvación de los que crean y para gozo de nuestro corazón.

Hoy disfruto de la vida. En Cristo está nuestra sincronía.

Sin ti, Señor Jesús, nuestra vida es fría y dura como el metal. Sólo tú eres capaz de transformarnos en engranajes que sirvan. Pule mis dientes para que no lastimen a otros engranajes. Nos gozamos en tu sincronización. Amén.

Reflexión: Cristo limpia y pone a punto los engranajes. Su perdón y su amor lubrican nuestro trabajo.

JF

Incoherencia

No practican lo que predican... Mateo 23:3

¡Es una incoherencia! decimos cuando algo es lo que se dice y otra cosa muy diferente o incluso contraria es lo que se hace.

Gracias a Dios, él no es incoherente. Es fiel y siempre veraz. Desde el Génesis hasta el Apocalipsis, siempre es el mismo Dios. Da amor y busca una relación sincera y estrecha con toda la humanidad.

En la iglesia, encontramos que no siempre es coherente el cuerpo –nosotros– con su cabeza, Cristo.

Somos humanos, cometimos, cometemos, y cometeremos errores. Sólo la gracia de Cristo nos puede salvar y corregir. Hinquemos nuestras rodillas, imploremos perdón. ¡Es tiempo de ser coherentes!

La razón de ser de la iglesia es llamar a los hombres al amor de Dios Padre, a través de Dios Hijo, Jesucristo, por obra y gracia de Dios Espíritu Santo. Como iglesia, ¿estamos llamando? ¿Cuáles son nuestras estrategias para alcanzar el objetivo? ¿Evaluamos y corregimos errores? ¿Entrenamos o engordamos? ¿Todas las actividades tienen como fin este objetivo?

¿Y en mi vida personal y familiar?

Cristo nos ama. Nunca es tarde para corregir. Afuera hay millones que desconocen el evangelio, ¡y sus almas están en peligro de perecer eternamente!

Si la gracia de Dios nos alcanzó, dejemos que siga fluyendo. Entrégate en manos de Cristo, el Espíritu hará la tarea a través de ti.

Hoy disfruto de la vida. El Espíritu fluye en mí.

Querido Padre, gracias por la bendición de una nueva oportunidad. Entréname, corrígeme, dame sabiduría y valor. Jesús, quiero ser coherente con tu objetivo. Espíritu Santo, dame pautas. Amén.

Reflexión: ¿A quienes les hablaré de tu amor? ¿Qué estrategias usaré?

JF

13 de agosto Marcos 1:35-39

Desierto

Jesús... se fue a un lugar solitario, donde se puso a orar. Marcos 1:35

En el desierto no hay nada. Nada. Nadie que vea, excepto Dios y yo. Es un buen lugar para encontrarnos.

Cristo sabía retirarse a solas para orar. Si, también en el desierto fue tentado. Pero ¡venció con la Palabra!

El desierto nos ayuda a sincerarnos, a presentarle a Dios todos los pecados que nos separan de él, y todo lo que nos duele. Encontramos orientación, luz a nuestros problemas, comunión que fortalece, aire puro que renueva. El tiempo en el desierto con Cristo es muy bueno. ¿Lo has probado?

Separa un tiempo, un día, un fin de semana. Agéndalo. Predispone tu espíritu con antelación. Será un tiempo de renovación espiritual. La Biblia limpiará tu camino.

Usa la ley de espejo, como la entendió Cristo. Permite que el Espíritu indague, confronte y purifique tu espíritu. Que su bisturí vaya al fondo, y saque todo lo que no sirve y enferma, los pecados que frenan tu comunión.

Escucha el evangelio. En él, Dios te regala la justicia que Cristo logró por ti. En natural y continua oración, adoración y ayuno, Cristo te escucha, sana tus heridas, lleva tus cargas. En su abrazo ves tu pequeñez y su grandeza. En su gracia que destila amor y paz, recréate, disfruta, toma aliento y nuevas fuerzas. En santidad encuentra el camino del gozoso compromiso. Dispón todo de ti para lograrlo.

Solo, con tu cónyuge, con tu familia, congregación, o grupo de trabajo, el desierto es un buen lugar para encontrarnos con Dios.

Hoy disfruto de la vida. Cristo, en el desierto, me potencia.

Querido Señor, moldea mi tiempo a solas contigo. Amén.

Reflexión: ¿Dónde está mi desierto?

JF

Autoengaño

¡...dicen: 'Estamos a salvo'! Jeremías 7:10

Se llama "retorno" al sonido que vuelve a quien lo emite. En un recital hubo problemas con el "retorno". Dos instrumentos estaban fuera de ritmo, y otro estaba desafinado. Como los instrumentistas no tenían retorno, no lo podían corregir.

¡Sonó horrible! Finalmente lo corrigieron... y ¡sonó fantástico!

Nuestra vida y comunión con Dios si no tiene "retorno" es desastrosa. Al pueblo de Israel le pasó lo mismo. Hicieron su música sin escuchar el retorno de Dios.

Tristemente creyeron que cumpliendo externamente los rituales, compraban la salvación. Jugaron con Dios.

Cuán lejos de la realidad podemos estar. Todo lo que hagamos sin amor será un frío trámite. Será algo que aparenta, que se muestra para los demás pero que no tiene firmeza. No sigamos los consejos de nuestro terco y malvado corazón. La obstinación como una cáscara vacía, no sirve de nada. Una comunión que se basa en pagos, cumplimientos, y obligaciones, es falsa. Podremos trabajar mucho, esforzarnos mucho, darlo todo y aún seguir sin retorno, en una falsa religión.

La comunión que vale es la que escucha a Dios, y conociendo su gracia, amor y perdón se entrega por completo a su voluntad, en amor. Cristo es nuestro retorno. Sí él está, todo suena fantástico. ¿Sientes amor por Cristo? Ésta es la esencia, la base, el punto de partida. ¡Avancemos! Llenos de Cristo tenemos una nueva oportunidad.

Hoy disfruto de la vida. En Cristo tengo retorno.

Señor, muchas veces no escuché tu Palabra, perdóname. Corona mi vida con santa comunión. Amén.

Reflexión: ¿Cómo afina y da ritmo el Espíritu a mi amor por Cristo?

JF

Sansón

Acuérdate de mí. Oh Dios, te ruego que me fortalezcas sólo una vez más. Jueces 16:28

Sansón fue juez de Israel en tiempos de escasa comunión. Antes de nacer, un ángel le anuncio a su madre estéril, como promesa de Dios: "Será nazareo y comenzará a librar a Israel."

Una vida desenfrenada, caminos alejados de Dios, la venganza entre sus ojos, fiestas paganas, sexo, fuerza y dones mal gastados, oportunidades despilfarradas. De nazareo sólo tenía la cabellera larga.

Pero la fidelidad de Dios seguía inalterable, la promesa permanecía, a pesar de los pecados de Sansón.

Los filisteos, enemigos de Israel, en aparente victoria vencieron a Sansón, pero éste fue el comienzo de su ruina. Sansón, aferrado a la promesa, clamó a Dios, y utilizando el don de la fuerza, comenzó a liberar a su pueblo.

Aprendemos de la historia de Sansón: Dios es fiel, cumple sus promesas y nunca es tarde para clamarle. Pero no esperemos a que nos saquen los ojos para darnos cuenta.

En la obra de Cristo tenemos el autógrafo del amor de Dios y su promesa de continua y eterna compañía. Que su Espíritu poderoso actúe en nosotros transformando nuestras mediocres vidas, para que en su gracia, todos nos gocemos.

Hoy disfruto, Cristo siempre fiel, transforma mi vida.

Señor, ¿cuánto he desperdiciado? ¿Qué puedo esconderte? Perdóname. Hoy tu gracia me da una nueva chance. Quita todas mis debilidades, ¡Santifícame! Quiero serte fiel. Amén.

Reflexión: Miro hacia atrás, veo derroches. Mis errores me enseñan el camino que no debo seguir. Seguro del perdón de Cristo, pongo las manos en el arado y miro hacia delante.

JF

Corrompido

Hemos pecado... nos hemos corrompido... Nehemías 1:7

Señor, ¿qué tengo para ofrecerte? Mis manos están llenas de pecado. Mi corazón es débil. Me rondan pensamientos que sinceramente deseo, ¡pero que están tan lejos de tu voluntad! No comprendo mis razonamientos y actitudes. Lo que no quiero, eso hago. Entiendo plenamente a Adán y a Eva. El diablo, el mundo y mi propio cuerpo me seducen. Cuántas tentaciones se me presentan tan dulces... pero finalmente su fruto es tan amargo y doloroso. Tú me conoces. Nada puedo esconderte. Sabes de mis luchas, conoces mis debilidades.

¡He pecado! Necesito, Señor, que me quites esta carga. ¡He intentado llevarla yo solo! ¡Ya no puedo más! Toma, Señor, hazla tuya. Nada bueno tengo para ofrecerte. Corrompido estoy por el pecado.

Padre, sabes cuánto me cuesta confiar verdaderamente en tus promesas. Si tu Espíritu no limpia mi alma, mente y corazón, no tengo salida. Jesús, que tu Palabra me transforme. Anhelo conocerte verdaderamente, caminar, sufrir y morir contigo. Obra en mí. Ayuda a mi débil fe. ¡Que tu poder me resucite a la vida nueva!

He tocado fondo. Confiar en ti es mi única salida. Estoy como soy, a tus pies. El sol de la santidad divina me consume. Me das alivio a la sombra de tu cruz. Tu sangre me limpia. Tu muerte hace mi justicia. Tu gracia me redime. ¡Cuánto amor tienes Señor! Respiro profundo, respiro un aliento nuevo, aliento de vida.

Hoy disfruto de vida nueva, siento el amor de Cristo.

Dios perdonador, ayúdame a confiar en ti en todo momento. Amén.

Reflexión: Tu amor me santifica. Libre, perdonado, amado, tu Espíritu me impulsa. ¡Quiero hacer tu voluntad en respuesta a tu gran amor!

JF

Reconciliación

Echen las redes a la derecha. Juan 21:6

Decepciones, abatimientos, fuerzas encontradas, marchas y contramarchas, problemas, dolor en el alma, dudas, una mezcla de todo un poco. Pero todo en un mismo sentido: un carozo que se rompe, una simiente que comienza a abrirse paso en medio de la oscuridad. Parir es un momento de crisis, una fuerza que se contrae, dilata y empuja, no se puede frenar, se abre camino, nace.

Pedro estaba en crisis. Noches atrás, el gallo cantó señalando negación. Orgullo hecho pedazos. Decepciones, abatimientos, miedos...

¿Cómo enfrentar al Señor?

Toda la noche la red subía vacía. Trabajo inútil. Pesca infructuosa. Solos. Nada.

El Maestro, dándole vida, en medio de la vorágine de su alma, grita: a la derecha. ¡Qué diferencia! Con Cristo la red sale repleta. Una historia conocida se repite (Lucas 5). Marca un nuevo comienzo.

No hay reproches, ni acusaciones, ni "¡Te lo dije!", ni juicio, ni condena. Hay amor en su mirada. ¿Me amas? ¡Qué molde! Pero... amarte es demasiado, no me atrevo, me alcanza para un te quiero... ¿Me amas? Señor, tú sabes que te quiero.

Restaurar. Quitar todos los muros del miedo, del pecado, de la separación.

Si esa madrugada un gallo cantó, sonó, en el corazón de Pedro, muy diferente. Recordó el dolor del pecado de ayer pero reafirmó el amor, la paz, el gozo, de la reconciliación.

Cristo hoy te pregunta: ¿Me amas? ¿Qué le respondes? No hay pecado que espante al gallo de la madrugada. Deja el pasado. ¡Cristo te ama!

Hoy disfruto de la vida. ¡Cristo me ama!

¿Dónde tiro las redes, Señor? Dirígeme. Amén

Reflexión: El gallo no sólo canta para mí.

JF

Estudio

Recibieron el mensaje con toda avidez. Hechos 17:11

Combinando teclas en una computadora logramos realizar tareas complejas, de forma muy simple. ¡Pero necesitamos la combinación! Qué alegría cuando la encontramos ¿no? Resultado de investigación autodidacta, un curso, o alguien que te enseñó. Lo importante es ¡tener la fórmula y aprovecharla!

La vida sin Dios es muchísimo más complicada que el trabajo en una computadora, aunque muchas veces nos auto engañamos. Nuestro corazón sabe de la existencia de un ser superior y una vida eterna, y no alcanza la paz hasta que no encuentra el camino hacia ella. Si encontrar una fórmula que te ahorre trabajo en la computadora te alegra, ¿te puedes imaginar el alegrón de quien encuentra la fórmula para estar en paz con Dios eternamente?

Cristo es la fórmula. Conocerlo, vivir en su amor y verdad, es incomparablemente lo mejor que nos puede pasar. Por eso, en forma autodidacta, con tu familia, la iglesia-hogar, estudios en la iglesia, escuela bíblica, cursos por extensión en una escuela teológica, puedes aprender más de su amor. Lo importante es profundizar, investigar, escudriñar, analizar, conocer y disfrutar más del amor de Dios en Cristo, a través del estudio de la Biblia. Redundará no sólo en alegría para tu propia vida sino para cuantos te rodean. Porque aquí también lo importante es vivir la fórmula.

Hoy disfruto de la vida, Cristo se revela en la Biblia.

Querido Señor, los hermanos de Berea ávidamente estudiaron las Escrituras, da a tu iglesia hoy el mismo Espíritu. ¡Llénanos de tu amor! ¿Con qué lo podemos comparar? Sé tú nuestro maestro. Amén.

Reflexión: La Palabra revela los planes que Dios tiene para nosotros.

JF

Redimido

Tampoco yo te condeno. Juan 8:11

Entre fariseos y maestros le tendieron una trampa a Jesús. Pero ellos quedaron enredados. Apelaron a la ley de Moisés. Jesús reorientó el espejo, incluyéndolos. Mirándose vieron sus propios pecados. Uno a uno, los más viejos primero, todos se fueron. Jesús no avala el adulterio, tampoco la hipocresía.

"Tampoco yo te condeno" son las palabras más dulces que un pecador contrito puede escuchar. Alivio, paz, vida. Gracias a Jesús la mujer esquivó la muerte, tú y yo también. Sabíamos del amor de Dios. Ahora palpamos en cuerpo y alma su gracia y salvación.

Excede los razonamientos. Afecta, transformando nuestro espíritu, visión y rumbo. Una nueva oportunidad. Pero no de cero. Ya tenemos experiencias, sabemos dónde están nuestras debilidades.

Experimentamos el placer del pecado traicionero que gestó amargo dolor, caída, separación, llevándonos al borde del propio infierno.

Como la mujer, llegamos a Cristo con el título de "pecador". Nadie nos lo quita. Pero gracias a una gracia inmerecida, enfrentamos al mundo con la credencial de "redimido". Herederos, por la obra de Cristo, tenemos vida eterna.

Cristo no nos condena. ¡Nosotros tampoco nos condenemos ni a nosotros mismos ni a nadie! Libres de la esclavitud del pecado, renovados, andemos por amor en vida nueva.

Hoy disfruto de la vida, Cristo me perdonó.

¡Te alabo, Señor, por tu inmenso amor! Gracias por cambiar mi destino. No permitas que nada del mundo me haga abandonar tu camino. Con pensamientos y visión renovados, te sirvo con amor. Amén.

Reflexión: Si la paz eterna estuvo en riesgo, si Cristo me rescató y no me condenó. ¿Volveré a mis viejos caminos?

JF

Día del perdón

En eso, uno de los que estaban con él extendió la mano, sacó la espada e hirió al siervo del sumo sacerdote, cortándole una oreja. Mateo 26:51

Observamos en nuestra lectura: 1) el lugar llamado Santo donde el sacerdote sacrificaba el cordero; 2) el lugar Santísimo, residencia del trono de Dios que se separaba del anterior por una cortina o velo del santuario, el cual no se debía franquear, salvo el día diez del mes séptimo "día de la gran expiación". En este lugar se hallaba el arca del pacto donde se encontraban las tablas de la ley o los Diez Mandamientos; 3) el atrio donde se congregaba el pueblo.

Todos los años en ese día el sacerdote sacrificaba el cordero y trasponiendo la cortina, rociaba siete veces la tapa del arca, llamada propiciatorio, con la sangre de la víctima. Así, las tablas de la ley, que evidenciaban el pecado del pueblo, y encendían el enojo de Dios, no tenían su poder acusador: los ojos de Dios ya no veían las infracciones del pueblo reunido, sino antes veía la sangre de un inocente cordero que había sido inmolado por ellos. Dios se volvía a ellos propicio. Esta ceremonia se repetía todos los años, pero llegó el día en que Cristo, nuestro Señor, como sacerdote y cordero a la vez, se sacrificó a sí mismo en el altar de la cruz una vez y para siempre. Al exclamar "consumado es", el velo del santuario se rasgó en dos en el preciso momento en que la desgarrada carne del cordero perfecto derramaba su sangre para borrar para siempre los pecados de toda la humanidad, señalando así un "acceso directo" al trono de Dios donde Jesús por nosotros intercede ante el Padre celestial.

¡Gracias, Señor Jesús, por ser nuestro abogado intercesor! Amén.

WS

Año de reposo

Así que no se preocupen diciendo: "¿Qué comeremos?" o "¿Qué beberemos?" o "¿Con qué nos vestiremos?" Mateo 6:31

La ciencia, tantas veces reñida con la Palabra, ha podido comprobar la sabiduría divina en la necesidad del descanso. La Biblia señala cada séptimo día un día sabático, cada séptimo año un año sabático, y cada siete veces siete un jubileo. La medicina ha podido comprobar la necesidad del descanso diario, y un día de descanso semanal; quien se esfuerza en trabajar cuando debe darse el descanso, notará su consecuencia (agotamiento, estrés). La ingeniería agrícola ha comprobado la necesidad de la rotación de los cultivos y el descanso de la tierra en períodos de siete años. Donde no se da, el Señor se encargará de obligarlo: en todos los sectores agrícolas, a cada tanto se produce una devastadora sequía o una terrible inundación que obliga al descanso de la tierra. En los versículos 21-22 el Señor es suficientemente claro y preciso respondiendo al escéptico: "¿Qué comeremos si no sembramos?" ¡Cada sexto año cosecharán para abastecerse para el año sabático! El maná en el desierto era ya una evidencia de la provisión divina: la lluvia del "pan del cielo" del sexto día servía para el "día de descanso" (Éxodo 16:16-30). ¡Magistral figura de Cristo!

Lo que el hombre hace cuando no debe hacer, tendrá su perjuicio; si obediente a los designios de Dios descansa en la gracia de las dádivas divinas, recibirá su favor y beneficio.

¡Qué gran consuelo es saber que todo está hecho, que tenemos un depósito para un jubileo eterno en Cristo!

Señor Jesús, ¡eres nuestro reposo en nuestros días y en la eternidad! Amén.

WS

La rebelión de Coré

Él mismo constituyó a unos, apóstoles; a otros, profetas; a otros, evangelistas; y a otros, pastores y maestros. Efesios 4:11

No existen vivencias en la crónica israelí que no tenga su analogía con la iglesia combatiente. Moisés y Aarón fueron los elegidos por Dios para la liberación de su pueblo, y su conducción a la tierra prometida. Pero Coré y sus partidarios pretenden usurpar esa función. Eran levitas, tenían sus respectivos cargos (Números 4), pero se sublevan arrastrando tras sí otros secuaces. Sabemos cuál es el trágico fin de estos rebeldes; historia que sirve de advertencia a la iglesia, la Israel actual.

Cada miembro, al igual que en un cuerpo, cumple su función sin salir de ella y lo hace con esmero y dedicación. Es necio que el ojo pretenda las funciones del oído y que la oreja pretenda caminar. Es un error suponer que todos han de ocupar un cargo de distinción o que cada uno quiera elegir su lugar en el cuerpo. Esto es entera y absoluta cuestión de los designios de Dios: "Dios colocó cada miembro del cuerpo como mejor le pareció" (1 Corintios 12:18).

Cada uno en el cuerpo cumplirá su función con humildad; cuando sufra el miembro más insignificante, lo sufrirá también el más honorable, todos en Cristo son uno.

No faltarán emisarios de Satanás que traten de debilitar el cuerpo haciendo surgir promotores de sediciones y descontentos, con el fin de elevarse a sí mismos. En tal caso, dejando la distribución de los dones en manos del Señor, ejerciendo la disciplina que la Palabra enseña (1 Corintios 5:4-5), el cuerpo gozará de salud.

Señor, que ejerzamos con humildad y alegría la función que nos has asignado. Amén.

WS

Vara de Aarón

Mediante este evangelio son salvos, si se aferran a la palabra que les prediqué. De otro modo, habrán creído en vano. 1 Corintios 15:2

La rebelión de Coré mostró el espíritu de descontento y envidia que había en algunos por el privilegio de mando de Moisés y el sacerdocio de Aarón. El Señor es quien había ordenado a Aarón y es él quien ahora de una manera portentosa demostrará simbólicamente qué tribu y familia era elegida para perpetuar el sacerdocio.

La vara seca, muerta de Aarón, reverdece, florece, y da frutos de un día al otro: elocuente y definitiva demostración de la elección divina, ¡sin lugar a dudas!

La vara seca y muerta es la imagen natural de Israel y de cada uno de nosotros; el hombre natural está incapacitado, no tiene vida ni poder; la vara de almendro reverdecida de Aarón es a su vez un maravilloso tipo de nuestro Señor Jesucristo y su obra redentora.

El almendro tiene una singular característica: su florecimiento como primicia de primavera, se anticipa a todas las demás especies cubriéndose de blancas flores al final del invierno. Así, nuestro Señor fue "primicia de resurrección" muy temprano antes del amanecer del primer día, para que todos los que estábamos "secos y muertos" podamos de igual manera volver a la vida en una florecida primavera en el día de la resurrección de los justos, cuando el Señor regrese en gloria.

La vara de Aarón fue colocada en el arca junto a la tabla de la ley, no sólo para confirmar el sacerdocio aarónico, sino para significar que así como por la ley somos muertos, por la resurrección de Cristo tenemos vida espiritual y eterna.

Señor, ¡eres nuestro sumo sacerdote para siempre! Amén.

WS

Bartolomé

Si alguien reconoce que Jesús es el Hijo de Dios, Dios permanece en él, y él en Dios. 1 Juan 4:15

Hoy recordamos a uno de los 12 apóstoles del Señor, quizá uno de los de menos referencia protagónica. Tradicionalmente se lo identifica con Natanael, el amigo de Felipe, quien lo presentara al Señor. Existe además otra característica: en la lista de los apóstoles siempre a Bartolomé se lo menciona junto a Felipe. Convengamos que Natanael "hijo de Tolomeo" sea "Bartolomé", de quien el único relato en los evangelios, lo hallamos en la lectura de hoy.

Bartolomé era un verdadero israelita, íntegro, transparente, pero tenía sus reservas y sus dudas: Jesús le era recién presentado por su amigo Felipe como "el Mesías esperado", y tropieza con un detalle, Jesús era de Nazaret, y su conocimiento le indicaba que de ese poblado nunca se había levantado un profeta.

Pero su prejuicio se diluye ante la primera impresión directa del maestro de quien, a partir de ahora, sería su discípulo: el Señor manifiesta una de las cualidades divinas, su omnisciencia; no sólo conocía el lugar en que se encontraba, sino que conocía lo profundo de su corazón.

Es posible también que tengamos prejuicios apresurados, pero si dejamos que el Señor intervenga en nuestras vidas, no dejaremos de tener –gratamente asombrados– una manifestación de su divinidad: su misericordia, su gracia, su compañía, su compasión y su amor.

Quizá no tengamos mucho protagonismo histórico en nuestro peregrinar con el Señor, pero él se satisface que en cada actitud de nuestra vida quede marcada la confesión de Natanael:

Señor: ¡tú eres el Hijo de Dios, el Rey de Israel! Amén.

WS

Futuro

No se inquieten por nada; más bien, en toda ocasión, con oración y ruego, presenten sus peticiones a Dios y denle gracias. Filipenses 4:6

El mundo con su vertiginosa carrera y su accionar alocado no deja vislumbrar más que inseguridad para los días venideros. La pequeña manada, la santa iglesia cristiana en medio de él sólo observa esperanza y seguridad, no precisamente en la dirección del mundo, sino en las promesas de Dios. La seguridad de la salvación, el suave descanso espiritual en la gracia y el perdón de Cristo le son todo, aunque la oposición del mundo a través de las cosas temporales tratan de eclipsarlo.

Es verdad que los días son inciertos, que desconocemos dónde y en qué situación nos encontremos mañana, pero teniendo la seguridad en lo espiritual, lo temporal no debe ser de preocupación, como lo señalara el Señor en su mensaje en la montaña.

La situación de la pobre viuda era extrema, algo similar a lo que pueda llegar a suceder en nuestros días (remate de la propiedad, enfermedad, falta de trabajo). El milagro sucedido ante la intervención del profeta suena a ficción a los oídos del mundo. Si el Señor nos ha enseñado que no debemos preocuparnos por el mañana en cuestiones temporales, es porque nos quiere recordar que él es el mismo ayer, hoy y siempre; y así como se dio en aquel entonces un milagro inusual jamás visto en beneficio de quien "acudiera al profeta", así también, acudiendo al Señor en oración, ¿sería distinta su respuesta? ¡Bástenos su gracia, su perdón, su misericordia, su cielo! ¡Lo demás vendrá por añadidura a su modo y a su tiempo!

Tus maravillas se renuevan cada mañana, Señor. ¡Siempre esperamos en ti! Amén.

WS

¡Ése soy yo...!

Porque el Hijo del hombre vino a buscar y a salvar lo que se había perdido. Lucas 19:10

En cada historia, en cada hecho de Jesús narrado en los evangelios encontramos un paralelismo con nuestra vida y la misión del Hijo del hombre.

Jesús desembarca en la otra orilla, ¿y qué es lo que encuentra en ella? A un hombre atormentado por un ejército de demonios, y a una población ocupada en sus tareas al margen de la ley (Levítico 11:7).

El hombre natural no puede por sí mismo desatarse de las ligaduras del diablo desde la caída en el Edén, y no tiene reparos en desatender la ley impuesta por Dios. Jesús vino a nuestra orilla para revertir esta situación. Por su gran compasión liberó a este pobre hombre de su prolongado flagelo. La muchedumbre testigo de tan grande acto de amor no veía al "hombre sanado, vestido y en su sano juicio", sino a su capital arruinado, a los cerdos muertos en la orilla del lago. Así el mundo rechaza al Señor y a los por él enviados. ¡Qué contraste con el hombre sanado! ¡Cuánta necesidad de estrecho apego a su Salvador!

Los alumnos de Jesús –sus 12 discípulos– fueron testigos de la escena pero no protagonistas en la narración. Eran los estudiantes de teología de nuestros días; pero el Señor encuentra un gran evangelista en este hombre, a quien le encarga una gran misión: ¡Sólo debía proclamar las grandes cosas que el Señor había hecho con él!

La población de los gergeseos volvió triste llorando su capital perdido. El bienaventurado hombre sanado, partió feliz en su misión. ¿Con quien te identificas? ¿Qué ha hecho el Señor contigo?

Te seguiré, Señor, de una manera especial: ¡proclamándote! Amén.

WS

Desesperanza

Cuídense, hermanos, de que ninguno de ustedes tenga un corazón pecaminoso e incrédulo que los haga apartarse del Dios vivo. Hebreos 3:12

El negativo informe de los espías motivó que la comunidad israelita se pusiera a gritar y llorar. ¿Qué podía esperarse en aquellos que sólo veían gigantes y a sí mismos como langostas? ¡Es lo más lógico cuando están abandonados al dominio de la negra incredulidad!

¡Qué distinto es el escenario al ser librados de los egipcios en Éxodo 15! Allí cantaron: "El SEÑOR es mi fuerza y mi cántico... Él es mi Dios. ...las naciones temblarán... los cananeos perderán el ánimo, pues caerá sobre ellos pavor y espanto." Ahora son los israelitas los que están dominados por "pavor y espanto", y ante una situación quizá inferior que a orillas del Mar Rojo. ¿Cómo puede haber un cambio tan abrupto? Muy sencillo: allí estaban bajo la influencia beneficiosa de la fe, aquí bajo las consecuencias nefastas de la incredulidad.

Esto no es más que un fiel reflejo de la situación fluctuante del pueblo de Dios de todos los tiempos. San Pablo dice: "Todo esto sucedió para servirnos de ejemplo" (1 Corintios 10:6).

¿No somos nosotros hoy igual que Israel, propensos a olvidar los beneficios y la mano protectora de Dios y ante la más leve sombra de supuesta dificultad lloramos despavoridos? ¿Por qué nosotros, convencidos que en Cristo tenemos ya la batalla ganada y el cielo abierto, en lugar de lamentarnos por cuestiones temporales, no cantamos alabanzas por ser dueños de una herencia eterna?

Para quienes la fe es una constante, las dificultades les resultan un motivo más para observar luego el despliegue maravilloso del poder y el amor de Dios.

Señor, mantenme firme en la creencia de que tú tienes mi vida bajo control. Amén.

WS

Volver a Egipto

Pero mi pueblo no me escuchó; Israel no quiso hacerme caso. Por eso los abandoné a su obstinada voluntad, para que actuaran como mejor les pareciera. Salmo 81:11-12

Cuando desaparece la fe, y la visión de Dios es nula, la mente no tiene otro horizonte que "volver a Egipto": preferir la esclavitud del pecado y su consecuencia antes que descansar en los caminos de Dios.

La incredulidad de Israel en el desierto demostró dos fases: 1) en el Sinaí hicieron un becerro de oro y dijeron: "Aquí tienes a tu dios que te sacó de Egipto"; es la faz supersticiosa que también en nuestros días se manifiesta al creer en amuletos de suerte y predicciones astrales. 2) Ya a orillas del Jordán, la incredulidad manifiesta su independencia voluntaria de Dios: "Escojamos un cabecilla que nos lleve a Egipto." Si podían creer que un becerro de oro los había liberado de Egipto, no es de extrañar que quieran escoger "otro guía".

Pero gracias sean dadas a Dios que siempre ha preservado en su pueblo fieles siervos llenos de fe y valor. ¡Qué hermoso es el testimonio de Josué y Caleb en los versículos 6-10! Pero aquellos que se guían por la fe y la verdad, sufrirán su noble consecuencia. El pueblo como respuesta, como no amaba la verdad, habló de lapidarlos. ¿No nos sucede también hoy lo mismo dentro y fuera de las filas de la iglesia? Recordemos al Señor: "El que quiera ser mi discípulo, tome su cruz..." Nos consuela saber que la verdad no puede destruirse, la verdad es Cristo mismo que reina para siempre.

Que las consoladoras palabras del Señor en su sermón de la montaña nos alienten siempre (Mateo 5:12-14).

Señor, que vivamos siempre en la verdad, ¡tú eres la pura verdad! Amén.

WS

Gracia, perdón, pero...

Todo el que peque, merece la muerte, pero ningún hijo cargará con la culpa de su padre, ni ningún padre con la del hijo: al justo se le pagará con justicia y al malvado se le pagará con maldad. Ezequiel 18:20

El rechazo del Señor por el pueblo incrédulo dio lugar a la posibilidad de que Moisés tenga el alto honor de ser jefe y fundador de una nueva nación. Ya el Señor lo había propuesto (Éxodo 32:10), pero es también la segunda vez que el fiel siervo Moisés muestra porqué él sería un tipo del Mesías (Deuteronomio 18:15).

Despojado de todo egoísmo, sólo deseaba la gloria de Dios (vv. 13-16); prefería que su propio nombre sea borrado del libro de la vida antes que el santo nombre de Dios pueda llegar a ser blasfemado entre las naciones paganas, que lleguen a decir "el Dios de los hebreos no ha podido..."

Pero no sólo esto; Moisés se preocupaba por el bienestar de su pueblo e intercede por él: "Por tu gran amor te suplico que perdones a este pueblo tal como lo venías haciendo desde que salió de Egipto." Comparemos estas palabras de Moisés con las del Señor Jesús en Mateo 18:22.

La respuesta del Señor es consecuente con la petición: 1) "Me pides que les perdone, y los perdono." 2) "Juro... por mi gloria que llena toda la tierra..." (v. 21). La gloria de Dios es mantenida, y en base a ella, el despliegue maravilloso de la gracia perdonadora. Pero la santidad y la gloria de Dios exigía algo más. La consecuencia del pecado es tan natural como la sombra al cuerpo: "¡Ninguno de los que me despreciaron" verá jamás la tierra que he prometido a sus antepasados! (v. 23).

El Señor Jesús intercede hoy por nosotros y recibimos su perdón, pero... ¡el pecado siempre deja sus consecuencias!

Gracias, Padre celestial, por caminar con nosotros y hacer más llevadera las consecuencias de nuestro pecado. Amén.

WS

El cruce del Jordán

Como podemos ver, no pudieron entrar por causa de su incredulidad. Hebreos 3:19

La suma de rebeliones y murmuraciones dieron como resultado el justo juicio de Dios. Israel estaba a orillas del Jordán y no debía hacer más que pasar y tomar posesión de la tierra prometida. Felizmente lo hubiera hecho si obedecía la sabia sugerencia de Caleb: "Si el SEÑOR se agrada de nosotros, nos hará entrar en ella." Pero como la incredulidad lo dominó, sufrió su consecuencia: ¡Cuarenta días de espionaje, cuarenta años deambulando por el desierto! Era el deber de Israel subir resueltamente y tomar posesión del país, y fue castigado por no haberlo hecho; sus cuerpos cayeron en el desierto porque no tuvieron fe en entrar en el país.

Ciertamente que esto nos ofrece una solemne lección. Cristo ya combatió por nosotros y no tenemos más que en espíritu tomar posesión de la tierra prometida (San Pablo: "Somos ciudadanos del cielo", Filipenses 3:20). Siempre se toma como tipo del "cruce del Jordán" a la muerte física, está bien, pero... ¿en el cielo habrá lucha? El tomar posesión de Canaán nos muestra otra figura: la generación joven al mando de Josué "pasó el Jordán" tomando posesión de la tierra prometida, pero para ello debían ¡luchar! Así también la iglesia combatiente está en el mundo pero no es del mundo; peregrinamos en el desierto (mundo) pero en espíritu tomamos posesión celestial luchando contra naturales enemigos espirituales del cuerpo de Cristo.

Cristo es nuestro "paso del Jordán". El Espíritu Santo es nuestra fuerza de lucha con las eficaces herramientas que nos provee (Efesios 6:10-18).

Señor todopoderoso, gracias por hacerme parte de una iglesia combatiente que ya tiene la guerra ganada en tu Hijo Jesús. Amén.

WS

No peques

Vete y no vuelvas a pecar. Juan 8:11

El pecado no es un juego, es catapulta a la condenación. Confrontada con el pecado, viendo que la muerte se restregaba sus manos, que la justicia humana seleccionaba piedras y que el infierno apetecía su alma, ¿qué había en el espíritu de la mujer pecadora? Si hubiera manifestado altanería, orgullo, soberbia, vanidad, otra habría sido la historia.

Manifestó vergüenza, miseria, humillación, dolor y pesar, frutos de un arrepentimiento sincero. Cristo plasmó las bienaventuranzas en pocas palabras: "Tampoco yo te condeno." Pero no quedó allí. Después de esta absolución, fue más lejos: "Vete y no vuelvas a pecar."

A nuestro arrepentimiento, Cristo responde igual. Aunque somos por naturaleza débiles pecadores, a nuestra debilidad se le contrapone el poder de Dios que no conoce imposibles. Aprovechemos la nueva oportunidad que tenemos. Cristo está en nosotros. Somos nuevas criaturas. Su amor tan grande nos educa a vivir de otra manera. Tenemos aversión por el pecado, conocemos su principio y su fin.

El diablo arremete con duras pruebas y tentaciones, puede ganar batallas, dejar marcas, heridas. Por gracia de Cristo, lucho contra mi carne, cierro puertas, evito situaciones, lugares, compañías tentadoras. El Espíritu me sana y fortalece. Estoy seguro, Cristo me hace vencedor.

Hoy, libre por Cristo, disfruto de la vida.

Gracias, Señor, porque tu bondad reina haciéndome justo y dándome vida eterna. Guíame a conocerte más, a vivir en tu presencia en santidad, unido a Jesucristo. Amén.

Reflexión: Mis pecados, ¿adónde me conducen? ¿Vale la pena volver a las viejas cadenas, arriesgarme nuevamente, exponerme a nuevas caídas? Por el amor a Cristo, ¡claro que no!

JF

Conversión

Tú le serás testigo ante toda persona. Hechos 22:15

Saulo desde la niñez fue un buen ejemplo, estudioso y aplicado. Perteneció a la estricta secta de los fariseos. Convencido de que debía combatir a los cristianos, los perseguía por todos lados, llegando incluso al extranjero, encarcelándolos y aprobando su tortura y muerte. A otros los buscaba en las sinagogas y los obligaba a blasfemar. Un verdadero dolor de cabeza para muchos creyentes. Saulo era celoso, audaz, firme, sincero, guiado y haciendo la voluntad de Dios... en su opinión.

¿Qué harías tú por un hombre con estas cualidades?

Dios no descartó ni su alma ni su cúmulo de características. Prefirió reordenarlas, reorientarlas y enviarlas con una nueva misión. Saulo, el judío perseguidor, fue convertido en Pablo, el cristiano predicador a los gentiles. Éste no sin las experiencias, aciertos, errores, fuerza y conocimientos de aquél. ¡Y funcionó! Movido por el Espíritu entregó cuerpo y alma por Cristo, por su mensaje para que todos conocieran la salvación.

No seamos sabios como Saulo. Dejemos nuestras verdades. Permitamos que la verdad de Dios nos guíe. Aprendamos: ¡nadie queda afuera de la gracia y el perdón de Cristo! Todos podemos estar sinceramente equivocados. Permitamos que Dios nos transforme. Como Pablo, colaboremos siendo instrumentos de transformación.

Hoy disfruto. Cristo no me rechaza, me da una nueva vida.

Querido Señor, todos los seres humanos pueden ser transformados, aún tus más empedernidos enemigos. Guíanos a amar a quienes hoy te rechazan y nos persiguen. Tu poder no tiene límites, tampoco tu amor y perdón. Amén.

Reflexión: Hay cosas que son fáciles de entender, difíciles de aplicar. Sólo con Cristo lo podremos lograr.

JF

Micaías

¡Tomen nota todos ustedes de lo que estoy diciendo! 2 Crónicas 18:27

La historia de Micaías en la Biblia es muy pequeña, pero su ejemplo es muy grande. Como miembros de la familia de Dios nosotros también conocemos su voluntad, somos profetas al mundo. En nosotros está entonces proclamarla. Micaías usó un tono o una forma que delató que era una mentira la "verdad" que Acab quería oír. Por lo que el texto nos enseña, ésta era ya su costumbre. Micaías, fiel a Dios, enfrentaba de alguna manera a los cuatrocientos profetas, con sus mismas palabras. Busquemos y afirmémonos en Dios. Su salvación, amor y protección son nuestro verdadero escudo. No temamos lo que los hombres puedan hacer. Fieles a Dios compartamos su verdad. Cuatrocientos o más pueden ser los que nos quieran abofetear también a nosotros. Estaremos aparentemente solos, pero muy bien acompañados. Con tranquilidad de conciencia compartimos la palabra de Dios. Su obra redentora, sus promesas, y su santificación, son la gran verdad que todo el mundo necesita escuchar para ser salvo. Algún poderoso rey nos encarcelará pero estaremos seguros y tranquilos, ningún poder se compara con Dios. Al final la única verdad prevalecerá.

Hoy disfruto de la vida. Cristo proclama su verdad a través de mí.

Querido Señor, hay temores que frenan mi proclamación. Afírmame. Que tu Espíritu me guíe para vencerlos. Hay muchos Acab disfrazados, profetas que susurran otro mensaje, todos necesitan tener al menos la oportunidad de oír tu verdad. Por ellos también moriste tú Señor. Moldéame como a Micaías. Habla a través de mí. Amén.

Reflexión: ¡Tomen nota todos ustedes de lo que estoy diciendo!

JF

Ofrenda

...se entregaron a sí mismos... 2 Corintios 8:5

Que mi ofrenda no ofenda al Señor. No es un impuesto, ni el pago de una cuota, ni un plan de ahorro o capitalización. No es una pesada obligación.

Es parte de la acción de gracias a Dios por las bendiciones recibidas. Por su fidelidad a pesar de mi infidelidad, por su comunión, perdón y vida a pesar de mis pecados. Porque Cristo se ofrendó rescatándome aunque no lo merezco en absoluto. Porque él es Dios todopoderoso y todo lo que tengo en esta vida, salud o enfermedad, familia o soledad, alegría o tristeza, bienes o pobreza, vida o muerte, dones y aún el hambre espiritual, proviene sólo de su bendita mano. En respuesta a lo que él me ha dado no sólo le ofrezco parte de mis bienes sino también mi vida, mis dones, mi tiempo. Si los tengo, es porque él me los presta para que los administre. ¿De quién son entonces?

Muchos aún están afuera. Por sus almas Cristo ofreció su vida. Valen mucho más que todos mis bienes terrenales juntos. Cristo se ofrendó, ¿Qué ofreceré yo? ¿Cuánto porque un alma lo conozca? De gracia he recibido, me doy de corazón.

Quienes han estado encarcelados conocen el profundo valor de la libertad.

Hoy disfruto de la vida. Mirando a Cristo, el Espíritu me guía en mi administración.

Perdón por mi egoísmo. Me entrego a ti, Señor. Amén.

Reflexión: Cuando me doy, me importa más la necesidad del otro que lo que yo tengo. Cuando teniendo la posibilidad de dar no doy, mi egoísmo es mayor que mi amor.

JF

¡Astutos!

Pescadores de hombres. Marcos 1:17

Se desató la persecución. Manifestar a un extraño que el Señor de mi vida es Cristo puede resultar tan caro como la hoguera, la cruz, mi cabeza rodando suelta, o ser anatema. El Señor prometió que estaría con nosotros hasta el fin del mundo, que todo ayuda a bien, y que muchas almas serán rescatadas si proclamamos su amor y perdón. ¿Qué haremos? Ni exponernos a ser presa fácil, ni callar. ¡Astutos!

La historia de la iglesia es interesantísima. Con simples símbolos los cristianos proclamaron su fe, formando pequeñas células de predicación secreta. Uno de estos símbolos fue el pez, que en griego se escribe *ijzis*. Los discípulos fueron llamados a ser pescadores de hombres. Los peces estuvieron presentes en varios milagros, ¿recuerdas alguno? *Ijzis* es una hermosa sigla. Cada letra representa las siguientes palabras: "Jesús, el Cristo, Hijo de Dios, Salvador." Dos pequeños arcos opuestos dibujados en el suelo, le daba a los creyentes pié para transmitir un grandioso mensaje. Los creyentes nunca se dieron por vencidos a pesar de las más duras adversidades. Cada uno en su tiempo y lugar desarrolló astutamente alguna manera de transmitir el mensaje. Nosotros somos hijos de Dios como aquellos. A nuestro alrededor hay muchos que necesitan su amor, tenemos muchas adversidades, por fuera presiones, por dentro temores. No somos en nada diferentes. Permitamos que el Espíritu nos dé astucia para proclamar. ¡Neuronas: a trabajar!

Hoy disfruto de la vida. Con astucia divina proclamaré el amor de Cristo.

Querido Señor, tu amor y salvación son realidades que el mundo necesita conocer. Bendícenos. Queremos proclamar y manifestar tu amor. Amén.

Reflexión: ¿Qué mejora la pesca?

JF

Construcción

...ustedes son como piedras vivas, con las cuales se está edificando una casa espiritual. 1 Pedro 2:5

Con las ideas en el aire no es fácil construir y que todo quede bien. Las ideas plasmadas en un papel nos permiten ver con antelación, evaluar, corregir.

Los seres humanos sin Cristo en primer lugar, construimos en el aire, nuestra construcción no soporta mucho tiempo. Dios en su Palabra extiende sus planos ante ti. Observa, estudia cuidadosamente, evalúa con antelación, permite que él corrija. Confía, pon toda tu confianza en Jesús, el constructor. Mira los planos con fe, seguro. A su tiempo, ya no serán promesas en papel. Disfrutarás la construcción, completamente terminada, por toda la eternidad.

¿Has encontrado tu lugar en los planos? Entrega con amor tu granito de arena, tu piedra viva. Quizás nadie se percate de que estás. Quizás los revoques te tapen. Entrega tu apoyo aunque no haya honores. El Señor sabe que estás allí. Si no estuvieras habría un agujero. La pared sería más débil, entraría frío, calor o polvo. Si Cristo te dio ese lugar, si él te rescató, si quiso usarte, nada se puede interponer entre su amor y tú. Confía, con Cristo como constructor, jamás serás defraudado.

Hoy disfruto de la vida, soy una piedra viva con la que Cristo construye.

Perdón por las veces que he aceptado otros constructores, otros planos. Señor, tú has planificado un lugar para mí en tu gran construcción. Que tu Espíritu me guíe para dar lo mejor de mí. Amén.

Reflexión: ¿Quién es la piedra angular? ¿Para quién es piedra de tropiezo? Comparar Hechos 4:11-12.

JF

Desaliento

¿Qué diremos frente a esto? Romanos 8:31

Platos fuertes y abundantes de pequeños problemas sin resolver alimentan un espíritu desganado a todo. Situaciones fuertes, que de alguna manera se sobrellevaban, que parecían estar superadas, a las que se les suman nuevas situaciones, socavan columnas. La abundante información negativa y las pobres expectativas personales inconclusas corroen ideales. La vida sin planificación, ni futuro, ni esperanza, ni posibilidades, quitan el impulso de muchos. Los castillos en el aire caen como bomba barriendo todo a su paso, destruyendo sueños e ideales. Vivir en carne propia el desaliento no es nada fácil.

¿A qué dios hemos conocido? ¿Qué dios ha manejado mi vida?

Dios desde el principio está dando aliento de vida a la humanidad. A toda adversidad ofrece una maravillosa salida, aunque a veces dista mucho de la esperada. Ejemplos y promesas tenemos a rebosar, pero ¿qué haremos con ellas? ¿Quedarán encerrados en las Escrituras? Es tiempo de desempolvar la Biblia, de ceder el trono de nuestra vida al que realmente le corresponde, sumirme a su autoridad, amor, perdón y gozo. Es tiempo de tomar verdadera conciencia de cada palabra del Credo Apostólico; de conocer los planes de Dios y de atrevernos por ellos verdaderamente. Aceptar los desafíos que el Espíritu nos presente, y obrar en consecuencia. Cristo nos invita a nacer de nuevo.

Hoy disfruto de la vida. Por Cristo vivo.

Señor, me desconozco a mí mismo. ¡Cómo pesa esta cruz! Tu Espíritu me alienta. Tu mirada, cargada de amor, me da nuevas fuerzas. Vislumbro vida nueva. Todopoderoso Dios, quiero confiar más en ti. Amén.

Reflexión: A cada paso, en todas mis situaciones, me pongo las sandalias de Cristo.

JF

Gorriones

...aún el gorrión halla casa cerca de tus altares. Salmo 84:3

Cada mañana los gorriones esperan que se abra la puerta de nuestra cocina. Diariamente tiramos migas de pan. Si nos quedamos junto a la puerta los gorriones saltan de rama en rama como relamiéndose, pero ninguno baja a comer. Cuando nos retiramos comienza la fiesta. Si nos asomamos a la ventana, todos vuelan. ¡Es lógico!, podría decir alguien.

Los hombres somos como gorriones. Cristo cada mañana abre la puerta de un nuevo día. Extiende sus bendiciones delante de nosotros. Bendiciones que realmente apetecemos, pero, ¿qué nos hace temer su presencia y amor? ¿Qué otros dioses o malas experiencias nos alejan de él?

Dios no quiere darte sólo migas. Si tus pecados le pintan al Padre celestial garras y uñas, déjalos en su presencia. Si tus errores del pasado le ponen al Espíritu Santo cara de trampa, cuéntale tu parecer. ¡Dios te ama! Es lógico que temamos. Su santidad es demasiado, inalcanzablemente santa para nosotros. Su perdón es incomprensible, su inmenso amor nos espanta, su gracia es irrazonable... hasta que toca nuestro corazón.

Cada mañana es una nueva oportunidad. No obligues a Dios a replegarse en los cielos para que tú puedas gustar algunas migajas. Disfruta todas las bendiciones que tiene preparadas para ti.

Hoy disfruto de la vida. Cristo abre su mano y me colma de bendiciones.

Querido Señor, muchas veces he temido tu presencia, muchas cosas que no entiendo me alejan de ti... Perdóname. Gracias por tu paciencia, gracia y amor. Guíame. Quiero disfrutar todas las bendiciones que tienes preparadas para mí. Amén.

Reflexión: ¿Como migas del suelo, o disfruto del banquete?

JF

Acán

Me deslumbraron y me apropié de ellos. Josué 7:21

No es fácil trabajar en equipo. Es algo que debemos labrar y moldear. Somos por naturaleza egoístas e individualistas.

El castigo estaba anticipado. Por el pecado de un hombre todo Israel pecó (todos por uno). Primeramente confiaron en sus propias fuerzas y fueron derrotados. Muchos murieron. El pueblo se llenó de miedo. Acusaron a Dios.

El manto de Babilonia fue más importante que la voluntad de Dios para Acán. Despertó su codicia, ambición y cleptomanía. Pero Dios ve lo secreto. ¿Sólo lo secreto de Acán?

El pecado corroe, lastima, y contagia. No es una broma. Sin tratamiento destruye nuestra vida, familia, y comunidad. Aprendamos del pecado de Acán. Conociendo la voluntad de Dios, vivamos en consecuencia, como individuos, familias, e iglesia.

Ayudemos y permitamos que nos ayuden confrontándonos con nuestros pecados. Levantémonos y permitamos que Dios nos purifique. ¿Tenemos nuestros propios mantos de Babilonia? Expongámoslos, confesémoslos, y pidamos auxilio con toda confianza a nuestro Señor y a nuestro hermano. Si Cristo sufrió y murió en la cruz por nuestros pecados, (uno por todos), ¿mezquinará hoy su redención? El Espíritu todopoderoso, ¿negará santificarnos? El amor del Padre no nos condena, ¿nos condenaremos nosotros? Que su gracia y amor reinen trayendo gloria, salvación y gozo.

Hoy disfruto de la vida. Todos somos uno en Cristo.

Entrego mi manto, Señor. No quiero faltar a tu voluntad, pero soy débil. Ayúdame a buscar tu ayuda y la de mi hermano. Purifícame, que no haya nada antes que tú. Enséñame a ser iglesia. Amén.

Reflexión: Eliminado el pecado, la victoria de Dios se hace palpable.

JF

Antorcha

Por amor... no desmayaré, hasta que su justicia resplandezca como la aurora, y como antorcha encendida su salvación. Isaías 62:1

Dios desde la creación lo había prometido. Hace dos mil años plantó en el mundo su antorcha: Jesucristo. Muchos han sido los intentos del maligno de apagarla. Mucha gente ha sido manipulada con ese propósito. Han usado todo tipo de elementos para, de una u otra forma, ahogar la luz que irradia. Los habitantes de las tinieblas han producido su noche más negra, pero la antorcha ha brillado más. Han encendido otras antorchas, pero Cristo prevalece. Han levantado un telón intentando tapar la luz directa pero el resplandor de la luz lo rebasa. Con intrincados vericuetos filosóficos de inalcanzable sabiduría y razón, han intentado desdeñar su simplicidad, pero se derriten como cera ante la sencillez de la antorcha. Cada uno de sus seguidores ha sido sacudido por tormentas espirituales de toda clase, pero la llama ha prevalecido incólume, afirmando a sus redimidos.

Su presencia es atractiva, tangible, cálida y transparente. Transformadora, completa, profunda, vital. Dulce, suave y sensible. ¿Cómo darle la espalda? Si ilumina de gracia y paz divina todo a su paso, ¿cómo no amarle? Si siendo indigno de su amor, Jesucristo se dignó amarme, ¡cómo no sentir gustoso que sea mi Señor!

Hoy disfruto de la vida. Cristo me la cambió totalmente.

Querido Señor, muchas son las formas que el maligno ha intentado para separarme de ti. Confío en que soy tuyo, y que nada ni nadie me quitará de ti. Que tu llama ilumine eternamente mi camino. Quiero amarte cada día más. Amén.

Reflexión: Amarte, amando.

JF

Abandono

...ahora abandonen también... Colosenses 3:8

Máximo, de dos años, acostado en la arena jugaba con su tractorcito, haciéndolo subir montañitas. Nehemías, de diez años, viéndolo, sacó su tractor a pedales y lo invitó a jugar. Máximo, ni lerdo ni perezoso, dejó todo, subió al tractor. Nehemías lo empujaba. ¡Máximo no podía creer que estuviera manejando! Iban, venían, subían, bajaban. Pasaron una tarde espléndida.

A veces las diferencias saltan a la vista, y queremos cambiar. Un ascenso, una casa, un auto viejo por uno nuevo, etc. Aunque a veces las diferencias son muy grandes, no nos damos cuenta de su magnitud hasta que las perdemos. ¿No nos ha pasado?

¡Cristo es lo más grande que hay! Nada ni nadie puede compararse con él. La Biblia revela que por él existe toda la creación, que nos redimió y salvó por su inmenso amor. Todo se sustenta y sostiene por su infinita gracia; que envió a su Espíritu Santo para fortalecernos en todas nuestras circunstancias; y que sólo por él tenemos acceso a la paz eterna en comunión con el Padre celestial.

¿Cómo podremos aprehender esta gran verdad, para que nos transforme la vida, y para compartirla con el mundo?

Otro día vino Máximo a casa. Nehemías lo invitó a jugar en la arena, pero Máximo, golpeando el asiento del tractor dijo: "¿Jugamos con el tractor?" Jesús nos dijo: "Sean como niños."

Hoy por Cristo disfruto de la vida.

Señor, quiero ser pequeño en tu grandeza, niño en tu regazo. Amén.

Reflexión: Cristo tomó el control de mi vida. Dejo la arena del pecado... tengo continua comunión.

JF

Antes y después

Sabemos que nuestra vieja naturaleza fue crucificada con él para que nuestro cuerpo pecaminoso perdiera su poder, de modo que ya no siguiéramos siendo esclavos del pecado. Romanos 6:6

El 11 de setiembre quedó marcado como sinónimo de terrorismo y destrucción. Aquel día de 2001 los medios periodísticos temían una nueva guerra mundial, y vaticinaban la fecha como bisagra de la historia. Quizá en lo político y secular las derrumbadas torres gemelas puedan marcar un antes y un después, pero no podrán desplazar lo sucedido en Palestina hace 2000 años, hecho universalmente aceptado, y que se lo llamó "era cristiana": un antes y después de Cristo.

Nuestro Señor marcó mucho más que un señalamiento de los tiempos. Cristo es la causa de un antes y después en la vida del hombre.

El discurso de Pedro, poderoso instrumento del Espíritu Santo, señalaba una terrible condena a la actitud del pueblo: "Este Jesús... que ustedes crucificaron... es el Mesías" (v. 36).

La respuesta del pueblo, una mezcla de remordimiento, temor, e impotencia, fue la maravillosa "bisagra" que cambiaría sus vidas en un antes y después: "Hermanos, ¿qué debemos hacer?" (v. 37). Así volcaron su impotente situación a los pies de la gracia divina. De inmediato, la respuesta del evangelio sirvió para que con alegría se unieran al redil del Señor, bautizándose en su nombre. ¡Cambio radical!

En esencia nuestra actitud cotidiana no difiere de la situación de los equivocados judíos de entonces. Felices seremos cuando nos sintamos impotentes por nuestras actitudes y podamos respondernos positivamente a nuestro dilema: "¿Qué hago?" Acudo a la gracia perdonadora de Dios mediante diario y sincero arrepentimiento.

Disfruto mi hoy, mi antes está en la cruz del Señor.

Señor de la historia, dirígeme siempre. Amén.

JF

Sombra y realidad

Todo esto es una sombra de las cosas que están por venir; la realidad se halla en Cristo. Colosenses 2:17

Símbolo: "Figura que representa una realidad, una idea, un concepto." De esta manera, la cruz es el símbolo de salvación, del fuego, del Espíritu Santo.

¿Con qué simbolizaríamos a la Biblia? Veo en una mariposa multicolor la representación de las Sagradas Escrituras: sus alas contrapuestas una contra otra dentro de su capullo de formación, hacen que ambas sean iguales, en tamaño, importancia, color y pigmentación. Cada color y forma equidista del cuerpo de la antigua oruga. Necesita, para ser lo que es –una hermosa mariposa– ambas alas, con una sola no tendría sentido ni podría volar.

Las Sagradas Escrituras, el Antiguo y el Nuevo Testamento, tienen el mismo matiz de ley y evangelio. Además, el mensaje de la ley y los profetas no tendría sentido sin el cumplimiento del Nuevo Testamento, y éste no podría explicarse sin aquél. Así como un cuerpo a la luz del sol no puede evitar la sombra –cuerpo y sombra van juntos– así el Antiguo Testamento –la sombra– es la evidencia anticipada de un cuerpo, el Nuevo Testamento. Moisés es la sombra, Cristo el cuerpo; la primer plaga en Egipto (conversión de agua en sangre) es la manifestación de la ley; el agua en vino en las bodas de Caná, es la manifestación del evangelio. Así también la predicación de la Palabra no puede lograr su resultado "con una sola ala". El rigor de la ley, y la hermosura del evangelio, se evidencian en forma igualitaria tanto en el Antiguo como en el Nuevo Testamento.

Gracias sean dadas a ti, oh Dios, que te has manifestado en estas preciosas "alas de salvación" que nos llevan a la vida eterna. Amén.

WS

¿Será...?

Pues estoy convencido de que ni la muerte ni la vida, ni los ángeles ni los demonios, ni lo presente ni lo por venir, ni los poderes, ni lo alto ni lo profundo, ni cosa alguna en toda la creación, podrá apartarnos del amor que Dios nos ha manifestado en Cristo Jesús nuestro Señor. Romanos 8:38-39

¿Será...? ¿será verdad...? un interrogante muy habitual en un mundo donde la confianza se ha perdido, y las promesas incumplidas son moneda corriente.

¿Será verdad...? y la respuesta "tenlo por seguro" dio lugar a la frase popular: "A seguro lo llevaron preso."

La duda tiene su razón de ser en el mundo secular. Tantas veces se ha creído pero también tantas veces se ha sentido el amargo sabor de la desilusión al comprobar un engaño, una mentira.

Esto es en relación al mundo conducido por aquel que sembró la duda, y de ahí la incredulidad. Fue Satanás quien dijo a Eva: "¿Es verdad que Dios ha dicho que no deben comer...?" Así, es natural y comprensible que todo lo que tenga que ver con el mundo se desconfíe... pero ¿puede desconfiarse de las promesas de Dios? La Biblia nos muestra en muchos pasajes que en el reino de Dios es seguro y está a nuestra disposición. San Pablo escribe a los corintios que el mensaje del evangelio no es "a medias tintas", un "que sí, que no", sino que Cristo es un rotundo "sí" absoluto y definitivo. Todo pecador que se arrepiente y cree en el Señor tiene un "sí" de Dios, irrevocable, permanente, eterno. El Señor Jesús mismo, en medio de su pueblo escéptico, lleno de dudas, y también frente a sus fieles discípulos, perpetuó esta frase: "Ciertamente les aseguro..." tanto en su advertencias como en su promesas; pero lo más maravilloso es la promesa que encontramos en Juan 5:24: "...el que oye mi palabra y cree al que me envió, tiene vida eterna".

Señor, ¡tú eres mi seguridad! Amén.

WS

Convicción de pecado

Y cuando él venga, convencerá al mundo de su error en cuanto al pecado, a la justicia y al juicio. Juan 16:8

Una de las tareas más difíciles del creyente que obedece el mandato del Señor (Mateo 28:19) es convencer de pecado al hombre natural. Muchas veces el orgullo enceguece de tal manera que no se puede percibir lo evidente. Similar es el caso del fariseo en su oración: "Te doy gracias que no soy como otros hombres –adúlteros..." (Lucas 18:11). Es triste observar a aquellos que se observan justos a sí mismos simplemente por haber cumplido mínimamente la ley moral: "Gracias a Dios no ofendo a nadie, no maté, no robé, soy honrado..." Al mencionársele la negra realidad de la que no escapa nadie, como lo detalla San Pablo en la lectura de hoy, no tienen dificultad de reconocerlo...¡en el prójimo!, y están ciegos totalmente a su idéntica situación. ¡No hay peor ciego que aquel que no quiera ver y sordo que no quiera oír! El que no reconoce sus propios pecados y errores es porque "se ha hecho dios de sí mismo" creyéndose santo inmaculado.

Pero no está en nosotros el poder de convicción, sino en el Espíritu Santo con el espejo de la ley, que convence de esa triste realidad, para que con su luz haga luego percibir la inmensidad de la gracia y el amor de Dios en Cristo Jesús, como los judíos en el día de Pentecostés (Hechos 2:37).

Dios nos conceda la luz de su gracia para que veamos primero nuestra debilidad y miseria, para así poder ser instrumento del Espíritu Santo y convencer a nuestros semejantes.

¡Ten piedad de nosotros, Señor, que somos pecadores! Amén.

WS

15 de setiembre Ezequiel 47:1-12; Salmos 1 y 23

Manantial de vida

Con alegría sacarán ustedes agua de las fuentes de la salvación. Isaías 12:3

Una calurosa tarde de verano nos dispusimos, mi esposa y yo, a acompañar al grupo juvenil de la congregación a gozar del paisaje y la frescura del arroyo aledaño al pueblo.

Nos ubicamos bajo la generosa sombra de árboles autóctonos, pero al instante quedamos desencantados al ver las turbias aguas; a sólo un tiro de piedra estaban las causales: medio centenar de vacunos paciendo tranquilamente, y que turnándose en beber del arroyo, con su pisoteo y estiércol, nos frustraban el deseo de un refrescante chapuzón.

Más adelante descubrimos lo que motivó una improvisada reflexión en el grupo: debajo de una gran piedra, unos verdes musgos de cuyo fondo brotaba un claro y fresco manantial, alimentaba el caudal del arroyo; el correr de la cristalina vertiente era permanente con todas sus virtudes, y observando el "punto de encuentro" de ambas aguas, reflexionamos junto a los jóvenes que a pesar de que nuestra vida, pisoteada por el diablo y enturbiada por lo que de nosotros mismos sale (Mateo 15:11), la gracia infinita de Dios por medio de Cristo, no deja de volcar en nosotros todos los beneficios a través de su Santo Espíritu (Gálatas 5:22-23). Y a pesar de que observemos nuestra triste y caída naturaleza, nada debemos ni podemos hacer: ¡del manantial de la gracia recibimos permanentemente perdón, paz, gozo, y consuelo, mientras corran los días de nuestra existencia hasta besar las orillas del mar eterno!

Bendito Señor, no dejamos de agradecerte por tus bondades a pesar de lo que somos. Amén.

WS

Seducciones

...cae en la trampa... Proverbios 7:22

El diablo usa muchas artimañas para seducirnos: terror, dulzura, ignorancia, sabiduría. Tiene cara bonita, excelente sabor, atractivos aromas, suaves texturas, encantadoras melodías, increíbles planes, fascina. Muchos caen rendidos a sus pies sin razón ni lógica, en busca del elixir del sumo placer, de la plenitud, de lo máximo, no necesariamente carnal, sino espiritual, intelectual, social. El diablo ronda como león rugiente; propone un apetito humilde, "un bocadito", que se convertirá en una voracidad incontrolable.

Adán, Eva, Acán, David, Judas, Ananías y Zafira. ¿Cuántos? Todos. Tú y yo también. Cada uno tiene un pasillo, llamado seducciones, que deriva en varias puertas. Algunas nunca se abrieron, en otras, hay clientes fijos. Ser víctima de seducciones no es un pecado, pero puede ser punta de embrollos. Orgullo, auto confianza, excesiva autoestima, soledad, poder, codicia, son algunas de las ollas en las que se cocina nuestro letal banquete. "Probar" conduce al pecado, al dolor, al sufrimiento.

Podemos abrir otras puertas, encerrarnos, desesperar, o salir al jardín de la vida de la mano de Jesús. Él conoce de seducciones, no vio la historia desde afuera, la sufrió en carne propia. ¡Pero venció al tentador! Sólo revestidos de él, estamos seguros. Confía, la fe es el escudo que nos protege contra todas las asechanzas del maligno.

Atentos evitamos dolores de cabeza y alcanzamos fortaleza.

Hoy disfruto de la vida. Cristo recibe mis debilidades.

Padre, perdón por las veces que caí. ¡Sostenme, Jesús! Espíritu, guíame para estar atento, clarifica mis pensamientos y cierra las puertas que me llevan al pecado. Amén.

Reflexión: ¡Alerta! Con Cristo cierro las puertas, encerrado está el león. Mis experiencias pueden ayudar a otros.

JF

Binario

Que su "sí" sea "sí", y su "no", "no". Santiago 5:12

¿Cuántas cosas pasan por las computadoras? Muchas, ¿no? Ellas realizan absolutamente todo basadas en el sistema binario, ¡sólo dos dígitos! Cero y uno. Dos posibilidades: prendido o apagado. Interesante, ¿no?

Yo, ¿soy confiable?

Jesús, en Mateo 5, y Santiago, nos instan a que sólo tengamos dos posiciones. Apocalipsis dice: "Como no eres ni frío ni caliente, sino tibio, estoy por vomitarte de mi boca." El Señor ha hablado claro, firme, contundente, su ejemplo es arto elocuente. No debo estar parado entre dos botes.

Analiza, sopesa, verifica y decídete: ¿Eres cristiano? La respuesta a esta pregunta define tu eternidad. ¿Cristo está en tu corazón? ¿Vives de él, en él, por él, para él, con él? ¿Sí o no? Al paraíso sólo entran los redimidos que creen y confían en Jesús y su obra.

¡Vivir en Cristo es lo mejor que nos puede pasar! Nada, ni nadie, ni el trono más alto, ni la joya más preciosa, ni todo el dinero, los bienes, posesiones, posiciones, placeres y glorias terrenales se comparan con Cristo. Cristo ya se encargó del pecado. Afírmate en él ¡Estás redimido! Él te llama e invita a su banquete celestial, su mesa está cargada de frutos del Espíritu. Todo está preparado. Corramos, invitemos a otros, pues para todos hay lugar. ¡Sí!

Hoy disfruto de la vida. Cristo supervisa mi corazón y mi hablar.

Cada palabra que sale de mi boca, tú la escuchas. Perdón, Señor, por mis exageraciones, medias verdades, omisiones y mentiras. Soy tu hijo, inspírame. Quiero ser preciso, sincero, confiable. Amén.

Reflexión: Todo, en mi vida, es de, en, por, para, con Cristo.

JF

Roma

Se ha cumplido el tiempo. Marcos 1:15

En tiempos de Jesús, Roma, la capital del Imperio Romano, mimada por emperadores, lucía espectaculares obras de ingeniería. De allí el dicho: "Todos los caminos conducen a Roma". Por la "Paz Romana", otro de sus logros, todo ciudadano romano gozaba libertad y protección en el extenso y populoso imperio. Una misma ley, un mismo idioma, una cultura uniendo muchas razas.

Esto, y mucho más, encerrado en pocas palabras: "Cumplido el tiempo." Todo estaba calculado por el ingeniero eterno para su obra.

Ciudadanía romana, raza judía, idioma griego, cartas, transportes. Pablo aprovechó todo lo que tenía a su disposición para predicar el evangelio a magistrados, gobernadores, reyes, al propio emperador o a gente común, para cumplir con la misión de hacer discípulos a todas las naciones. Fue desde Damasco a Roma con la intención de llegar a España. Todas eran oportunidades, buenas situaciones, todas buenas ocasiones para predicar.

Nosotros, ¿aprovechamos todas las posibilidades? ¡Aprovechemos las oportunidades para predicar y llevar a todo el mundo el evangelio! Globalización, Internet, radio, TV, diarios, idioma inglés, organizaciones cristianas, son oportunidades que tenemos disponibles. "Sea o no sea oportuno" (2 Timoteo 4:2), siempre, por todos los medios. Todas las actividades que realicemos como individuos, familias, grupos, ligas y congregaciones tienen un mismo fin: ¡diseminar el amor de Cristo y su obra salvadora por todo el mundo!

Hoy disfruto de la vida. Con Cristo todas son oportunidades.

Señor, ¡cuántas bendiciones tengo! Reoriéntalas, desde la más pequeña hasta la más grande, para tu servicio, para que otros te conozcan y sean salvos. Amén.

Reflexión: ¿Qué medios puedo utilizar?

JF

Suicidio

¿Quién me librará de este cuerpo mortal? Romanos 7:24

Infla una bolsa de nylon, gírala cerrando su boca hasta presionar el aire interior, un pequeño golpe bastará para explotarla.

Diferentes situaciones presionan, nos llenan de problemas, quedamos comprimidos, por explotar. Planes truncados por salud, economía, soledad, pecados. Un manto negro cubre nuestra mente. No vemos salida. Confusas decisiones fructifican errores, multiplicando presiones. El diablo siembra dulces mentiras. Planes oscuros, impensados otrora, suenan familiares, cotidianos. Todo ha cambiado. Los objetivos positivos son historia. La vida pierde todo sentido. Todo es un infierno. Buscamos cambiar, terminar.

Tomemos un momento. ¿Dónde quedó Dios? ¡Estamos en sus brazos! Descansemos. A nuestra debilidad, él contrapone fortaleza. Nuestros problemas son una oportunidad para él. ¡Se mostrará más claro que nunca! No sólo tiene esperanza para darnos. A nuestros imposibles, ¡Cristo es verdadera solución! Dejemos en sus manos el gobierno de todos los aspectos de nuestra vida; que él cargue nuestra mochila. Jesús nos ama y está preparado para demostrarlo. Dile lo que piensas, busca su respuesta en los evangelios, haz tuya cada promesa. Alábalo por la salida que prepara y pronto verás. Gritemos como Pablo: ¡Gracias a Dios por medio de Jesucristo! Confía. La salvación es segura. Saquémosle jugo a nuestras debilidades y veamos su grandeza.

Hoy disfruto de la vida. Cristo es mi salvador.

Querido Padre, perdón por mi desconfianza e impaciencia. Espíritu, guíame a no tomar decisiones apresuradas. Señor Jesús, tú sufriste por mí, dame tu mano, quiero ver tu luz. Amén.

Reflexión: El grano de trigo se rompió en harina, que se hizo rico pan.

JF

Confirmación

Hoy has declarado que el SEÑOR es tu Dios. Deuteronomio 26:17

El rito cristiano de la confirmación, que se practica en ciertas denominaciones, para algunos es una obligación social, un tramite, un título al cielo. Entienden que quien se confirmó se recibió de cristiano.

Somos cristianos porque recibimos la promesa de salvación por Cristo. En el Bautismo, o al escuchar la Palabra, el Espíritu Santo actúa transformando nuestro corazón. No tenemos obra ni mérito alguno. Todo es mérito de Dios.

La confirmación no es una obligación. Si bien como padres, deseamos que nuestros hijos profesen amor y fe a Cristo, no debemos de manera alguna extorsionarlos u obligarlos. Con amor y paciencia oramos esperando que Dios haga un "clic" en ellos.

La confirmación, las liturgias, los himnarios, las estructuras eclesiales, no son leyes bíblicas. Son saludables prácticas, pero no por ellas ganamos, o sin ellas perdemos el cielo.

La confirmación tampoco es un título que alcanzamos para después vivir una vida impía. Porque amo a Cristo, proclamo mi fe. Porque somos linaje escogido, real sacerdocio, nación santa, pueblo que pertenece a Dios, vivimos de acuerdo a su voluntad. Porque nos llamó de las tinieblas a su luz admirable, anunciamos su obra maravillosa. Porque somos amados, porque nuestra vida, en él, tiene sentido, porque tenemos un futuro sin parangón, proclamamos: ¡Amamos al Salvador Jesús!

Hoy disfruto de la vida. Cristo tocó mi corazón.

Gracias, Padre, por la oportunidad de comprometerme contigo. Espíritu, dame la bendición de renovarme diariamente en amor y servicio a Cristo. Amén.

Reflexión: Con mi firma afirmo y declaro: ¡Él es mi Dios!

JF

Las bienaventuranzas

Porque el Señor es un Dios de justicia. ¡Dichosos todos los que en él esperan! Isaías 30:18b

Jesús acababa de elegir a sus doce discípulos, y muchos otros discípulos y una inmensa muchedumbre llegados de todas regiones le seguían, ora por su fama de hacer milagros, ora por su magistral enseñanza de la palabra de Dios.

Observemos la situación histórica-geográfica: "Cuando vio a las multitudes, subió a la ladera de una montaña y se sentó. Sus discípulos se le acercaron, y tomando él la palabra, comenzó a enseñarles." Hoy, para predicar a un auditorio de 200 personas necesitamos un amplificador. Jesús utilizó la altura de la montaña y su firme y clara voz. Se dirige con consoladoras palabras a sus discípulos, los que creían en él y estaban dispuestos a poner por obra sus enseñanzas; pero notemos la gran diferencia cuando se dirige a los hipócritas (Mateo 23). El gran maestro enseña a cada auditorio según su necesidad, el gran médico alcanza la medicina a cada uno según su diagnóstico: ¡ley y evangelio!

A sus discípulos el Señor los consuela con las así llamadas "Bienaventuranzas", calificándolos de "dichosos..."; pero paradójicamente con el razonar del mundo, éstos en lugar de ser "dichosos" deberían ser "des-dichados" (...pobres, tienen hambre, los que lloran). Pero en el reino de Dios, que se contrapone en todo al pensamiento del mundo, lo que es desdicha para el mundo, es felicidad para el hijo de Dios. Cada "bienaventuranza" tiene su razón verdadera de ser; cada una tiene su "porque..."

El libro de los salmos anticipa muchas situaciones de dicha y felicidad que se contraponen al espíritu del mundo (Salmo 1:1; 40:4; 41:1). Analizaremos cada una de las bienaventuranzas del sermón de la montaña en las reflexiones subsiguientes.

Señor, ¡eres mi dicha en medio del mundo! Amén.

WS

Pobres en espíritu

Dichosos los pobres en espíritu, porque el reino de los cielos les pertenece. Mateo 5:3

Las bienaventuranzas marcan una escala consecuente en la vida del creyente, desde un espíritu humilde, hasta sufrir por causa de Cristo. La primera de ellas dictamina "dichosos los pobres en espíritu..." El término "pobre" sugiere "falto, escaso, menesteroso". Es en este caso un error ubicar como "dichosos" a los necesitados en bienes materiales por el simple hecho de su situación.

El pensamiento es claro: "Dichosos... los pobres en espíritu." Jesús llama así a aquellos que se despojan de sí mismos, humillándose, reconociendo su impotencia ante Dios, que sienten el peso de sus pecados y lo descargan en el vaso consolador de la misericordia divina, y absorben de su gracia; no se jactan de sus obras ni de sus virtudes; así se transforman en "dichosos, bienaventurados" porque al observarse pobres y vacíos permiten que Dios los llene de sus riquezas: perdón y reconciliación.

Así, los pobres en espíritu no necesariamente se desprenderán de sus riquezas materiales como un asceta, sino que se desprenderán de su amor por ellas (Job, Abraham). Los pobres en espíritu no se expresan con muchas palabras, sino con el corazón (la mujer pecadora, el publicano). Pero... qué contraste a su pobreza hallamos en la causa de su dicha: "¡Porque el reino de los cielos les pertenece!" Es una sentencia no "a futuro" sino una pertenencia desde ahora. ¿Se puede encontrar algo más valioso? Las posesiones materiales, fama, gloria, relaciones humanas, arte u oficio, deporte, todas son "riquezas" fugaces y terminales; sólo permanece la dádiva recibida de quien es "pobre en espíritu" ¡el reino de los cielos!

Señor, ¡ten piedad de mí que soy pecador! Amén.

WS

...los que lloran

Dichosos los que lloran, porque serán consolados. Mateo 5:4

A la vida en este mundo se la ha titulado "Valle de lágrimas", y tiene su razón de ser: el sufrimiento es natural en todo el género humano, tanto entre incrédulos como entre creyentes a partir de la sentencia en el Edén. Así, vivimos circunstancias contrarias a nuestro espíritu, la pérdida de algo o alguien muy estimado, un dolor físico, una situación de impotencia fruto de injusticias, una traición, desazones, desesperanzas... Pero existe una notable diferencia en el dolor experimentado por el creyente por su condición de tal. La primer bienaventuranza rezaba "dichosos los pobres en espíritu"; esta pobreza llevará a considerar su situación personal y la de sus hermanos en la fe que forman el cuerpo de Cristo en la que no faltarán amargas lágrimas como las de Pedro luego de su negación, las de la mujer pecadora que humedecieron los pies del Señor, las del hijo pródigo sobre los hombros de su padre. Éstas son elocuentes muestras que su aflicción tiene sus raíces en un corazón dolorido por el pecado: "Dichosos los que lloran, porque serán consolados."

Además, esta bienaventuranza ubica otra situación propia en la iglesia combatiente: cuando la opresión no es por su propio pecado ni por injusticias del mundo, sino por tener que soportar dolores dentro del mismo cuerpo espiritual, la iglesia. San Pablo lo describe así: "Lo repito hasta con lágrimas, muchos se portan como enemigos de la cruz de Cristo... Sólo piensan en lo terrenal..." (Filipenses 3:18-19).

Cuando el sabor a sal moje nuestros labios, en ferviente oración, dulce sabor del consuelo llegará al corazón, de acuerdo a su promesa: "Dios les enjuagará toda lágrima de sus ojos" (Apocalipsis 7:17).

Padre celestial, gracias porque en Jesús tenemos consolación y nuevo ánimo. Amén.

WS

...los que lloran...¡reirán!

Dichosos ustedes que ahora lloran, porque luego habrán de reír. Lucas 6:21b

Existe una diferencia de términos entre el evangelio de Mateo y Lucas respecto a la segunda bienaventuranza. Aquí reza: "Dichosos ustedes que ahora lloran, porque luego habrán de reír." En Mateo apunta al dolor interior propio, al pesar permanente por el pecado: "Serán consolados." La expresión en Lucas emparenta más con la última bienaventuranza: "Dichosos... cuando por mi causa la gente los insulte... Alégrense." Aquí el llanto se origina por motivos externos, a causa de la fe.

Así como el llanto es expresión de dolor y la risa de satisfacción, ambos sentimientos se trastocan cerrando el círculo: por un lado se llora de emoción y alegría, y por otro lado, en el límite de la congoja se estalla a carcajadas. Pero en esta bienaventuranza aunque el amargo sabor de la congoja llegue al extremo del gemido, el creyente sabe que llegará la hora en que con gritos de alegría reirá: "El que con lágrimas siembra, con regocijo cosecha" (Salmo 126:5).

Todo discípulo de Cristo como tal llevará la cruz del dolor, pero... "el que ríe último ríe mejor". Satanás se rió en Edén al hacer caer al hombre, pero la risa póstuma fue en la mañana del primer día de la semana cuando el Señor resucitó victorioso sobre la muerte. ¡Y esa victoria es la nuestra! El mundo incrédulo se ríe del creyente, el Señor lo ha advertido: ¡Ay de ustedes los que ahora ríen, porque sabrán lo que es derramar lágrimas! (Lucas 6:25); pero ahí sí el llanto será eterno acompañado de crujir de dientes, mientras que los que supieron soportar el llanto por poco tiempo reirán y se regocijarán eternamente.

Señor, mantenme en la esperanza de la risa final. Amén.

WS

...los humildes ...mansos

Dichosos los humildes, porque recibirán la tierra como herencia. Mateo 5:5

En la tercer bienaventuranza Jesús trae a la memoria las palabras de David en el Salmo 37:11: "Los humildes... recibirán la tierra como herencia." Otras versiones bíblicas usan la palabra manso.

La idea de "manso" la asociamos con animalitos, que no son agresivos, sino sumisos y tranquilos, que inspiran confianza. La humildad o mansedumbre a que da lugar la bienaventuranza se refiere al estado espiritual de aquel que no responde a la ley del talión: "ojo por ojo, diente por diente", sino que encomienda, abandona a la voluntad de Dios y su santo juicio toda violencia, injusticia u odio que haya que soportar. Una actitud temperamental, apresurada y hasta malintencionada de alguien puede herirnos; quizá no hayamos exteriorizado rencor o deseo de venganza, pero nos quedó en el corazón algo así como una "piedrita en el zapato". ¿No dice San Pablo que el amor es sufrido, que todo lo puede y soporta? En ese caso, nada mejor que recordar al Señor Jesús que en la noche en que fue entregado no respondió ante punzantes e injuriosas acusaciones, sino que oró por sus enemigos.

Quienes son "humildes y mansos" recibirán la tierra por herencia, frase simbólica que significa la herencia prometida: el Canaán celestial; dicho de otra manera: ¡heredarán el cielo! ¿lo anhelamos?

Recordemos el consejo paulino: "No tomen venganza... 'Mía es la venganza; yo pagaré', dice el Señor." Y las dulces palabras Jesús: "Carguen con mi yugo y aprendan de mí, pues yo soy apacible y humilde de corazón, y encontrarán descanso para su alma" (Mateo 11:29).

Divino maestro, enséñame a cada paso tu humildad y mansedumbre. Amén.

WS

...hambre y sed de justicia

Dichosos los que tienen hambre y sed de justicia, porque serán saciados. Mateo 5:6

Es ésta una de las bienaventuranzas más erróneamente interpretadas: se cree que se es bienaventurado por las ansias y necesidad de equiparación, de sentencia justa.

El hambre y la sed a los que se refiere el Señor, y por los que somos dichosos, es el hambre espiritual cuya característica es similar al hambre corporal: no deja de ser, es continuo, se va renovando; así como al cenar se sacia y al otro día se vuelve a tener hambre, así también el alma del creyente tiene "hambre y sed" de hacer la voluntad de Dios. Aquel que pasadas 12 horas no tiene hambre ni sed, debe ir al médico, porque al ser natural tener hambre, tiene algún problema de salud. Así también el creyente tiene "hambre y sed de justicia", de fundar y adornar su vida "deleitándose en la ley del SEÑOR" (Salmo 1:2), tiene necesidad de ser constante y permanentemente "hijo pródigo y buen samaritano".

Lutero, en la primera de sus noventa y cinco tesis, afirma que la vida del cristiano debe tener un continuo hambre y sed de justicia: cada mañana debe recordar que es un nuevo día que Dios le da para tener oportunidad de glorificar su santo nombre, y debe pedir para que sea posible, y cada noche al reposar debe mirarse en el espejo de la ley para notar todas sus falencias e implorar un plato de comida y un vaso de agua fresca de gracia divina para su sed espiritual.

¡Dichosos los que tienen hambre y sed permanentemente, de esa manera la abundancia de la gracia de Dios estará a su lado para saciarlos!

Padre, ¡que siempre tenga hambre de hacer tu voluntad! Amén.

WS

...dichosos los compasivos

Dichosos los compasivos, porque serán tratados con compasión. Mateo 5:7

Recién tuve conciencia de lo rudo del trabajo rural cuando me vi obligado a trabajar en el campo; recién pude amar de verdad cuando el amor de Dios me abrió los ojos de la fe; recién pude tener compasión de verdad cuando fui objeto de misericordia.

El siervo despiadado no percibió la compasiva actitud del rey al perdonarle todo, trató a su semejante con la más cruel rudeza; lo poco que le debía no era comparable con la inmensidad que había recibido. No sintió ningún gozo en la compasión de su Señor, porque con la euforia del sentirse perdonado alcanzaba para que ni siquiera se acordase que su compañero le debía, más aún, ¡le hubiera invitado a festejar juntos, a compartir su alegría! "Dichosos los compasivos, porque serán tratados con compasión" dijo Jesús; pero aquí el caso no se da así, el siervo había alcanzado compasión por gracia, pero como no fue compasivo, no fue bienaventurado: ¡recibió justo castigo! ¿Por qué no fue compasivo? porque no midió la gran compasión demostrada por su Señor.

El apóstol Santiago (2:13) lo resume así: "Habrá un juicio sin compasión para el que actúe sin compasión. ¡La compasión triunfa sobre el juicio!" Y esta verdad lo demuestra el Señor en su advertencia en Mateo 25:34-45.

Todos compareceremos ante el tribunal de Cristo, seremos juzgados según nuestro proceder. Quien refleje la compasión de Dios en idéntica actitud hacia sus hermanos, el juicio pasará sobre él como el ángel de la muerte en la noche de Egipto.

Tu misericordia, Señor, me mueva a ser misericordioso. Amén.

WS

...los de corazón limpio

Dichosos los de corazón limpio, porque ellos verán a Dios. Mateo 5:8

Pregunta y responde David en esta lectura: "¿Quién puede subir al monte santo? Sólo el de manos limpias y corazón puro." La sexta bienaventuranza reza "dichosos los de limpio corazón porque verán a Dios" afirmación del Señor extraída del salmo de David. Limpio de corazón... ¿quién está? Jesús mismo afirmó que "del corazón salen los hurtos, malos pensamientos, los homicidios..." (Mateo 15:19). ¿Cómo se llega a la pureza, a la limpieza de corazón? San Pablo escribe a los corintios (1 Corintios 6:11): "Y eso eran algunos de ustedes. Pero ya han sido lavados, ya han sido santificados... en el nombre del Señor Jesucristo."

De manera que los de corazón limpio son los que han sido lavados en el manantial de la preciosa sangre de Cristo. ¿Cómo podremos permanecer limpios de corazón? Nuestros pensamientos deben ser puros y santos, guiados por el Espíritu Santo, porque del pensamiento surgen las palabras y los hechos; tal el pensamiento tal la obra; también: "De la abundancia del corazón habla la boca" (Mateo 12:34). "Pues donde tengan ustedes su tesoro, allí estará también su corazón" (Lucas 12:34).

"Dichosos los de limpio corazón, porque verán a Dios." Aquel que de la belleza del Dios de los cielos hizo su vocabulario, aquel que de la hermosura de la salvación labró su vida, aquel que barrió sus malos pensamientos, deseos y tentaciones para dar lugar a la paciencia, al dominio propio, a la humildad y a la mansedumbre... ¡verá a Dios! Y ya con ojos de la fe, en esta vida verá a Dios en la oración, en su maravillosa creación y en la revelación de su Palabra.

¡Crea en mí, oh Dios, un corazón limpio! Amén.

WS

Los pacificadores

Dichosos los que trabajan por la paz, porque serán llamados hijos de Dios. Mateo 5:9

No es nada difícil iniciar un altercado y llevarlo como bola de nieve hasta situaciones extremas de peligro de muerte. Las causas pueden ser múltiples, generalmente originadas en un espíritu egoísta; la mayoría de las veces engendrada por expresiones inoportunas, irónicas, provocadoras o con doble sentido. Y cuando alguien se sienta lastimado por un proceder así tiene tres opciones: la primera (muy difícil que se dé), permanecer indiferente. La segunda, contraatacar con el mismo arma u otro más punzante. La tercera, con espíritu de mansedumbre y dominio propio encomendar todo en manos de Dios para que lo guíe a "cómo apagar el incendio".

San Pablo aconseja: "Si es posible, y en cuanto dependa de ustedes, vivan en paz unos con otros." Son dos condicionamientos: "Si es posible", ¡lo que significa que a veces no lo es!, y "dependa de ustedes". Todo creyente que goce de las bendiciones del Espíritu Santo tendrá las herramientas que necesita para estar en paz aún con el más audaz provocador. El espíritu manso y humilde de Cristo en nosotros podrá fortalecernos para soportar y encontrar sabiduría para proceder en busca de la paz.

Abigail demostró poseer ambas cosas; dependía de ella la consumación de la "justicia por mano propia" de David, o el detener su justa ira con serenidad y benevolencia. Su actitud sabia y pacificadora tenía su riesgo respecto a los hombres, pero obtuvo un premio divino: llegar a ser nada más y nada menos, que esposa del gran rey David. Los pacificadores de hoy, de acuerdo a la promesa de Jesús, llegarán a ser llamados ¡hijos de Dios!

Señor, dame un espíritu pacificador para enfrentar un mundo tumultuoso. Amén.

WS

...los perseguidos

Dichosos los perseguidos por causa de la justicia, porque el reino de los cielos les pertenece. Mateo 5:10

El mundo con su príncipe mentiroso trata de vencer a la verdad, y en su afán de vencer y no poder lograrlo, consigue al menos dañar al que profesa y vive en ella, pero sin saber que ese aparente daño es en el creyente una "inyección de fuerzas". Jesús es la verdad, y al sufrir por la verdad, sufrimos en Cristo, llevando él nuestro yugo. Así lo anticipó el Señor: "Dichosos serán ustedes cuando por mi causa la gente los insulte, los persiga y levante contra ustedes toda clase de calumnias." ¿Dichosos al ser víctimas de mentira y opresión? ¿Ser creyente es sinónimo de masoquista? ¡No!, siempre y cuando el sufrimiento sea por causa de la fe en la verdad (Cristo), entonces se dará el efecto "les espera una gran recompensa en el cielo". Así pudo gozarse Esteban cuando fue apedreado por los judíos: "¡Veo el cielo abierto –exclamó–, y al Hijo el hombre de pie a la derecha de Dios!" (Hechos 7:56).

¿Esta bienaventuranza nos cabe a los creyentes hoy? Tenemos libertad de culto, nos respetan. Feliz quien no es perseguido ni difamado, pero... ¿se manifiesta nuestra fe al mundo de manera que al hacerlo haya una reacción? No es cuestión de "buscar a Nerón" en nuestro camino, sino simplemente de "buscar el reino de Dios y su justicia". Cuando hacemos la voluntad de Dios, la "voluntad del mundo y su príncipe" reaccionarán en contraposición. No faltarán momentos de opresión, amargura e injusticias, pero esto poco importa comparando con estas grandes ventajas: paz interior, alegría en la vida terrenal, y el gozo del galardón celestial.

Gracias, Señor, por las pruebas. Amén.

WS

Perdón

El SEÑOR tu Dios quitará lo pagano que haya en tu corazón... para que lo ames de todo corazón. Deuteronomio 30:6

Los primeros versículos de Deuteronomio 28 son la base para las palabras de Jesús: "Busquen primeramente el reino de Dios y su justicia, y todas estas cosas les serán añadidas" (Mateo 6:33). Los versículos siguientes son advertencias del sufrimiento que consiguen los que abandonan a Dios, y buscan una vida de expectativas triviales, llena de dioses inservibles. Aclarada la situación, el capítulo 29 muestra el pacto con su pueblo. Es interesante el último versículo. ¡Estamos llamados a decir lo mismo! En el capítulo 30 vienen las palabras de aliento. Dios no cierra las puertas al error. Por más trastabilladas que sufra su pueblo, Dios lo ama. Ante el arrepentimiento, derrama en plenitud perdón y bendiciones.

¿No es maravilloso que Dios sea tan claro y misericordioso? Ésta es la buena noticia, el evangelio, que el Padre ha manifestado desde la primera caída. Este evangelio transforma la vida de quien lo escucha verdaderamente. El Espíritu Santo se mueve purificando todo, haciendo nuestro el perdón obtenido por Cristo en la cruz, y generando en nosotros vida abundante con verdadero sentido y razón. Jesús sella como propio tu corazón. Deja de aferrarte a cosas pasajeras, de luchar por satisfacciones momentáneas.

Hoy disfruto de la vida. Restaurado por Cristo tengo una misión de repercusión y gozo eterno.

Querido Señor, amo tu sinceridad, la claridad de tu Palabra, y la nueva oportunidad que me das. Perdona mis pecados. Resucítame a una vida de verdadera comunión contigo. Clarifícame mi lugar en tus objetivos y en tu misión. Amén.

Reflexión: Tengo un corazón nuevo. Estoy seguro, proclamo su perdón.

JF

Anestesia

... se lo digo a todos: ¡Manténganse despiertos! Marcos 13:37

Cristo nos llama a estar atentos, vigilantes, sobrios, alertas, vivos. Como hijos de Dios, como iglesia, hemos permitido que el mundo nos anestesie, hemos dormido más de la cuenta. Hemos malgastado nuestros dones en cosas superfluas. No aplicamos en la iglesia nuestros talentos y profesiones, ni siquiera los vemos como medios para proclamar el reino de los cielos. Nos escudamos en una fe de domingos. "Tengo fe" es nuestro cartel, pero no hay frutos, sólo palabras vacías, no más que una "buena obra". Los judíos dijeron: "Nuestro padre es Abraham." Juan el Bautista respondió: "Aun de estas piedras Dios es capaz de darle hijos a Abraham" (Mateo 3:9). Hemos estado dormidos, holgazaneando. ¡Hemos tenido otros dioses! El diablo nos hipnotizó, el mundo nos arrastró, nuestro pecado nos condena.

Pero Dios es más fuerte. Su paciencia está demostrada. Su amor es nuestro y sus promesas aún permanecen. El Padre nos llama. Cristo nos salva. El Espíritu tiene el sello de redención, procura justificarnos y purificarnos. ¡Despierta, iglesia!

Mirémonos sinceramente en el espejo de su Palabra. ¿Qué opinión tiene Dios de mi vida de fe? ¿Cuántos somníferos tengo en mi vida? ¿Qué mundana anestesia separa a mi familia de Dios? Cristo anuló mis somníferos, les hizo la cruz, lavó todos nuestros pecados. Su Espíritu nos da nuevas fuerzas. ¡Arriba entonces! Todavía quedan unos días de trabajo. Aprovechémoslos al máximo. Nuestro descanso eterno está cada vez más cerca. Ya viene.

Sonó el despertador. Hoy disfruto la vida de fe en Cristo.

Querido Señor, despiértanos. A muchos les queda poco tiempo. Necesitan despertar a tu amor eterno. Amén.

Reflexión: Comienza un nuevo día. ¿Cómo vivo la fe?

JF

Trapos

...como trapos de inmundicia. Isaías 64:6

Nuestra vida tan llena de pecados, de errores, de malas decisiones, de diabólicos consejos, toma un camino que nos entierra en un fango del que no podemos salir. Buscamos ayuda. Amigos, hermanos, profesionales, tienden su mano, nos elevamos un poco, pero no alcanza. Volvemos a caer. En un descuido estamos gustosos revolcándonos de nuevo.

¿Qué nos pasa? Dentro de nosotros hay una lucha muy grande. La carne contra el espíritu. Contraposición, guerra uno contra el otro. La debilidad de nuestra carne se arrodilla a los placeres del pecado, y el espíritu anestesiado cede pero después sabe, siente y sufre la ausencia de Dios.

Triste es para quien no encuentre en Cristo el camino al Padre. Sufrirá eternamente la ausencia de Dios. La Biblia tiene muchos espejos que nos ayudan a ver nuestra triste y sucia condición, pero también tiene mucho amor de Cristo buscándonos, redimiendo, perdonando y salvándonos verdaderamente de nuestro fango. Él no sólo nos tiende una mano, sino que se metió en nuestro fango y nos sacó, lavó, y vistió con ropas limpias. Su amor fortalece de tal forma nuestro espíritu que ya no queremos volver al lodo. Cambió nuestros trapos sucios en ropas limpias, porque como creador nos ama y nos quiere en su comunión.

Hoy disfruto de la vida. Cristo me lavó.

Padre, perdóname las veces que me revuelco en el pecado. Me dejo arrastrar en mi debilidad. Sólo tú, Cristo, me limpiaste verdaderamente. Fortalece mi espíritu con tu Espíritu para que no sufra el poder del maligno en mí. Amén.

Reflexión: ¡Qué bueno cuando nos bañamos! en cuerpo y alma.

JF

Rompecabezas

Una sola cosa te falta. Marcos 10:21

En nuestro corazón hay un espacio con forma especial. Sólo una pieza calza allí. De variadas formas intentamos disimularlo: desarrollamos todo tipo de artilugios y vueltas para encastrar otras piezas, pintamos el espacio, lo adornamos con otra cosa. Burlonamente nos defendemos gritando a los cuatro vientos: ¡No me hace falta! Exponemos teorías y explicaciones que se difunden como libros, obras de teatro, exposiciones, cine, TV, Internet, sin éxito. Estamos vacíos.

Si Cristo con su cruz no llena nuestro corazón, verdaderamente nada ni nadie podrá llenarlo.

Se nota si en un rompecabezas falta una pieza. Se nota que falta Cristo en muchas vidas. La palabra griega que se traduce como falta en el Nuevo Testamento, conlleva la idea de pasar necesidad, quedarse afuera o atrás, estar privado. Sin Cristo, vivimos en necesidad, nuestra vida no está completa. Si no hay arrepentimiento, quedaremos fuera del reino celestial, privados de vida por la eternidad. No importa cuanto hagamos, hay una pieza que no puede faltar en el rompecabezas de nuestra vida: Cristo. ¿Cómo habrá terminado la historia del joven rico?

Hoy disfruto de la vida. Cristo completa mi corazón.

Querido Padre, cuántas veces ocupo mi tiempo, todas mis energías, dedico todos mis dones, invierto todo para llenar mi corazón. Intento muchas cosas, pero nada lo completa. Perdóname. Ayúdame, Señor, sólo Cristo puede acomodar cada pieza en su lugar y él mismo ocupar el sitial de honor que le corresponde. Ven, Espíritu Santo, manifiesta tu plenitud en mí.

Reflexión: Solo, mal humorado y aburrido como niño de tres años con rompecabezas de diez mil piezas. Con Cristo vivo en plenitud. ¿Cómo sigue mi historia?

JF

Caídos

Ayúdense unos a otros a llevar sus cargas. Gálatas 6:2

La abuela tejía un complicado pulóver en su silla mecedora junto a la ventana. Formaba un enmarañado relieve. En más de una oportunidad desviamos su atención y la pobre abuela entró en un brete, se percataba después de unas cuantas vueltas de tejido. Sacaba las agujas, destejía hasta el equívoco punto, corregía, y continuaba.

De la abuela aprendí amor para tolerarnos, paciencia ante las equivocaciones, humildad para volver un paso atrás a tiempo y fuerza para recomenzar. Estas características estaban en la abuela. Cristo se las regaló. Cristo era mucho más que un ejemplo para ella, vivía en la abuela. Vivía amada.

Todos necesitamos amor.

Frente a la voluntad de Dios vemos pecados que destruyen nuestra comunión. Cristo no nos condena. Su Espíritu de gracia nos guía, corrige el equívoco punto y nos da fuerzas para recomenzar correctamente.

Amados y perdonados con gusto sobrellevamos las cargas los unos de los otros, nos llamamos a corrección para evitar la condenación eterna. Sin el Espíritu Santo en nosotros, sólo hay juicio y condenación para los errores de los demás y excusas para los nuestros. Gracias al amor de Cristo, todo es diferente: ¡Somos familia de Dios!

Hoy disfruto de la vida, Cristo me enseñó a amar.

Querido Señor, te pido perdón por las veces que no he comprendido a mis hermanos, como tú me comprendes a mí. Tu Espíritu me guía, corrige y llena de tu amor. Que mi corazón se desarrolle para que todos los frutos de tu gracia quepan en él. Amén.

Reflexión: ¿Quién está caído? ¿Cómo le doy una mano?

JF

Iglesia-hogar

...a la iglesia que se reúne en su casa. Colosenses 4:15

Todo lo que poseemos es parte de la gracia de Dios. Nuestro hogar no es una excepción. Compartir el evangelio con nuestro cónyuge y con nuestros hijos es una tarea que gratifica, fortalece nuestra fe y comunión familiar. Permitamos que Dios abone este hermoso instrumento para que florezca más y fructifique mejor. Que sea un lugar de confianza para que nos visite la gente que apreciamos y conozca lo mejor que tenemos: a Cristo nuestro Señor y Salvador.

Toda oportunidad es buena para comenzar. Una comida, un cumpleaños, nos dan la oportunidad de compartir una alabanza. Una situación difícil o complicada nos invita a un momento de oración. Si alguien busca un consejo, ilumina su camino un texto bíblico. Consuelo para los tristes, fortaleza para los débiles, salvación para el pecador.

Cristo es la mayor bendición a la que todo ser humano puede aspirar. Pero no todos lo saben. No permitamos que las dudas o el temor nos impidan compartirlo. Él promete protección, sabiduría y guía. Él está de nuestro lado. No perdamos la oportunidad de anunciar a Jesucristo, bendición actual, que trae paz y gozo eternos.

Hoy disfruto de la vida. Cristo quiere compartirse desde mi hogar.

Querido Señor, gracias por el hogar que me has dado. Haz de él y de cada uno de nosotros una herramienta que te permita compartir tu amor. Mis vecinos y amigos necesitan saber de ti. Que tu Espíritu aproveche las pruebas que puedan venir para acrecentar nuestra fe en ti. Amén.

Reflexión: ¿Qué oportunidades me ofreces, Señor?

JF

Filo

El hierro se afila con el hierro, y el hombre en el trato con el hombre. Proverbios 27:17

Si te gusta cocinar coincidirás que dentro de los elementos fundamentales está un cuchillo que tenga buen filo. ¿Qué haces cuando lo pierde? Un afilador, una chaira, una piedra, o por último el canto de otro cuchillo pueden ser una excelente solución.

Nuestras pruebas son hierros que le sacan filo a nuestro cuchillo. Las duras palabras de amigos nos hacen reflexionar, nos preparan para ser más aptos en las manos de nuestro Señor, para que nuestra tarea sea desempeñada con más facilidad, docilidad y calidad.

En la cocina, si un cuchillo no toma filo, trae muchos dolores de cabeza. Lo afilas o lo cambias. En la iglesia, Cristo nunca nos deja. Él quiere sacarnos filo. Confiemos en él. Puede que no sea nada fácil. Puede quitar mucho. La piedra puede ser dura. Puede subir nuestra temperatura hasta que saquemos chispas. Dura, muy dura puede ser la prueba, pero en Cristo podemos resistir y vencer todas las pruebas. Él ya las venció por nosotros. Estamos seguros, veremos su gloria. Descansemos en los brazos de aquel que sabe lo que hace. No busca nuestro daño sino mejorarnos, lograr nuestra excelencia. Vale la pena. Cristo tiene un plan, sabe lo que es mejor para mí y para ti.

Hoy disfruto de la vida. Cristo me guía en todas mis pruebas.

Querido Señor, gracias por las pruebas. Padre, aumenta mi fe, muéstrame tu gloria, haz de mí un instrumento útil a tus planes. Gracias, Cristo, venciste la prueba dándome salvación y esperanza. Lléname de tu Espíritu. Amén.

Reflexión: ¡Seguridad y victoria! Con Cristo todas las pruebas son una bendición.

JF

Bonsái

¡Aléjate de mí, Satanás! Marcos 8:33

El bonsái logra producir árboles enanos. Mediante cortes en la raíz y pocos nutrientes, en tres años un árbol aparenta ser adulto con una altura de apenas 20 centímetros.

La iglesia tuvo, en más de una oportunidad, líderes especialistas en bonsái cristiano que impedían el crecimiento, el desarrollo de los miembros y de la iglesia, cortando las raíces que toman sanos nutrientes del amor de Dios.

Lutero se enfrentó a ellos. Arriesgó su vida. No titubeó. Nos enseñó que el soberano de la iglesia es Cristo, no los dirigentes de turno.

Hoy nos toca a nosotros. Estamos llamados a ser pacientes y astutos, sin ver fantasmas y enemigos por todos lados, pero tampoco distraídos. Pecados, abandono, desidia, pereza, indiferencia, todo lo que impide el desarrollo, crecimiento y frutos dentro de la iglesia, está haciendo un bonsái en los miembros de ella.

El Señor nos llama a ser responsables, fieles representantes, comprometidos. ¿Lo somos? Oigamos su Palabra, atrevámonos por sus planes y su misión. Llegará el día en que cara a cara estaremos frente a él. Su gran amor y perdón nos dan confianza y valor. Gustosos compartamos los frutos de su trabajo en nuestra vida.

Hoy disfruto de la vida. Cristo nutre nuestro amor y servicio.

Gracias, Señor, porque tú nunca cortaste raíces, nunca menguaste nutrientes, nunca negaste tu misericordia y gracia. Nosotros sí, perdónanos. Bendícenos para disfrutar en tu presencia, Padre, el desarrollo de la obra del Espíritu. Por los méritos de Cristo. Amén.

Reflexión: Si se planta el bonsái en tierra buena y abundante, recupera su estatura normal. Cristo, ¿desechó a Pedro? Todos tenemos una nueva oportunidad.

JF

Oración

Aún no había terminado de orar cuando vio... Génesis 24:15

Si quieres preparar una comida especial y no sabes cómo hacerla, las recetas de la abuela te darán seguridad. ¡Es así! Ves lo que aun es invisible, sabes a dónde quieres llegar, y confías en quien te guía.

Siendo concretos, claros, sabiendo dónde queremos ir, Dios responde. Recibimos luz y entendimiento.

Cuando no sabemos cuál es el próximo paso, nos evitamos problemas volviendo a la fuente. En la oración todos tenemos acceso a la fuente. El evangelista Juan afirma que Jesús es la fuente, porque "por medio de él todas las cosas fueron creadas" (Juan 1:3). Jesucristo realizó prodigios y milagros, vino a darnos luz para que tengamos vida, nos reconcilió y abrió la entrada al Padre, y ruega por nosotros para que estemos completamente llenos de riquezas espirituales. Mi Señor, ¡sí que vale la pena encontrarnos en oración!

Preguntamos como los niños: ¿Qué es eso? ¿Qué tiene? ¿Qué...? Prueba hijo... Mmm... ¿Papi, me das más? ¿Dudas, problemas, desafíos, decisiones imposibles nos impiden dar el paso siguiente? ¡Prueba, hermano! Hay poder de Cristo, luz, paz, comunión, sabiduría, gozo en la oración. Permite que Cristo muestre su gloria. Dobla tus rodillas y confiado haz lo que el Señor te indique hacer. La dicha de ver al Dios vivo, desplegando su amor, actuando en nuestra vida no tiene comparación alguna.

Hoy disfruto de la vida. Cristo espera mi oración.

Enséñame a orar, muéstrame lo que debo corregir, ayúdame con mis dudas y cuestiones. ¡Muéstrame la gloria de tu amor! Amén.

Reflexión: ¿Qué soy capaz de hacer por mis hijos? Soy un hijo de Dios. ¿Qué es capaz Dios de hacer por mí? Orando veré su amor.

JF

Origen

Dios, en el principio, creó los cielos y la tierra. Génesis 1:1

Las primeras radios receptoras eran un "mueble" grande. Un abuelo, absorbida la primera sorpresa de tener una, llegada la noche, no podía dejar de escucharla.

A dormir, le dijeron. Pero, ¿dejan a este hombre ahí encerrado, hablando solo?, preguntó.

¡Qué diferente puede ser lo que nos imaginamos o deducimos, de la realidad! La Biblia nos dice que Dios es todopoderoso, creador del cielo y de la tierra. ¿Cuánto puede divagar nuestra mente finita en conjeturas y cálculos? Fácilmente encontramos una explicación lógica, razonable y hasta sustentable, aunque tal vez no tenga absolutamente nada que ver con la verdad.

Con tantos cabos sueltos, necesitamos más fe, para creer más en la revelación divina que en las teorías humanas. No condenamos ni buscamos coartar investigaciones. Pretendemos claridad, coherencia, sinceridad, sin más énfasis del que corresponde. No defendemos teorías, procuramos que la verdad se manifieste. Muy pobres seríamos escudándonos detrás de imaginaciones. Jesús dijo: "Yo soy la verdad" (Juan 14:6). Con él siempre será más fácil encontrarla. Los científicos necesitan salvación, amor y perdón de Cristo, como todos los seres humanos. ¿Cuál es mi misión? Que Dios ilumine almas y mentes.

Hoy disfruto de la vida. Cristo ama, no defiende teorías.

Querido Señor, perdón por las veces que divergentes puntos de vista nos enfrentan y separan. A creyentes y a científicos ilumínanos con tu verdad. Tú nos llamas a proclamar tu amor no a defenderte. Amén.

Reflexión: Ciencia y Biblia no son antagónicas. Nuestros egoísmos sí porque trastornan tu objetivo y misión. Reconociendo errores nos acercamos a la verdad.

JF

Yo soy

Por eso les he dicho que morirán en sus pecados, pues si no creen que yo soy el que afirmo ser, en sus pecados morirán. Juan 8:24

A la pregunta ¿cómo es Dios? es fácil responder sus cualidades, aunque difícil comprenderlas: Dios es eterno, santo, justo, todopoderoso. Pero... ¿cómo podemos definir quién es Dios? ¿Cómo se revela a sí mismo? En esta lectura Dios se presenta a Moisés como "el que es". "Yo soy el que soy". Dios "es"; es el principio sin principio de todo lo que tuvo principio, es la causa de toda existencia.

Dios es; y todo lo que existe, existe porque él existe, y a partir de lo que es, se lo llama con sus atributos maravillosos que le caracterizan: "Es la justicia" (Jeremías 33:16) "Es la paz" (Jueces 6:24).

Así como Yahvé, el Señor, se presentó ante Moisés como "el ser", cuando Jesús nuestro Señor, el verbo hecho carne, se presentó ante su pueblo Israel; también le preguntaron "¿quién eres?" (Juan 8:25), y siendo él el eterno Dios junto al Padre, su respuesta no podía ser otra, él era el mismo "yo soy" que se apareció a Moisés en Madián: "Cuando hayan levantado al Hijo del hombre, sabrán que yo soy" (Juan 8:28; comparar 8:58). El Jueves Santo, cuando la turba enemiga buscaba prenderlo, Jesús reveló poderosamente su nombre por última vez: "Cuando les dijo 'yo soy', dieron un paso atrás y se desplomaron" (Juan 18:6). Los soldados caen a tierra porque están ante el mismo Dios eterno, están ante la presencia del "yo soy".

En las reflexiones siguientes desarrollaremos todo lo que Jesús es.

Señor, tú nos haz creado, ¡somos tus hijos por causa de Cristo! Amén.

WS

Maná: pan del cielo

...mañana los saciará de pan. Éxodo 16:8

Jesús nuestro Señor es el "Yo soy"; él "es" todo lo que nos es necesario; es todo lo que sustenta y da vida, porque él es la vida. Es "el pan de vida", "el agua viva", "la luz que da vida". Él es guía y orientación: "Soy el camino" "Soy la verdad" "Soy la puerta" "Soy el buen pastor" "Soy el principio y el fin".

Todas estas cualidades las demostró en su enseñanza y en su vida, y las anticipó como "tipo" al pueblo de Israel en el desierto. Las diversas figuras del "Yo soy" estaban palpables a cada paso del Israel peregrino. Moisés es "tipo" o figura del Buen Pastor. El maná es figura del "pan que descendió del cielo" (Juan 6:41); la nube y columna de fuego la figura de "yo soy el camino"; la serpiente de bronce, la figura del Calvario.

Después de haber sido librado de la esclavitud, Israel necesitó de alimento: El SEÑOR le dijo a Moisés: "Voy hacer que les llueva pan del cielo."

Al maná, símbolo del verdadero "pan que da vida", no tenían más que recibirlo, símbolo de la eterna gracia. Israel tenía tras de sí a Egipto, Canaán era su meta, y a su alrededor tenían el árido desierto: Para su sustento sólo debían mirar hacia arriba. El pan celestial que Dios les daba era un alimento "exclusivo" que ni el egipcio ni el cananeo podrían comprender. También el "alimento" que hoy goza el pueblo de Dios no es comprensible para la gente del mundo, no puede entender que la Palabra y el sacramento sean alimento vital para el creyente, sólo lo reciben quienes peregrinan puestos sus pies en el camino en dirección a la puerta de la vida.

Señor, tú eres nuestro pan cotidiano y eterno. Amén.

WS

Pan en el desierto

Yo soy el pan de vida –declaró Jesús–. Juan 6:35a

Grandes multitudes seguían al Señor. Él, mostrando su eterna compasión, sanaba todas sus enfermedades y dolencias. A los atormentados por demonios los liberaba, a los atribulados por el peso de su pecado les otorgaba su perdón.

En escena vemos una multitud donde todos tenían la misma necesidad: saciar su hambre corporal; y demostrando que sus palabras en el sermón de la montaña no eran vanas (Mateo 6:25) satisface a más de 5.000 hombres en el milagro de la multiplicación de los panes y pescados ¡Qué similitud con la escena de antaño con sus antepasados! ¡Qué nueva prueba evidente de cumplimiento a la profecía en Deuteronomio 18:15! Allí el maná, aquí los panes de cebada. ¿Cuál sería la respuesta de esta multitud ante esta señal del maestro? "Reconocen" en él al profeta que habría de venir, pero se equivocan respecto a la función de este profeta. No teniendo en mente más que el hostigamiento de un imperio humano, sin observar su necesidad espiritual, se apresuran a querer "entronizarlo". Un rey así les convenía: ¡expulsaría o eliminaría a los romanos de su patria, y alimentaría a su pueblo sin necesidad de trabajar! El Señor rechaza esta forma encubierta con que Satanás trata nuevamente de hacerle caer (Mateo 4:8). Sabe muy bien cuáles son los verdaderos enemigos que ha venido a vencer y cuál es el verdadero alimento que su pueblo necesita.

Por la luz de la Palabra, quienes pertenecemos al rebaño del Señor podemos decir:

Gracias, Señor, por haber vencido nuestros enemigos espirituales; gracias porque nos sustentas en cuerpo y alma. Amén.

WS

Yo soy... el pan de vida

El que a mí viene nunca pasará hambre, y el que en mí cree nunca más volverá a tener sed. Juan 6:35

Es en este capítulo del Evangelio de Juan donde el Señor se presenta por primera vez como "yo soy". Trata de ubicar el verdadero papel del Mesías contraponiendo el error de las multitudes (6:14-15).

Las palabras del Señor eran muy fuertes, reacias al razonamiento lógico: " ...el pan que da vida", "el que come de este pan vivirá para siempre", "les aseguro que si ustedes no comen del cuerpo del Hijo del hombre y beben su sangre no tendrán vida". ¿Cómo hubiéramos reaccionado nosotros?

Es comprensible la reacción natural de algunos de los discípulos; sus conclusiones salían de sus razonamientos, y sabemos que el razonar no se contrapone a la fe, pero debemos cuidar que su uso no encandile y finalmente enceguezca la fe.

Los judíos creían en un verdadero milagro que habían experimentado sus antepasados cuando fueron sustentados en el desierto con el maná, el pan que descendió diariamente del cielo durante 40 años, hasta que tomaron posesión de la tierra prometida. Ese maná era un simbolismo del verdadero pan del cielo que es Jesús, y que el que "come de Jesús", es decir, el que acepta la redención obrada por él en la cruz, llega a ser parte del pueblo peregrino que ha de "pasar el Jordán". Heredará la patria prometida, la vida eterna junto a él.

En Galilea fueron alimentados corporalmente más de 5.000 hombres. La obra redentora de nuestro Señor es una mesa servida para toda la humanidad hambrienta de paz espiritual. ¡Feliz quien disfrute de ella hoy, porque trascenderá eternamente!

Padre amoroso, gracias por darnos el pan que sacia todas nuestras necesidades: Jesús. Amén.

WS

Yo soy... la luz del mundo

Yo soy la luz del mundo. El que me sigue no andará en tinieblas, sino que tendrá la luz de la vida. Juan 8:12

Todos los "yo soy" que encontramos en Jesús, contraponen lo que somos o padecemos: hambre: "Yo soy"...el pan de vida; muerte: "Yo soy"...la vida; tinieblas: "Yo soy"...la luz del mundo.

Toda la historia de Jesús, desde su nacimiento hasta su resurrección, está relacionada con lo que él es, no lo que él simboliza. Jesús no sólo era la luz de su pueblo al que revelaba la verdad de Dios, sino que es la luz que da vida al mundo (Juan 8:12). Así como el sol es para nuestra tierra al mismo tiempo luz, calor y vida, así es el Señor para la humanidad perdida (Isaías 9:2). La luz está presente, Jesús es la luz del mundo. Así como el sol derrama sus rayos sobre todo lo creado, Jesús es el don de Dios para todo los que lo reciben, pero, a pesar de ello, hay dos maneras de andar en tinieblas: estar ciego o ¡cerrar los ojos!

Todos nacimos ciegos, Dios en su gracia nos dio la fe por la cual podemos ver, pero está también aquel que empecinado en su orgullo no quiere ver, camina y tropieza en sus propias tinieblas de terquedad. Pero al que oye, analiza, y medita su situación, Jesús es su luz que aclara todo interrogante, que hace ver su realidad.

A la hora final, cuando las tinieblas de la muerte se aproximen, Jesús será nuestra luz, sólo lo veremos a él eternamente como la visión de Juan: "La ciudad no necesita ni sol ni luna que la alumbren, porque la gloria de Dios la ilumina, y el Cordero es su lumbrera" (Apocalipsis 21:23).

Señor, gracias porque tu luz abrió mis ojos a la fe. Ayúdame a compartir esa luz con los que aún no te ven brillar. Amén.

WS

Ustedes... son la luz del mundo

Porque ustedes antes eran oscuridad, pero ahora son luz en el Señor. Vivan como hijos de luz. Efesios 5:8

Jesús es la luz del mundo (Juan 8:12). ¿Cómo puede él afirmar que nosotros, pecadores, seamos portadores de tan grande designio? En Adán somos pecadores, injustos, hijos de condenación; en Cristo, somos santos, justos, hijos de Dios, y... ¡luz del mundo!

Ambas lumbreras señaladas en la creación manifiestan maravillosamente el simbolismo de Cristo y su iglesia: Jesús es nuestro "Sol de justicia", y la opaca luna es el tipo o simbolismo de la iglesia. En "su noche" el mundo no percibe al sol, pero sí la luna que está frente a él; y es el deber de ella reflejar sus rayos sobre un mundo entenebrecido; el mundo no puede conocer la verdad del evangelio sino por el testimonio de los "hijos de luz". Los creyentes somos "luz del mundo" mientras permitamos que brille sobre nosotros el "sol" con todo su esplendor. La luz de la luna no le es propia, por lo tanto no tiene nada de que gloriarse, sino sólo en la fuente que la alimenta. La misma naturaleza en las faces de la luna nos hablan de la realidad de la iglesia respecto a Cristo: cuando la luna se sitúa detrás del sol, "dándole la espalda" (el creyente en su propia noche de pecado) no puede reflejar su luz y deja al mundo librado a su suerte; sin embargo puede revertir su posición creciendo paulatinamente hasta cuando está bien frente a él, ¡que contraste!, como "luna llena" resplandecerá en plenitud.

Señor, que siempre permanezca frente a ti para reflejar tu faz. Amén.

WS

Yo soy... el camino

Yo soy el camino, la verdad y la vida –le contestó Jesús–. Nadie llega al Padre sino por mí. Juan 14:6

Camino: "medio para llegar a un lugar o para lograr un propósito". A lo largo de la historia encontramos infinidad de teorías acerca del "Ser superior" y como llegar a él. Gracias a Dios "el Ser" se ha revelado a sí mismo para que por medio de la fe lo conozcamos y podamos vivir en plenitud junto a él, señalándonos además el medio para acceder a él. Dios mismo, en la figura de Cristo, dijo claramente: "Yo soy el camino... Nadie llega al Padre (Dios) sino por mí." La comunicación con el Padre en un principio fue permanente, de manera que no hacía falta un camino; fue el hombre que en su rebeldía marcó distancia con su Creador, lo que motivó al Padre Dios en su amor labrar el camino a través del plan de salvación por medio de Cristo. Sólo quien en sencilla fe observó su ruptura con su Creador, y aceptó el único camino que Dios señalara, puede permanecer en esa huella con destino cierto y feliz.

El hombre en su insensatez y vanagloria busca labrar sus propios caminos fatuos e innecesarios, caminos al fin, pero con destino trágico. Quien piensa satisfacer a Dios con sus buenas obras, purgando sus faltas con dinero o acciones, está fuera del camino de la gracia de Cristo. Fue él, quien a través de su cuerpo desgarrado en la cruz, abrió el camino único y seguro de salvación. La palabra de Dios es clara y contundente: "Porque hay un solo Dios y un solo mediador entre Dios y los hombres, Jesucristo hombre" (1 Timoteo 2:5).

Señor Jesús, eres mi camino, mi norte, mi meta. Amén.

WS

Yo soy... la verdad

La gracia y la verdad nos han llegado por medio de Jesucristo. Juan 1:17b

En un mundo gobernado por el "padre de mentiras", la ansiada y buscada verdad es difícil de hallar. Cada cual trata de encontrarla a su manera, desde la ansiedad de padres de desaparecidos hasta el juez que enfrenta testimonios adversos y contradictorios. Todos quieren saber la verdad, pero, ¿qué es la verdad? Es la realidad auténtica de un hecho, lo que es y no puede ser otra cosa; no puede haber más que una verdad; así también es superfluo afirmar la pura verdad. La verdad sólo es, no tiene calificativos.

Pero "verdad" es mucho más significativo que el concepto de "certidumbre", "certeza". Dios es la verdad. Jesús no dijo "mis palabras son verdaderas" sino "yo soy... la verdad".

El incrédulo no puede descubrirla por estar enmarañado en la mentira sembrada en el Edén. A partir de ahí no ve ni conoce la verdad. Jesús vino a restablecerla y para eso se manifestó como tal: "A partir de mí nace todo lo que lleva a una realidad, a partir de mí quien escucha mi voz, cree y pone en práctica mis palabras, se reintegrará al estado de la primera creación, conocerá la verdad con claridad, podrá discernir claramente entre lo verdadero y lo falso, podrá experimentar la realidad de que por naturaleza está perdido, pero por gracia divina ¡oh gran verdad! tiene perdón por mi causa." Si el mentiroso llevó al hombre a la muerte, por medio de Cristo, quien es la verdad, gozará de vida espiritual y eterna.

¡Quiero vivir en la verdad Señor! Lléname de ti en pensamientos, palabras, y hechos. Amén.

WS

Yo soy... la resurrección y la vida

Yo soy la resurrección y la vida. El que cree en mí vivirá, aunque muera. Juan 11:25

No existe tema más enigmático e insondable que el misterio de Dios, de la vida, y de la muerte. Grandes pensadores trataron de encontrar explicación a lo inexplicable; se podrá llegar a conclusiones elementales aceptando una primera causa llamada "ser superior", pero no se va más allá de eso.

El misterio de Dios, la vida y el infinito son una misma cosa: Dios es infinito, eterno, insondable, él es la vida. El incrédulo, cuanto más trata de encontrar respuesta en su mente, más se aleja de la verdad que Dios mismo ha revelado. Otros, habiendo abandonado su razonamiento, aceptaron con ojos de fe haber encontrado en Cristo, la vida, la causa de su existir, la razón de vivir.

Dentro del misterio de la vida se esconde el misterio de la muerte. Jesús mismo se identificó: "Yo soy la resurrección y la vida, el que crea en mí vivirá aunque muera, y todo el que vive y cree en mí no morirá jamás" (Juan 11:25-26). Jesús es la vida, ¡oh misterio! Tuvo en cuenta tu identidad antes de la creación del mundo. La muerte es una realidad a partir de otra: el pecado. Jesús, la vida, asumió la culpa de tu pecado al morir en la cruz. Él se entregó a sí mismo para que todo mortal pueda volver a tener vida por medio de su gloriosa resurrección. Jesús te invita a "morir con él" confesando tus pecados, para que puedas resucitar en y por él para vida eterna.

Déjame, Señor, morir permanentemente contigo, para gozar así de permanente vida. Amén.

WS

Yo soy... el buen pastor

El Señor es mi pastor. Salmo 23:1

Uno de las secciones más "fuertes" de advertencia y juicio en las Escrituras se encuentra en el capítulo 34 del profeta Ezequiel. Quienes debieron cuidar del rebaño, en lugar de hacerlo lo abandonaron a su suerte. El Señor promete no dejarlo en esa situación, sino enviar a "su siervo David" quien se encargaría de apacentar sus ovejas y sería su único pastor (Ezequiel 34:23). Siglos atrás David había sido un excelente pastor de ovejas, pero la promesa en cuestión es una metáfora referida al "hijo de David", nuestro Señor Jesús.

Así encontramos su cumplimiento en uno de los cuadros más tiernos en el capítulo 10 del Evangelio de Juan. Allí Jesús, el "hijo de David" se presenta y afirma: "Yo soy el buen pastor."

No es casualidad que Moisés y David, respectivamente figura y descendencia del Señor, fueran excelentes pastores, el primero pastoreando a su pueblo en el desierto, y David expresando en su hermoso salmo (23) la tierna relación entre el cordero y su pastor. Pero no viene al caso analizar analogías y cumplimiento de profecías. Lo hermoso y trascendental de la figura del "buen pastor" comienza con su calificativo buen, en contraposición con los negligentes pastores observados en Ezequiel. El buen pastor no sólo conduce su rebaño por buenos pastos y cristalinas aguas, los libra del lobo, y busca la oveja descarriada hasta encontrarla, sino que lo hace con amor, lo que demostró dando "su vida por sus ovejas".

Tu vida diste por mí, ¡oh buen pastor! permíteme seguirte siempre. Amén.

WS

Planificación

El hombre propone y Dios dispone. Proverbios 16:1

Planificar con Dios nos orienta, clarifica metas y objetivos, da seguridad y firmeza en las decisiones. Logramos mayor consenso, sabiduría y apoyo en cada paso, si todos sabemos hacia donde vamos.

¿Cómo está tu planificación familiar? ¿Qué lugar ocupa Cristo en la administración del tiempo, los dones y las finanzas? ¿Qué sería de tu vida si Cristo no estuviera? ¿De cuántos pecados te libró? ¿Cuántos dolores te ahorró?

Su Espíritu te da firmeza. Lo sabes, su perdón, fuerza y promesas no te abandonan. ¡Porque te ama ha cargado tu yugo, imposible de llevar! Le sigues, cargando su yugo, suave, ligero, lleno de saludables frutos. Planificas con seguridad, no importa lo que el futuro depare, él está sobre todo. A las pruebas de cada día, Jesucristo presenta la salida. Tienes gozo por una vida que es nueva y eterna. Al final del camino verás al Padre celestial cara a cara, disfrutarás su abrazo, su calor, su fuerza sin estorbos.

¿Cómo no permitiré que el Señor guíe la planificación de mi vida y de mi familia? El tiempo invertido en comunión es oxígeno puro para el alma. Nuestros dones mezclados con su Espíritu de amor son dinamita de gracia y poder. Nuestras finanzas bajo su administración se multiplican. Cristo gobierna en nuestras vidas y familias. Somos instrumentos de Dios. Nos gozamos, proponemos y él dispone.

Hoy disfruto de la vida. Cristo potencia mi vida.

Gracias, Señor, porque no estás de visita. Vives compartiendo cada realidad. Guíanos, potencia nuestras vidas y dones. Ayúdanos a planificar acorde a tus planes en nuestras vidas, familias e iglesia. Amén.

Reflexión: Cristo es Rey.

JF

Deudores

Estoy en deuda con todos. Romanos 1:14

El apóstol Pablo anhelaba que tanto judíos como gentiles conocieran el amor de Dios, la salvación en Cristo. Por esto se sentía en deuda con todos y en muchas oportunidades se vio en aprietos.

A los judíos les resultaba inconcebible que el Mesías hubiera muerto en una cruz. Por la ley sabían que quien fuera crucificado sería maldito (Deuteronomio 21). Ellos esperaban un Mesías libertador, rey glorioso de su nación, un caudillo político. Encerrados en sus ideales, no prestaron atención a toda la profecía. Atentos sólo a lo que querían escuchar confundieron los planes de Dios. Jesús no encajaba en sus planes.

A los sabios y filósofos griegos les resultaba una locura que un hombre muriese por todos. Rechazaban la resurrección, y el evangelio tenía poco poder comparado con sus dioses mitológicos. El plan de un Dios que sufría y moría crucificado era inaceptable.

A Pablo no le resultó simple predicar el evangelio, pero no se amedrentó, su mensaje era más importante. Él mismo había estado en contra del evangelio; entendía a los griegos y los amaba. Se esforzaba para que Dios también les abriera los ojos; se sentía un privilegiado deudor, por amor.

¿Y nosotros? Con Cristo reinando en nuestro espíritu, los problemas externos, por más grande que se vean, son todos superables.

Hoy disfruto de la vida. El amor de Cristo me moviliza.

Querido Señor, te rogamos que engrandezcas tu amor, misericordia, perdón y gracia para que reinando en nuestro espíritu, tu luz resplandezca a donde vayamos. Amén.

Reflexión: Parcializando el evangelio entramos en conflicto con Dios. ¿Qué hacemos para conocer la voluntad completa de Dios?

JF

Manada

No tengan miedo, mi rebaño pequeño. Lucas 12:32

Jesús se dirigía a los discípulos. Era un grupo pequeño de gente común, con una característica particular: el maestro los había elegido. A ti y a mí también nos eligió. Somos elegidos y enviados. Jesús busca restablecer la comunión del Padre con todos. Nos abruma lo grande que es la tarea y lo minúsculos que somos. Pero cumpliendo sus promesas con tierno amor nos dice: "Yo estoy con ustedes." Él nos respalda. Recibimos poder y sabiduría. Su Espíritu nos protege y guía. Jesucristo nos abraza diciéndonos: "No tengas miedo, rebaño pequeño." Afuera, los lobos son grandes y feroces, pero Jesús insiste: No teman, yo los conozco y los he vencido. Es la buena voluntad de mi Padre darles el reino. Dejen ya de enredarse en sus egoísmos, en sus preocupaciones, en sus planes pasajeros, dejen ya de atormentarse.

¿Dónde está tu corazón?

La invitación de Cristo es clara: el Padre nos ha dado el reino y con él todo lo que necesitamos. Hay tesoros inagotables en los cielos que esperan ser derramados en cada corazón. ¡A compartir!

Hoy disfruto de la vida. Cristo nos abrió las puertas de su reino.

Querido Señor, aunque sé que todo lo que el mundo ofrece pasará, no es fácil cambiar de valores. Perdóname cuando dudo o me enredo en planes egoístas que me alejan de ti. Te ruego: toma mis temores, fortalece mi fe, abrázame, cumple tus promesas de amor en mí. Amor.

Reflexión: Rebaño pequeño más Dios es victoria segura.

JF

Cristo

Cristo es mediador de un nuevo pacto. Hebreos 9:15

Las Escrituras evidencian, certifican, y pregonan: Toda la humanidad está separada de Dios. Todos estamos muertos en nuestros delitos y pecados. No hay buenas obras, esfuerzos, sacrificios, ritos, ni aún obligaciones religiosas que podamos hacer para salvarnos. La ley de Dios es una cadena que nos une a Dios, pero si un eslabón se rompe nos condena eternamente. Todos, tú y yo también fallamos, y no en un solo eslabón. ¿Qué merecemos? Cuando la más negra oscuridad se cierne sobre toda la humanidad, las Escrituras también evidencian, certifican y pregonan: El amor es más fuerte y Cristo es la encarnación del amor. Él hizo suya nuestra condenación. Él, con su sangre y vida, pagó el precio de nuestro rescate. Él vino a buscarnos.

No te excuses, no defiendas los eslabones rotos de tu cadena. Cristo quiere liberarte, resucitarte a vida eterna. El Espíritu Santo llena tu alma. Abre tus ojos. Mira a Cristo, hay expresión de amor en su cara, perdón en sus ojos. En una caricia sus manos limpian tus heridas. Un abrazo protector trae calma. Un horizonte brillante se abre ante ti. Tu corazón rebosa de gozo y paz. ¡Es Cristo! Solamente Cristo es capaz de salvar y cargar con tu pecado verdaderamente. Tienes una herencia eterna. Sirve al Señor con alegría, comparte su amor con todos, cada día.

Hoy disfruto de la vida. Cristo es mi Salvador.

¡Cuánto vale tu amor, Señor! Ayúdame a comprenderlo, a vivirlo, y a compartirlo. Amén.

Reflexión: Por Jesucristo, mi único mediador, vivo un nuevo pacto.

JF

Jesucristo

Hay un solo Dios y un solo mediador entre Dios y los hombres, Jesucristo hombre. 1 Timoteo 2:5

Jesucristo está presente en cada texto de la Biblia. En el Antiguo Testamento Cristo es promesa, es el Mesías que libertará de toda esclavitud y condenará al enemigo. Él es la promesa garantizada en Génesis 3:15, cuya presencia y sombra se proyectan en cada hecho.

En el Nuevo Testamento Cristo se revela como la Palabra creadora del Génesis. Él es promesa en cumplimiento, Dios encarnado buscando y salvando al perdido. Jesucristo es el pastor, el maestro que desde la simplicidad de cada día enseña la grandeza de la eternidad. Es el amo que se hace siervo y lava los pies de sus discípulos, carga su cruz, muere por nosotros. Jesucristo es el terror de la muerte y del infierno que no pudieron retenerlo. Es el primero en resucitar, sellando la salvación, anulando la eterna condenación de todos los que creen en él. Es el Señor que comprende, perdona, y reestablece al que lo niega –Pedro–, muestra sus heridas al incrédulo –Tomás–, llama al que lo persigue –Saulo–. Jesucristo es el único camino a la nueva creación. Es el único posible mediador, enteramente Dios y hombre a la vez. Amalgama perfecta. Punto de encuentro de dos realidades totalmente distintas, por su amor, intercambiables. Jesucristo ¡Mi Señor!

Hoy disfruto de la vida. Jesucristo me creó de nuevo.

Señor, gracias por la bendición de conocerte, por tu Palabra revelada, porque anulaste mi deuda impagable, por la vida que ya es eterna, porque en tu gracia y comunión despierto cada día, porque tu Espíritu es cálida ráfaga que eleva mis alas al cielo, porque uniste las manos del Padre a las mías, porque sirviéndote gozo más amor. Amén.

Reflexión: El amor de Jesucristo moviliza. ¿Podemos guardarnos tanto amor?

JF

Yo soy

Yo soy el que soy. Éxodo 3:14

"Yo soy" es el nombre con el que Dios se reveló a Moisés. Son interesantes los diferentes agregados que Dios manifiesta junto a este nombre que nos habla de él, que nos dan seguridad, comunión, y paz. He aquí algunas de ellas: Yo soy tu escudo, tu protector, Dios Todopoderoso, el SEÑOR, Dios omnipotente, el que soy, el que te envía, santo, tu propiedad y tu herencia, único Dios, tu salvación, la inteligencia, la rosa de Sarón, tu redentor, quien borra tus rebeliones por amor a mí mismo, el primero y el último, tu consolador, tu dueño, el que te salva, tu señal, Padre de ustedes, gran Rey, el Cristo, el Mesías, el pan de vida, la luz del mundo, el que da testimonio, la puerta, el buen pastor, la resurrección y la vida, el camino, la verdad, la vid verdadera, Jesús, a quien persigues, el que escudriña la mente y el corazón, raíz y linaje de David, la estrella resplandeciente de la mañana.

¡Cuánto nos dice de sí mismo nuestro Señor!

Tanto poder hay encerrada en estas dos palabras, que la noche en que Jesús fue traicionado, cuando se acercó un destacamento de seiscientos soldados buscándolo, Jesús dijo: "Yo soy", y todos retrocedieron y cayeron a tierra.

Hoy disfruto de la vida. "Yo soy" vive en mí.

Dios, me gozo en la revelación de tu nombre. Amén.

Reflexión: Las combinaciones con "Yo soy" son promesas que encierran vida, como semillas. ¿Dios querrá plantarlas en mi corazón? ¿Cómo dejaré que crezcan?

JF

Murallas

¡El SEÑOR les ha entregado la ciudad! Josué 6:16

¿Cuántas murallas tiene nuestra vida? Realmente invencibles, imposibles. Mirar y conocer el escollo al detalle es saludable. Observar que no tiene hoyos la muralla, analizar su espesor, empequeñecernos con su altura, impresionarnos frente a su defensa. ¡Necesitamos saber!

Josué también necesitaba saber, por eso envió a dos espías (Josué 2). La estrategia de Josué fue: ser fiel a la Palabra del Señor, confiar en sus promesas y obedecer consecuentemente. Fortaleció la comunión, afirmando el pacto de Dios con su pueblo y celebrando la Pascua (Josué 5). ¿Qué estrategia tienes tú?

Puedes extenuarte, desalentarte, sentarte a llorar, sentirte solo, enojarte con Dios por las murallas y problemas, pensar en morir sin que nada cambie, o pasar por todas ellas y agregar otras más. Atento, observa, la meta está adelante.

Conociendo todos los detalles, sabiendo cabalmente nuestra debilidad e impotencia, corramos como Josué buscando la verdadera comunión. Permitamos que el Espíritu nos guíe. Escuchemos atentos a Cristo. Fieles, adoremos de corazón al Padre. Confiados, dejemos que nos asombren sus maravillosas obras. Nuestro Dios es Dios todopoderoso, no tiene límites su amor ni su poder. Y quiere sorprendernos. ¡Veremos su gloria!

Hoy disfruto de la vida. Dejo en manos de Cristo todas las murallas.

Señor, conoces las murallas que me rodean. Perdona mi desconfianza. Purifícame, que resurja tu amor en mí. Entrego todas las murallas y los ejércitos enemigos en tus manos. Tu Espíritu me renueva. Tus promesas me alientan. Quiero serte fiel, dime lo que debo hacer. Amén.

Reflexión: Si Dios no tiene límites, ¡yo tampoco se los pondré!

JF

Armadura

...puedan resistir hasta el fin con firmeza. Efesios 6:13

Somos hijos de Dios y él pensó en todo lo que necesitamos. A nuestras necesidades físicas provee diaria y abundantemente. Y para nuestro espíritu también. A nuestros pecados y al diablo, Jesucristo les hizo la cruz en el Gólgota. A la muerte la venció con su resurrección, trayendo vida abundante. Fiel a sus promesas, él cumple, nada nos falta.

Un perro, aunque esté atado, ladra y hasta puede morder. El diablo y sus poderes están atados, pero aún ladran, y si nos acercamos también muerden. Aunque Cristo los ató, procuran por todos los medios enredarnos con sus artimañas.

El día de la salvación definitiva se acerca. Mientras, para la defensa, fortaleza y firme resistencia, ¡revistámonos con la armadura que Dios nos provee!

A nuestro corazón Dios lo protege con la coraza de justicia forjada en la cruz. Jesús, la verdad, ajusta firme toda la armadura. A nuestros pies, ha calzado poder para proclamar el evangelio de la paz. Cubriendo nuestra cabeza, protegiendo nuestros sentidos, pensamientos y decisiones, está la salvación. Defendiéndonos de los dardos, artimañas y mordiscones del enemigo, está el escudo de fe. La espada del Espíritu, la palabra de Dios, es el único arma de ataque. ¿Andaré entre feroces perros salvajes desprotegido?

Hoy disfruto de la vida. Cristo me da su armadura.

Señor, muchas veces he vivido despreocupado de mi vida espiritual, perdiendo parte o dejando que se oxide mi armadura. Tú puedes restaurarme. Ayúdame, quiero estar alerta, confiando en ti, proclamando tu amor. Amén.

Reflexión: ¿Dónde tengo que pulir mi armadura? Dedicando tiempo a mi armadura cuido mi vida.

JF

Shalom

...tenemos paz con Dios. Romanos 5:1

Shalom es una conocida palabra hebrea, en griego es *eirene*, y de ella viene el nombre femenino Irene, que puede traducirse como "estar completo", "en equilibrio perfecto", "sano", "bien en todo sentido", "próspero y feliz", "en armonía o concordia con otro", y "paz" en su más profundo significado: paz con Dios, y, en consecuencia, ¡y no al revés!, paz con uno mismo y con los semejantes.

El hombre a su manera busca el completo bienestar. Lucha de todas formas e invierte todo para estar sano; se esfuerza para ser feliz; sufre para estar bien; salta queriendo alcanzar paz celestial.

No llega, porque no basta con alcanzar una "paz" temporal tan costosa y escurridiza como el viento entre los dedos. Hemos hecho burdas copias que no tienen nada que ver con la calidad original de la paz verdadera, eterna, gratuita, completa y segura brindada sólo por gracia para todos. Pero muchos estamos tan ocupados, tan concentrados, tan cansados, tan obstinados, tan ciegos, que no la podemos recibir. Somos herederos despreocupados que buscamos desesperados donde no corresponde. No gozamos ni permitimos que otros gocen.

Paz, ¿dónde está tu fuente? La obra de Cristo en la cruz y su resurrección ganó y selló la justicia del Padre para cada uno de nosotros, su Espíritu afirma en esta obra nuestra fe, cimiento eterno de la *shalom* de Cristo que se derrama por amor en nuestro corazón.

Hoy disfruto *shalom*, Cristo la logró para mí.

Querido Padre, perdón. Espíritu, por favor ayúdame a no frenar tu obrar en mí, guíame a vivir en tu eterna paz. Amén.

Reflexión: ¿Cómo es la paz del mundo? Con Cristo tengo *eirene*.

JF

Antesala del infierno

Dichoso aquel a quien se le perdonan sus transgresiones, a quien se le borran sus pecados. Salmo 32:1

¿Has escuchado alguna vez la frase: "¡Esto es un infierno!" ? Quien así se haya expresado no conoce la magnitud de sus palabras. Si bien es cierto que se pueden experimentar situaciones límites, nadie puede afirmar estar sufriendo... el infierno; aunque quizá sí una antesala del infierno, como lo sufrió David.

El infierno es sinónimo de muerte, el peor de nuestros enemigos espirituales. Es el peor de los fuegos ya que significa estar definitiva y totalmente apartado de la comunión con Dios sin posibilidad de restablecerla.

David había cometido un terrible pecado de adulterio y homicidio, además de añadir el grave error de pretender ocultarlo a los ojos de Dios. En su orgullo no se animó a confesarlo de inmediato y así labró su propia antesala del infierno al no tener comunión con Dios durante todo un año. Más adelante, en tiempos de refrigerio de restauración, expresó: "Mientras guardé silencio, mis huesos se fueron consumiendo por mi gemir de todo el día. Mi fuerza se fue debilitando como al calor del verano, porque día y noche tu mano pesaba sobre mí." La mano de Dios le era como un hierro candente sobre su conciencia, había perdido la alegría de la salvación, sus días eran como un anticipo del infierno.

Pero por gracia de Dios, la frescura del perdón está a la puerta de todo aquel que humillado reconoce y confiesa su pecado, como le llegó el tiempo a David.

¿Has llegado a experimentar una antesala del infierno? El perdón divino y la Mesa del Señor son una antesala del cielo. Entre una situación y otra, media solamente arrepentimiento y confesión.

Ten misericordia de mí, Señor: ¡soy pecador! Amén.

WS

Jesús nuestra justicia

...el justo vivirá por su fe. Habacuc 2:4

El versículo emblemático que caracteriza el día de la Reforma es el de Habacuc 2:4: "El justo vivirá por su fe". Martín Lutero, instrumento de Dios para revertir enseñanzas y prácticas equivocadas dentro de la iglesia, se vio iluminado en mente y espíritu al observar este versículo tan significativo. ¿Qué significa ser justo? Por ser pecador, el hombre no es ni perfecto ni justo. Justo es todo aquel a quien Dios lo declara como tal. Aquel que se equipara a Dios, quien es justo, verá el contraste con su propia persona. Jesús, el Hijo de Dios, al hacerse hombre se sometió a la voluntad de Dios y cumplió a la perfección los diez mandamientos por nosotros; a su vez, pagó el precio del castigo del pecado de todos los hombres al morir en la cruz. Así, a todo pecador que cree en Cristo, todo esto que hizo Jesús en su lugar, le es imputado como propio. Dios, el justo juez, como en un acto jurídico, declara libre de culpas al creyente que se apropió de la justicia (cumplimiento de los mandamientos) y recibió de Cristo la limpieza de sus pecados con su sangre derramada en la cruz.

Todo creyente en Cristo es así liberado de la maldición de la ley que sentenciaba: "Maldito sea quien no practique fielmente las palabras de esta ley" (Deuteronomio 27:26). Jesús, en su gran amor, asumió esa maldición en lugar nuestro y nos concede su santidad; ¡bendito "trueque" para que renovados en espíritu, le honremos en buenas obras!

Señor, has hecho todo por nuestra salvación, danos fuerzas ahora para vivir de acuerdo a tu santa voluntad. Amén.

WS

Jubileo

Porque el que entra en el reposo de Dios descansa también de sus obras, así como Dios descansó de las suyas. Hebreos 4:10

Alberto acaba de recibir la noticia que en los próximos días podrá verse beneficiado con el primer cobro de su jubilación. ¡Por fin! Luego de casi 45 años de trabajo y arduas gestiones burocráticas, podrá descansar y disfrutar de sus aportes a la caja de previsión, en la que depositó durante tanto tiempo.

El trabajo es una necesidad como también lo es el descanso. Dios mismo trabajó en la creación y dispuso el día de reposo; luego en su ley señaló el reposo de la tierra –cada 7 años– aunque sin que ella deje de proveer del alimento necesario. Luego, el año de Jubileo cada 50 años, donde cada uno podía rescatar la propiedad que le hubiera sido enajenada. ¡Portentoso don que lo magnificaba haciéndolo coincidir con el día del perdón! (Levítico 25:9).

En su peregrinar terrenal, "Alberto" disfrutará de un jubileo o rescate de su propio aporte temporal.

Pero, qué bueno es saber que en el sentido espiritual, es Jesús quien trabajó por nosotros, y no sólo eso, sino que hizo su depósito pagando un precio muy alto para que gocemos de un beneficio eterno. Él es nuestro reposo luego de las fatigas de esta vida. Es maravilloso saber, además, que no necesitamos esforzarnos con ningún trámite o exigencia legal, ya que su gracia nos lo ha concedido por completo; sólo es necesario esperar, y la esperanza es ya una seguridad. Confiamos plenamente que algún día tendremos nuestro Jubileo eterno de acuerdo a su promesa: "Voy a prepararle un lugar."

Señor, eres nuestro reposo hoy y en la eternidad. Amén.

WS

Fracasos

Así que no temas, porque yo estoy contigo; no te angusties, porque yo soy tu Dios. Isaías 41:10

Transitamos la era del exitismo, con ofrecimiento de carreras que llevarían al podio de gloria y riquezas, paradójicamente en una sociedad sumida en permanentes fracasos. Se escucha a diario: "Fracaso en las negociaciones, en matrimonios, de programas, cosechas." Nadie puede negar que ha fracasado en algo, y lo primero que siente es frustración, decaimiento y baja autoestima.

En la faz espiritual es donde más nos sentimos fracasados. ¡Cuántas veces las intenciones de mejorar quedaron truncas! Es... una situación general. Nadie queda exento a esta experiencia. En la Biblia los que con más profundidad lo experimentaron fueron los grandes hombres de fe, como David (Salmos 32 y 51) y Pedro (Mateo 26:69-75). Lo que tiene de malo el fracaso, es quedarnos con él, no reconocerlo, taparlo con una careta. San Pablo, al analizar la triste realidad de todo el género humano, aún en el regenerado por estar esclavo a su vieja naturaleza, exclamó: "¡Soy un pobre miserable! ¿Quién me librará...? ¡Gracias a Dios por medio de Jesucristo nuestro Señor!"

Es verdad que fracasamos, pero el triunfo y la victoria de Jesús por nosotros ¡nos pertenece! Yo morí con mis fracasos, ¡Cristo es mi triunfo!

Qué mejor ante nuestros fracasos por no poder cumplir la voluntad de Dios, que confesárselo y decir: "Señor, en mi vida sufro fracasos, pero en ti está mi ayuda", y junto con el poeta añadir las refrescantes palabras:

"Ya no temo, Señor, los fracasos,
ya no temo, Señor, la ingratitud
porque triunfas, Señor, en la vida,
tú lo tienes, tú lo das." Amén.

WS

Génesis: origen

Dios, en el principio, creó los cielos y la tierra. Génesis 1:1

Existe un solo escrito por el cual el único Dios todopoderoso y eterno se ha revelado a la humanidad: la Biblia. Ella es un compendio de 66 pequeños libros. En el primero de ellos, el Génesis, que significa comienzo u origen, en una forma clara y sencilla para comprensión del más humilde lector, relata el comienzo de todas las cosas. Lo que es un enigma irresoluto de la ciencia es para el creyente una bella pincelada de la más genuina verdad: el universo existe porque Dios existe, y es él el diseñador y creador de todo, ¡sólo con el poder de su Palabra!

El Génesis pone a nuestra disposición, no dos creaciones, sino dos relatos que se complementan. En el primero, la creación es descrita en seis etapas, nominadas "6 días"; en este último, Dios coronó su obra con la creación del hombre y de la mujer, a quienes encargó la maravillosa tarea de gobernar la creación.

En el segundo relato se nos narra la manera en que Dios creó al hombre: lo hizo del "humus" (hum-ano = hom-bre); y a la mujer la formó de una de sus costillas (de su costado) significando su lugar junto al hombre.

Toda la creación fue maravillosamente buena, hermosa, por cuanto provenía de la hermosura de Dios, su mente y su poder. Sólo el hombre y su mujer, entre todas las criaturas, poseían las cualidades divinas: santidad, justicia y perfección, gozando así en comunión, la plenitud de Dios. ¡Era el paraíso, el cielo en la tierra!

Tu belleza y poder, oh Dios, contemplo en toda tu creación. Amén.

WS

Matrimonio: familia

Cuando Dios creó al ser humano, lo hizo a semejanza de Dios mismo. Génesis 5:1b.

Por medio de él todas las cosas fueron creadas; sin él, nada de lo creado llegó a existir. Juan 1:3

El jardín de Edén era una "sucursal del cielo"; geográficamente no se lo ha podido ubicar con precisión, pero sabemos que en Mesopotamia, hoy posiblemente Irak. Éste no es más que un detalle menor, pero que asegura que el relato bíblico del comienzo del hombre es tópico e histórico.

La ciencia dominada por el intelecto finito y falible del hombre pretende reñir con la sencilla verdad de la mente infinita e infalible de Dios. Pretende, con comprobaciones lógicas y rebuscadas, encontrar otra fuente de origen de la humanidad. La paleontología, antropología y filosofía tendrán sus motivos de inquirir, estudiar y profundizar conocimientos, pero necio es infiltrarse y contradecir, ridiculizando, las revelaciones divinas. La más burda teoría, la evolución de las especies, es la muestra más evidente del orgullo humano. ¡Pobres aquellos que creen que provienen de un simio!

Por fe podemos afirmar: ¡Qué sencillo y maravilloso, provenimos de la mano de Dios! Dios creó al hombre y a la mujer a su imagen, y les dio la grandiosa tarea de administrar todo lo creado, en perfección y pureza. Dios lo creo varón y mujer para que tengan hijos, se multiplicasen, y entre todos formasen una gran familia de Dios para su gloria. Vemos así que el Creador los hizo "varón y mujer" instituyendo así, y no de otra manera, el matrimonio y la familia. "El hombre se une a su mujer y los dos se funden en un solo ser."

¿No sería maravilloso volver a ese primer estado? ¡Allá vamos, Jesús es el camino al Edén Celestial!

Espero con gozo, Señor, la nueva creación. Amén.

WS

Gran diseñador

Los cielos cuentan la gloria de Dios, el firmamento proclama la obra de sus manos. Salmo 19:1

La creación no es un tema exclusivo del autor del Génesis. Observamos en este salmo 104 una hermosa poesía en la que, salpicando distintos matices de la naturaleza en todos los aspectos, atribuye a Dios la creación de todo lo que existe; lo reconoce además como preservador, sustentador de todo lo creado. Todo ser viviente es satisfecho por él en todas sus necesidades (v. 27).

Este salmo es una verdadera maravilla literaria donde no se escapa ningún detalle de la armonía del universo. Finalmente, el salmista cierra con una expresión de deseo y una propia determinación: "Cantaré al SEÑOR toda mi vida, cantaré salmos a mi Dios mientras tenga aliento", y un deseo: "Que desaparezcan de la tierra los pecadores ¡que no existan más los malvados!" Sin duda, los pecadores malvados pertenecen a la creación de Dios, pero es el pecado del hombre lo que empaña y arruina el "paisaje" de la maravillosa creación divina. Por medio de Adán y su culpa, toda la creación cayó bajo maldición; pero Dios se dignó enviar un "segundo Adán" perfecto, santo, y justo con una función: Cristo vino al mundo a restaurar lo que por el pecado del hombre se ha echado a perder. Él, inocente y justo, asumió la culpa del Adán pecador y su descendencia, para que su santidad y justicia la pueda gozar el culpable merecedor de castigo. ¡Bendito canje de la gracia y el amor de Dios! A esta maravillosa restauración de la creación se la observa tenue y creciente en la iglesia combatiente; definitiva y plena en la bienaventuranza eterna.

Señor, une mi voz con la de tu creación, que proclame tu gloria día tras día. Amén.

WS

Cuestionador cuestionado

Cuando contemplo tus cielos, obra de tus dedos, la luna y las estrellas que allí fijaste, me pregunto: "¿Qué es el hombre, para que en él pienses? ¿Qué es el ser humano, para que lo tomes en cuenta?" Salmo 8:3-4

Para quien, cerrado en su ceguera espiritual afirma ser ateo, no existen argumentos verbales para revertir su posición. La misma creación con todas sus maravillas habla por sí misma de una mano poderosamente creadora y una mente superior diseñadora. Una imponente catarata, la caída de un rayo, la serenidad de una noche estrellada, la sonrisa de un niño..., además de infinidad de cosas que por su grandeza, pequeñez, forma, aroma, o color hacen "oír" la voz del Creador.

David lo había experimentado y por eso dijo: "Cuando contemplo los cielos, obra de tus manos... me pregunto ...¿qué es el hombre...?" El hombre, corona de la creación, percibe su pequeñez ante la majestuosa obra divina.

Job no se había dado cuenta de ello cuando cuestionó a Dios, y fue el todopoderoso quien le hace ver precisamente con pinceladas de maravillosa poesía, una surtida gama de bellezas de la creación que expresaban su "derecho de autor", su soberanía, su poder.

Cuando en el espejo de la creación nos damos cuenta de nuestra pequeñez e insignificancia, es bueno y saludable reconocer también nuestra miseria espiritual y contemplar la hermosura del amor de Dios expresado en la cruz de Cristo. Todo lo hermoso de la creación en esta tierra tendrá su fin, menos su corona: el hombre rescatado por Cristo, que por gracia divina trasciende eternamente.

Escucha la voz de Dios en los capítulos 38-39 de Job, y luego ¡escúchate a ti mismo!

Señor, me rindo ante lo esplendoroso de tu poder, gloria, y majestad. Amén.

WS

¡Si hubiera sabido!

El mensaje de la cruz es una locura para los que se pierden; en cambio, para los que se salvan, es decir, para nosotros, este mensaje es el poder de Dios. 1 Corintios 1:18

Gracias a los informes satelitales es posible prever fenómenos meteorológicos (ciclones, etc.) y disponer de alertas para evitar mayores catástrofes.

"¡Si yo hubiera sabido...!" es una frase clásica después de una desgracia, pero que para nada tiene justificativo, habiendo un alerta previo. Además, Dios ha dado dos cosas que son previsoras naturales: la prudencia y el sentido común. En zona de sismos, construimos una casa con cimientos acordes al lugar. No iniciamos el viaje sin revisar el vehículo.

El más antiguo alerta se dio hace 7.000 años, y su vocero fue Noé, advirtiendo el diluvio. Su mensaje fue tomado –razonando– como locura. Locura, pero gran verdad y triste realidad por la que sucumbieron. Sólo se salvaron los que predicaron y creyeron: Noé y su familia.

Así como en el caso de Noé, el arca y el diluvio, existe otro alerta bíblico que puede suceder en cualquier momento. Es la segunda locura para el mundo, pero salvación para aquel que cree. Hace 2.000 años que se pregona que Cristo vendrá por segunda vez para juzgar al mundo con justicia; lo mismo que en tiempos de Noé, muchos se burlan y toman como locura el mensaje de la cruz de Cristo y otros permanecen indiferentes. La actual "familia de Noé" es la iglesia, y el mundo perdido, los advertidos, para que alcancen la gracia y "entren al arca" a tiempo.

Para quienes confiamos y creemos en Cristo, él es nuestro arca que nos ha de trasladar a las alturas de la salvación: ¡La Palabra testifica hoy esta verdad!

Señor, navegar en el arca de la salvación me hace sentir seguro. Ayúdame a extender la mano para que otros también puedan abordar. Amén.

WS

¿Dios indiferente?

Mis lágrimas son mi pan de día y de noche, mientras me echan en cara a todas horas: "¿Dónde está tu Dios?" Salmo 42:3

Una de las características de los programas de radio en los últimos años es plantear un tema de actualidad y dejar abierto al aire la opinión de los oyentes. A uno de ellos llegó un correo electrónico cuestionando: "¿Dónde está Dios con todas las cosas que pasan?" Atrocidades genocidas, guerras absurdas, hambre, injusticias. ¿Dónde está Dios? ¡Está en su alto trono lamentando la necedad del hombre y su endurecimiento que impiden que él obre! Dios provee en forma maravillosa y abundante toda clase de alimentos que abastecerían el hambre de tres veces la población mundial, ¡mientras millones de toneladas de alimentos son arrojados por el hombre en basurales o al fondo del mar!; sólo este ejemplo nos basta. Dios creó al hombre libre, y en esa libertad se inclina hacia lo malo, de ahí todas las consecuencias que lamentamos.

Dios quiere y puede cambiar el corazón del hombre a través del único medio: la vivencia de Cristo en cada corazón. Fue este mismo Jesús quien lamentó exclamando: "Jerusalén, Jerusalén, ¡cuántas veces quise reunir a tus hijos como la gallina a sus pollitos... y no quisiste! (Mateo 23:37).

No es que Dios se despreocupe de la suerte del mundo. Demostró una actitud de amor y cuidado enviando a su Hijo para salvarlo. Nada podrá revertirse mientras el mundo se rija bajo su naturaleza. ¿Dónde está Dios? ¡Obrando con su Santo Espíritu por medio de la predicación de su Palabra para cambiar la naturaleza del incrédulo! Como ejemplo, nos basta la vida de los primeros cristianos que se registra en Hechos 2:44-47.

Transforma al mundo, Señor, a través de mí. Amén.

WS

Aguijón

...una espina... 2 Corintios 12:7

Pablo tenía una espina, un aguijón "en el cuerpo". No sabemos a ciencia cierta qué era, si una debilidad, enfermedad, discapacidad física. Para Pablo era un problema, "un mensajero –ángel– de Satanás", un freno en su cuerpo que lo incomodaba. Tres veces oró pidiendo que Dios se lo quite, pero el Padre no lo hizo.

Aún los poderes y planes satánicos están bajo la soberanía de Dios. Unidos a Cristo, podemos aprovecharlos, para ver con mayor claridad su poder y gloria entre nosotros. El Espíritu le enseñó a aceptar, a ver en positivo, a confiar en la misericordia divina: "Te basta con mi gracia", o "mi amor es todo lo que necesitas". Dios aprovechó este problema para moldear a Pablo. Todos los demás motores: gloria, jactancia, orgullo, quedan desechados. Pablo aprendió que el poder de su trabajo estaba sólo en el amor de Cristo. En nada más. Toda su obra era fruto sólo del amor que pule, enseña.

Dios es Dios de imposibles y su poder se manifiesta más claramente cuando nosotros le decimos: "¡Ya no puedo más!" Nuestros manejos, decisiones, e incredulidad frenan su actuar. Cuando nos entregamos por completo a él, el camino ya no tiene escollos para sus planes.

Pablo disfrutó ver que Cristo lo llenaba todo con su amor; aprendió que la obra no era suya, sino de Cristo, que se realizaba perfectamente en él a pesar de sus debilidades.

Hoy disfruto de la vida. Soy débil, Cristo es poderoso.

Padre, pule tu amor en mí. Amén.

Reflexión: ¿Dios no te ha dado lo que pides? Memoricemos 2 Corintios 12:9.

JF

Fe

¡Ayúdame en mi poca fe! Marcos 9:24

Dos palabras claves: "Si puedes." La historia nos habla de un padre desesperado. Nadie ha podido ayudar a su hijo.

Sufre desde la niñez. Muchos lo defraudaron. Muchos le han dado promesas huecas que nunca se hicieron realidad. Esperanzado recurrió a los discípulos, pero una vez más se quedó con las manos vacías. Su hijo sufre, y una vez más la decepción, la soledad.

Jesús cruza esta triste, abrumada, y desahuciada vida que compró tantas esperanzas, que ahora duda del creador... "si puedes... "

¿Cuánta gente camina por la vida con semejante mochila de desesperanzas? ¿A cuántos "mano santas" manoseadores les han creído, que ya no le creen al único que los puede ayudar? ¿A cuántos santos de piedra habrán clamado, recibiendo un eco mudo? Pero más triste aún, ¿a cuántos discípulos sin fe han recurrido y continúan desesperados?

Cristo, lejos de castigarnos, nos corrige, nos enseña, actúa. Las almas valen más. Lejos de dejarnos, nos ama. Para eso ha venido. Nos llama a la fe. Enciende una nueva mecha. Renace la confianza. Un grito desesperado: "Ayúdame a creer más."

"Para el que cree, todo es posible." ¡Palabras del Salvador que trocaron vidas aplastadas en vidas victoriosas! A la vista de los burlones... lágrimas de emoción.

Por eso lo llamamos Salvador. Porque como, con su Palabra tocó estas vidas, también toca las nuestras. ¡Es Cristo! ¡Es nuestro Señor!

Hoy disfruto de la vida. Cristo toma mi mano.

Querido Padre, perdón porque tantas veces nuestra fe es más pequeña que una semilla de mostaza. Espíritu Santo, ¡ayúdame en mi poca fe! Jesús, ésta es mi situación... Amén.

Reflexión: Para el que cree en Jesucristo todo es posible.

JF

Hijos

...somos hijos de Dios. Romanos 8:16

Bendiciones tenemos muchas. La más importante es saber que ya no hay ninguna condenación para los que están unidos a Cristo Jesús. Su amor es tan grande que nos adoptó. Nos hizo herederos de su reino, sin merecerlo, sin ningún aporte de nuestra parte. Todo lo ha hecho en Jesucristo. En él condenó al pecado en la propia naturaleza humana. Y a la humanidad le compró con su cuerpo y su sangre, el perdón completo. Redención no es una palabra, es acción. En su muerte, hizo propios nuestros pecados y nos heredó su santidad. Todo lo que era nuestro, él se lo llevó, nuestros enemigos, nuestro pecado, nuestras debilidades y nuestra separación temporal y eterna con nuestro Padre. Ya no hay condenación. Cristo la hizo suya. Somos herederos por su gracia, por su gran amor. Todos sus bienes han sido transferidos a nuestra cuenta, a nuestra administración. ¿Puedes creer esto?

Señor, ayúdame a creer en las promesas de tu Palabra.

Si vivimos en debilidad, en pecado, en pobreza espiritual, es porque no nos hemos percatado, no hemos abierto nuestros ojos a las riquezas que el Espíritu espera y procura derramar. Cristo está en nuestros corazones ¡Somos hijos de Dios! ¡y herederos del Rey Jesús! No frenamos el obrar del Espíritu. Nuestra mente, objetivos, y vida, están fijos en los deseos del Espíritu. ¡Vemos su gloria!

Hoy disfruto de la vida. Por Cristo soy heredero de Dios.

Gracias, Señor, por hacernos tus hijos. Ayúdanos a disfrutarte como Padre. Amén.

Reflexión: Caminamos erguidos, atentos, cuidando la corona heredada.

JF

Tentación

... le desagradó al SEÑOR*. 2 Samuel 11:27*

La tentación tiene botitas de algodón, muy, muy suaves, cuando se presenta. Cuando conquista, saca sus garras batallando a matar o morir.

El rey David, el ungido rey de Israel, elegido por Dios, pero también un ser humano como tú y yo, gustó la hiel que traen esas botitas de algodón. Veamos junto al texto: Olvidó su propósito (v. 1). Encontró la tentación (v. 2). Analizó en vez de alejarse (v. 3). El pecado de lujuria entró en su corazón (v. 4). Pecó deliberadamente (v. 4). Mostró falso interés (v. 7). Trató de cubrir, enmascarar y sobornar por su pecado (v. 8). Traicionó la fidelidad de sus siervos (Betsabé y Urías). Pecó mintiendo. Emborrachó a Urías (v. 13). Mandó a matar, entregó a su fiel soldado (v. 17). Endureció su corazón ante el pecado (v. 25). Todo lo que hizo desagradó al SEÑOR (v. 27).

Esta seguidilla de pecados, que como el juego de fichas paradas del dominó, una a una van cayendo, ¿dónde comenzó? Es inherente a la naturaleza humana tomarnos los pecados a la ligera, enmascarar, tapar, hacer pecar a otros, traicionar, caer en más pecados. Miremos nuestra propia realidad. Muchos pecados comienzan con pequeñísimas dulces tentaciones. ¡Atentos! ¿Dónde terminan? No endurezcamos nuestros corazones. ¡No los defendamos! Dios rechaza todo pecado.

Cristo nos llama, con la ayuda del Espíritu comprendemos realmente nuestra situación, y arrepentidos sinceramente, confesamos nuestros pecados. En su gracia y perdón está la victoria.

Hoy disfruto de la vida. Con Cristo resisto las tentaciones.

Padre, si caigo, las tentaciones socavan mi comunión; los pecados me anulan; sálvame Jesús, sella tu perdón. Enséñame a resistir las tentaciones. Vence con el poder de tu resurrección. Amén.

Reflexión: Apocalipsis 3:10

JF

Natán

¡...quien hizo esto merece la muerte! 2 Samuel 12:5

Natán, diplomático excelente, genio estratega, artífice de una obra de arte, hábil predicador de la ley con un tacto ejemplar, se jugó la cabeza por lealtad a Dios y amor al rey.

El rey David estuvo caminando, muy orondo, sobre el filoso cuchillo del pecado. Su alma estaba en peligro eterno. Pero él se creía muy seguro de lo que hacía.

Natán, enviado por Dios, se presentó ante él, le contó una pequeña historia que despertó el enojo de David, quien abrió un juicio con tal severidad, que invocó a Dios como testigo de su condena. Natán hizo que David se condenara a sí mismo, como dice el viejo dicho: "El pez por la boca muere." Le hizo ver que la condena expresada era en realidad su propia condena. David, mirando el espejo de la ley, se vio a sí mismo, embarrado del más sucio pecado. El juez dictó, sin saberlo, su propia sentencia.

La iglesia necesita muchos enviados de Dios como Natán, para que llenos del amor de Cristo llamen al pecador al arrepentimiento. Que no cedan ante poderes ni títulos; que llenos del Espíritu Santo, amen a quienes juegan con el pecado como un niño con una dinamita.

No juzguemos, hermanos, ayudemos, oremos, pensemos, llamemos a la reflexión, enfrentemos al pecado, corrijamos.

¿Y si me toca a mí? ¡Gloria a Dios! que enviará un hermano a tiempo.

Hoy disfruto de la vida. Cristo nos da amor, sabiduría y estrategia.

Querido Señor, derrama en tu iglesia el mismo Espíritu que tuvo Natán. Impide que nos juzguemos mutuamente. Siembra amor en nuestros corazones. Amén.

Reflexión: Dios nos llama a intervenir por amor.

JF

Negativo

"He puesto en tu boca mis palabras... para arrancar y derribar." Jeremías 1:9-10

¿Conoces los negativos fotográficos? Celuloides fotosensibles por adiciones químicas. Antes de la aparición de las cámaras digitales, los filmes eran la única forma de obtener fotografías. Mirándolos al trasluz se distingue poco, sólo los expertos entienden bien. Después que lo negativo se pasa a positivo y se imprime vemos la foto con claridad.

Muchos de nosotros andamos en la vida también en negativos. No estamos conforme con lo que se trasluce de nosotros. Vivimos faltos de incentivos, sin objetivos, enojados por nuestro difícil presente, recordando el triste pasado, aplastados por irresoluciones, decepcionados. A todo lo vemos muy oscuro, o negro. Almacenamos, guardamos, y presionamos hasta que explotamos y todo nos enoja. ¡Sálvese quien pueda! Ruedan las cabezas de los demás. Sucios, ensuciamos. Lastimados, lastimamos. Muertos, matamos. Sólo un experto puede vernos tal cual somos, en todos los detalles y con toda nitidez.

Dios toma mi negativo y me da su positivo: Cristo. A la luz de Dios, los colores que Cristo nos da se aprecian con toda dulzura. El toque maestro, del único maestro, no es fácil, incluye destruir y demoler. Pero nunca estamos solos. Dios prometió y cumplirá. Cristo vino para construir y plantar. Él es el martillo que destruye y demuele toda opresión. También es el fundamento de una nueva construcción, y la vida en una nueva plantación. El poder de Cristo nos ilumina. Cristo se nos revela y se revela en nosotros. Vemos todo claramente.

Hoy disfruto de la vida, Cristo me revela.

Querido Padre, ayúdame a entregarte mi oscuridad. Que tu gloriosa luz se revele en mí. Por Cristo. Amén.

Reflexión: ¿Confío en Cristo? Tengo la luz de Dios. Adiós, negativo.

JF

Entraré

El justo vivirá por su fe. Habacuc 2:4

¿Qué necesito para entrar en el reino de los cielos? Fe. ¿Qué es la fe? Es un don de Dios que nos impulsa a creer, perseverar, afirmarnos, y resistir hasta el fin. Es la llave a imposibles, a nuevos recursos. Es el límite de nuestras provisiones y el comienzo de ilimitadas provisiones de Dios. Podemos no tenerla, acrecentarla o disminuirla. No surge ni es de obra nuestra. Pero nos moviliza. Tampoco tiene valor en sí misma. Pero bien cimentada, vale.

Poderosa superlativamente, y pequeñita como un grano de mostaza, mueve montañas. Las circunstancias prueban la administración de nuestra fe. Contagia, anima, da valor. La que procede de Cristo, producida por el Espíritu Santo, abre de par en par el cielo, siembra gracia, amor y perdón, nos lleva de la muerte a la vida, cosecha gozo y paz en nuestra alma.

Pongamos toda nuestra confianza y fe en Jesucristo. Justificados en su obra y cimentados en sus promesas, ¡vivimos!

Hoy disfruto de la vida. Cristo llena de fe mi corazón.

Padre, sé que la fe es un don tuyo. ¡Cuántas veces frené tu impulso! Perdóname. No permitas que mis pecados, deseos carnales, circunstancias mundanas, o el astuto diablo, me aplasten. Espíritu Santo, te suplico: ¡Acrecienta mi fe! Dame confianza plena en la obra redentora de Jesucristo. Señor, alienta mi pobre espíritu. Que la certeza y la convicción en tus promesas, reveladas en la Palabra, me impulsen a servirte con amor. Amén.

Reflexión: Fe, expresión de la gracia de Dios que mueve al hombre… hasta el cielo.

JF

Líderes

A los ancianos, enséñales que sean moderados... Tito 2:2

En todos los ámbitos necesitamos líderes. Marcan el camino, hacen huella en la familia, grupos de trabajo, iglesia. Entre los creyentes son maestros y discípulos a la vez, que se dejan moldear. Aunque líderes, son nuestros hermanos. En su auto-evaluación reconocen errores, rompen diferencias y enmiendan el rumbo; perdonados, perdonan, enseñando a perdonar. No dejan de aprender ni de enseñar. Se afirman en consensuadas decisiones, pero sobre todo, en la voluntad divina. Sus vidas reflejan santidad y luz. Llenos de Cristo, ejercen influencia e inspiración fomentando la comunión y el trabajo en equipo.

Incansablemente laboran para cumplir la misión de llevar el evangelio a toda criatura. Reciben en amor a los que son salvos. Consientes de que mañana darán cuenta de sus actos, con responsabilidad administran los dones de los corredimidos. Procuran herramientas que mejoren los rendimientos. Son receptivos a propuestas innovadoras, destacan lo positivo, encaran riesgos, analizan resultados. Comparten los frutos del Espíritu. Esperanzados caminan a la nueva Jerusalén. ¡Allá vamos! Con fe, dinámicas y certeras ideas, dan confianza. En oración buscan divina sabiduría resolviendo cada nueva situación. Aprecian los ejemplos de sus líderes formadores ¿Qué harían ellos en esta situación...? En la alabanza encuentran fuerzas y gozo. Luchan con la Palabra. Arraigados en la muerte y resurrección de Cristo fructifican en amor, unión, y entrega servicial. En sus éxitos, Dios recibe gloria.

Hoy disfruto de la vida. Cristo me capacita.

Querido Padre, en tu gran amor nos llamas a servirte. ¡Qué gran privilegio! Mantennos firmes y victoriosos para tu gloria. Que tu Espíritu fructifique cada día por Cristo. Amén.

Reflexión: Cristo me llama. ¿Cómo respondo a tanto amor?

JF

800

Sin emplear parábolas no les decía nada. Mateo 13:34

Jesús dejó su divinidad de lado y se hizo hombre para buscar al pecador. Habló el idioma del pueblo, se vistió como uno más. Enseñó verdades eternas con parábolas, ejemplos sencillos, que la gente entendía muy bien, que usaban, que les resultaban familiares; muchos comprendieron verdades de otro modo inalcanzables, pero otros no.

Tú, ¿encuentras parábolas contemporáneas? ¿Miras la vida permitiendo que el Espíritu te guíe? Muchas situaciones actuales hablan de Dios.

Te planteo un desafío: ¿Con qué relacionas los 800? ¿Qué son?

Muchas empresas, procurando conocer opiniones de productos, reclamos, promocionar prestaciones, optan por este servicio telefónico sin costo para quien llama. Desde cualquier lugar, desde cualquier teléfono, paga el que recibe.

¿Con qué lo relacionas?

Piensa que Dios tiene un 800. Él busca nuestro contacto. Por amor, Jesús pagó la llamada con su muerte y resurrección. No importa adónde estés, siempre puedes comunicarte. Es más, no hay problemas de idiomas, el Espíritu te entiende. Nunca da ocupado. No importa cómo estés, él siempre espera tu llamada. En toda situación, por agradecimientos y pedidos, tuyos o para otros; todo podemos presentarle. Dios quiere escucharte para intervenir en tu vida. Sólo tienes que invertir tiempo y depositar confianza. ¡Y él hará! ¿Cómo se llama este 800?

Hoy disfruto de la vida, con Cristo encuentro nuevas parábolas.

Querido Señor en Cristo, en tu Palabra, en las profecías, en las promesas, en la ley, en el evangelio, y en las situaciones actuales, tú hablas siempre con un solo mensaje acorde: tu gran amor. Ayúdame a disfrutar y compartir este mensaje. Amén.

Reflexión: Busco otras parábolas.

JF

Vejez

...por fuera nos vamos desgastando. 2 Corintios 4:16

La vida sigue. Los años no pasan en vano. De una u otra manera se nos ponen carteles que nos advierten el paso del tiempo.

La vida es un tesoro. Minuto a minuto inviertes monedas... o las pierdes. No eres, aunque pareces, el dueño. Sólo eres el apoderado. Algún día, tal vez, hoy, tendremos que encontrarnos con el dueño y rendirle cuentas de todo. Sí. Nuestro tesoro está en un cofre de barro, que se desgasta sin freno, inexorablemente, conforme pasa el tiempo.

Puedes desesperarte, tomar las riendas del asunto y hacerte un "lifting", teñirte el pelo, bajar de peso. O puedes alegrarte de que la vida deje huellas de sabiduría, conocimiento, experiencias; porque aunque el mundo grite que ya no sirves para nada, ¿pensaste lo que opina Dios? Si esta mañana él permitió que la vida nos salude con un día más, es porque tiene algo preparado. El Señor de la vida quiere manifestar su gloria en estas vasijas de barro. Su amor nos renueva por dentro. No nos preocupemos de lo que se ve. Ocupémonos de lo eterno. Para que sean muchos más los que disfrutemos de la paz que Cristo consiguió para todos, por toda la eternidad.

Hoy disfruto de la vida. Cristo renueva su amor en mí.

Querido Señor, gracias por la vida que me das y por las experiencias que me enriquecen. Mi propio cuerpo me muestra lo pasajero que es la vida terrena. Espíritu, ayúdame a valorar la vida eterna que Jesucristo logró. Amén.

Reflexión: En el plan eterno de Dios tengo un lugar. ¿Qué quieres que haga hoy, Señor?

JF

Pruebas y aflicciones

Si de Dios sabemos recibir lo bueno, ¿no sabremos también recibir lo malo? Job 2:10b

Al atravesar situaciones muy fuertes de pruebas, máxime inesperadas y gravosas, suele escucharse "¿Por qué a mí"? Porque es una conjunción que señala una causa. No siempre lo que se sufre es consecuencia de una culpa como se creía en tiempos antiguos (Juan 9:2). La pregunta ¿por qué a mí? surge por un razonamiento lógico: si llevo una vida intachable, consagrada al Señor, en sus manos encomendé mi vida... ¿por qué? En lugar de preguntarnos por una causa ¿por qué no cambiar por un propósito? Las pruebas y aflicciones provienen o son permitidas por Dios, y si él se complace en nuestro bien, debemos pacientemente esperar que la prueba "madure" para descubrir detrás de la tormenta el esplendoroso sol que nos espera. Con ese espíritu, nuestro interrogante será ¿para qué? ¿Cuál será el propósito a corto, mediano, o largo plazo que Dios tiene en sus sabios designios?

Todos los santos de Dios que sufrieron grandes pruebas y las soportaron con fe y santa resignación tuvieron un gran premio de gracia. Considera la larga y penosa prueba de José en Egipto ¡de esclavo a gobernador! En forma similar las vivencias de David, Daniel, Mardoqueo y otros.

Jesús, nuestro Señor, sufrió la prueba de fuego más tremenda, sabiendo que había un propósito divino en su cruenta cruz: ¡la salvación de todo el género humano!

"Dichoso el que resiste la tentación porque, al salir aprobado, recibirá la corona de la vida que Dios ha prometido a quienes lo aman" (Santiago 1:12).

Señor, no reniego de tus pruebas ¡te las agradezco de todo corazón! Amén.

WS

20 de noviembre

Deuteronomio 15:4-11
Hechos 4:32-35

Los pobres existen

A los pobres siempre los tendrán con ustedes. Juan 12:8a

El Señor afirmó: "A los pobres siempre los tendrán con ustedes." Mientras el mundo exista siempre habrá pobres porque... ¡siempre habrá ricos! Esta situación extrema de falta de equidad se da mientras el pecado domine el mundo con sus facetas: egoísmo, envidia, codicia, vanagloria... (¿ocio...?)

La ley divina dada por Moisés era muy clara: nadie es dueño absoluto de lo que posee, ya que si lo tiene, de Dios proviene, y es él quien ordena al que tiene, que extienda su mano y comparta con el necesitado. En otras palabras: Dios quiere que el que tiene, administre los bienes de Dios distribuyendo equitativamente. Si bien la ley era restringida al pueblo hebreo, y en su tiempo, no deja de tener validez para con nosotros hoy al considerar los mandamientos: "No matarás", "no hurtarás".

Durante décadas dominó en gran parte del mundo un sistema político que pretendía ser equitativo y justo (léase marxismo) pero fracasó. Pero la comunidad cristiana no puede fracasar porque está basada en el amor de Cristo, que dio todo por sus hermanos, ¡hasta su propia vida! La consigna marxista era: "Lo tuyo es mío, compartamos"; la consigna del pueblo creyente es: "Lo mío es tuyo, ¡compartamos!"

El estilo de vida de quienes forman parte de la familia de la fe no responde a algún ideal o sistema político, sino al natural desarrollo del espíritu de Cristo en sus corazones, quien no vino a ser servido sino a servir, y dar su vida en rescate por muchos.

Gracias, Señor, fuiste el más pobre en la tierra y ...¡nos regalaste el cielo! Amén.

21 de noviembre Hechos 11:27-30

El privilegio de compartir

Todos los creyentes estaban juntos y tenían todo en común. Hechos 2:44

Existen relatos de hermosas experiencias entre los primeros cristianos respecto al espíritu generoso de ayudar a los que menos tenían, aun entre los desconocidos. Por aquellos tiempos era muy dura la persecución de los cristianos tanto por judíos fanáticos como por el Imperio Romano. El espíritu de unidad y confraternización que caracterizó a la iglesia de Jerusalén (Hechos 2:44) se trasladó naturalmente a la iglesia de Antioquía; una intensa sequía en regiones de Palestina hacía necesaria una ofrenda para hermanos de esa región. La decisión de enviarla fue espontánea, naturalmente generada en el espíritu de Cristo. Nadie les dijo que lo debían hacer, sólo fueron motivados por el impulso natural de un corazón de fe y lleno de amor. Los cristianos de Antioquía no los conocían a los de Judea, sólo sabían que eran hermanos necesitados. El "motor" de esa actitud era el espíritu de Cristo que vivía en sus corazones.

Jesús, siendo rico, bajó del cielo, se hizo pobre por nosotros, se ofrendó totalmente para cubrir todas nuestras necesidades; así nos hizo ricos, y en esa riqueza, todo cristiano puede desplegar la misma y desinteresada ayuda a quien lo necesite, no necesariamente en bienes materiales exclusivamente, sino también espirituales, y que bien podemos del caudal que nos provee Cristo, aconsejar, acompañar y comprender al hermano.

Diariamente tenemos infinidad de oportunidades para imitar a los creyentes de Antioquía. Todo lo que tenemos en bienes materiales y espirituales, nos lo fue dado de gracia: ¡de gracia tenemos el privilegio de compartir!

Señor, del caudal de tu riqueza nos proveemos, de ella compartiremos. Amén.

WS

Interpretación bíblica

Ahora sé que temes a Dios, porque ni siquiera te has negado a darme a tu único hijo. Génesis 22:12b

Durante siglos la lectura bíblica estuvo restringida al clero y a quienes éste concediese autorización, en una actitud "prudente" para evitar herejías o dogmas equivocados. Muchos pasajes corren el riesgo de ser interpretados erróneamente, sobre todo cuando se los entiende literalmente, sin considerar sus contextos o las circunstancias en los que fueron escritos.

Así, para alguien no conocedor de la fe cristiana puede resultar escandaloso y reñido con Jesús y su enseñanza este versículo en versión tradicional: "El que no aborrece a su padre o madre... no puede ser mi discípulo." Por eso es bueno cotejar con versiones más contemporáneas que "al paso" clarifican interpretando, como es el caso de la "versión internacional" donde leemos: "Si alguno no sacrifica el amor a su padre y a su madre... no puede ser mi discípulo." De esta manera el Señor está significando que nadie puede ser cristiano, nadie puede ser hijo de Dios y perteneciente a su reino si no "ama al Señor su Dios con todo su corazón" (Mateo 22:37).

Para ser discípulo de Cristo, mi amor a Dios debe estar en primer lugar; si amo más a mis familiares que a Dios, ellos ocuparían el lugar que le pertenece a él. Jesús plantea en la parábola de la lectura de hoy nuestra incapacidad de poder amar a Dios sobre todas las cosas, para que al observar esta realidad, podamos recurrir al caudal del amor de Dios y a través de su Santo Espíritu, capacitarnos con sus medios de gracia.

Por tu gran amor hacia nosotros, Señor, podemos amarte de todo corazón. Amén.

WS

Tomar nuestra cruz

He sido crucificado con Cristo, y ya no vivo yo sino que Cristo vive en mí. Lo que ahora vivo en el cuerpo, lo vivo por la fe en el Hijo de Dios, quien me amó y dio su vida por mí. Gálatas 2:20

En la reflexión precedente observamos que la condición primordial para ser discípulo de Cristo, es tenerlo en primer lugar en nuestra vida. ¿Cómo se puede demostrarlo? ¿Qué señal nos identificaría como tal? Jesús dice: "Si alguien quiere ser mi discípulo, que se niegue a sí mismo, lleve su cruz cada día y me siga."

Consideremos: 1) "Si alguien quiere..." Dios respeta mi libertad ¡no obliga a nadie! 2) "Que se niegue a sí mismo." Debo descartar mi "yo", morir a él y ese vacío ocuparlo Cristo; él debe ser el centro de mi vida. 3) Tomar cada uno su cruz: Jesús llevó su cruz. Un discípulo sigue el ejemplo de su maestro llevando la suya. ¿En qué consistirá tal "cruz"? Es un error llamar "cruz" a cualquier sufrimiento (una enfermedad, pérdida, accidente); también los incrédulos y perversos lo sufren. Esta clase de sufrimiento en un creyente es una "prueba" (recordemos a Job). La cruz es el sufrimiento que tenemos que soportar por causa de Cristo. Bien lo explica el Señor en la última bienaventuranza: "Dichosos ustedes cuando por mi causa la gente los insulte, persiga, calumnie..." (Mateo 5:11). La cruz significa estar dispuesto a sufrir hasta la misma muerte confesando y siendo fiel a Cristo (Hechos 7:54-60). 4) "Le siga" significa tomar su ejemplo en todo sentido, poner nuestro pie sobre sus huellas, amar como él amó, servir como él sirvió, ser humilde y compasivo como lo fue él, y sufrir con paciencia como nos lo supo demostrar.

Señor, déjame morir contigo para poder vivir contigo. Amén.

WS

¿Soy discípulo?

Si se mantienen fieles a mis enseñanzas, serán realmente mis discípulos. Juan 8:31

El ser discípulo se lo comprueba por sus frutos, en la natural y espontánea vivencia de la vida. También por sus frutos puede comprobarse la hipocresía o el falso discipulado. Ser discípulo significa permanecer y no fluctuar ni desviarse de las huellas del maestro. Es por eso que Jesús condicionó a sus fugaces "discípulos": "Si se mantienen fieles a mis enseñanzas, serán realmente mis discípulos." Al oro se lo prueba en el fuego, al discípulo en su diario vivir. Muchos "creyentes" creen ser discípulos, pero sus actitudes demuestran lo contrario. Además, otros suponen, y pretenden serlo, cumpliendo un simple ritual o tradición eclesiástica, pertenecer nominalmente a una denominación eclesial o colaborando con bienes y dinero. "Si permanecen en mi Palabra", dijo Jesús. Esto significa 1) reconocer la propia miseria y la necesidad de la gracia y el perdón de Dios; buscarlo y gozarlo luego de un sincero arrepentimiento (recordemos al hijo pródigo). 2) Rechazar toda opción de vida que no esté centrada en su enseñanza de amor a Dios sobre todas las cosas y al prójimo como a nosotros mismos (recordemos al buen samaritano). 3) Estar dispuesto a sufrir de parte del mundo por su causa (recordemos "una nube de testigos" de Hebreos 11). Éste es el resumen de lo que significa fruto visible, testimonio auténtico, genuino.

Es saludable que siempre analice mi situación ¿soy verdaderamente discípulo del Señor? Él mismo ha dejado en su Palabra la posibilidad de observarme tal como soy (Mateo 25:31-41).

Déjame confesarte, Señor, en palabras y obras, para que en aquel día me reconozcas tuyo. Amén.

WS

Puerta y camino estrechos

Esfuércense por entrar por la puerta estrecha –contestó–, porque les digo que muchos tratarán de entrar y no podrán. Lucas 13:24

Simpatizo con el sano humor, aunque pícaro pero sin doble sentido. Son comunes los chistes que ponen en escena al personaje principal que murió, que llega al cielo, y lo recibe San Pedro; o llega al infierno y se enfrenta al diablo. Para muchos, es sólo eso: humor. Pero llama la atención que en sentido figurativo-humorístico todos participan, pero al hablar del cielo o el infierno en forma objetiva, seria, reflexiva, la mayoría enmudece como si fuese un tema tabú; lo enigmático después de la tumba es un tema que "no se toca". Sin embargo, el fiel discípulo de Cristo no teme tratar un tema que lo tiene claro.

Jesús enseña que se debe transitar por un camino estrecho que termina en una puerta estrecha, porque los que lo hacen por un camino ancho terminan en una puerta ancha que lleva a la perdición. ¿Qué querrá significar todo esto? El que camina por el sendero estrecho puede pasar por una puerta estrecha (el cielo), porque viene totalmente despojado de todo bagaje, sea que su carga de culpa la haya dejado al pie de la cruz del Señor, sea desprovisto de una orgullosa carga de mérito propio. Por el contrario, el que carga tanto lo uno como lo otro sólo lo puede hacer en el camino ancho que termina en la puerta ancha (infierno). Así de sencillo y simple, así de drástico y terrible. ¡El tema del cielo y del infierno no es chiste para nadie! Un día todos lo comprobaremos.

Ayúdame en mi camino, Señor, a dar testimonio del cielo. Amén.

WS

Cuando no se es...

Todos ustedes perecerán, a menos que se arrepientan. Lucas 13:5b

A Juan se lo llamaba "el bautista" porque bautizaba a quienes realmente se arrepentían. Pero había quienes pretendían ser bautizados sin reconocer sus debilidades, sus culpas; a éstos, la seria y rigurosa advertencia caía sobre ellos: "¡Camada de víboras! "...no se pongan a pensar: 'Tenemos a Abraham por Padre'." Actualizando la frase diríamos: "¡No vayan a pensar que por ser de una familia tradicionalmente 'cristiana', católica o evangélica, o por el hecho de estar bautizados y 'casados por iglesia' serán salvos! ¡no! Se debe observar en sus vidas que realmente llevan a Cristo en su corazón, ¡y para eso deben observarse frutos!" Y Juan pinta aquí una serie de ejemplos:

Un policía demostrará un cambio en su vida no sobornando, no amenazando con violencia, no acusando injustamente. Al común de la gente un ejemplo muy simple: se notará que han cambiado en sus vidas en su actitud hacia los demás, el que tenga, comparta con el necesitado.

Termina la exposición con otra figura muy fuerte: Dios tiene en su mano un rastrillo para separar "el trigo de la paja", guardará el trigo en su granero pero... ¡ay! ¡quemará la paja en un fuego que nunca se apagará! Analizando mi situación de acuerdo a mi vida ¿soy trigo o paja? ¿soy discípulo de Cristo o no lo soy?

Aquellos humildes que confesaron sus culpas y fueron lavados en su Bautismo, están preparados para su encuentro con el Señor Jesús.

Por tu gracia, Señor, soy trigo; ocúpame para lo que quieras. Amén.

WS

Concepto de vida

Aborrecí entonces la vida, pues todo cuanto se hace en ella me resultaba repugnante. Realmente, todo es absurdo; ¡es correr tras el viento! Eclesiastés 2:17

La inseguridad e injusticia que se vive en el mundo ha generado la frase "¡Esto no es vida!"

Para justificar o no la expresión debemos definir "vida", ya que muchos creen tenerla, pero están muertos, existen, pero no viven. Muchos, conscientes de que su existencia "no es vida", no encontrando sentido en ella, se la quitan.

Hay muchos que "viviendo" están muertos, pero también otros, como San Pablo, que habiendo muerto en el martirio, su vida trasciende a través de los tiempos, y con él todos aquellos que supieron decir: "¡Para mí... el vivir es Cristo!"

La vida es el don más maravilloso que Dios nos concediera. Para el hombre natural, el sentido de la vida está en el exitismo, un triunfo de su persona a través de algún rol que desempeñe en la sociedad, una vocación en la que se vuelque amor por una profesión, arte u oficio en el que glorifique su propio nombre. Podrá expresar el agricultor: "Para mi la vida es producir"; el artista: "Para mí la vida es la música, la pintura." Todo lo que logra glorificará su propio nombre, ¡razón de su existir!

La verdadera vida tendrá sentido al estar ligada a la fuente de la vida misma. Cristo dijo: "Yo soy... la vida." Sólo se podrá valorar, disfrutar, luchar en todo emprendimiento, estando en Cristo. La gloria de la vida es el logro de Cristo. Así el agricultor disfrutará la vida dando gracias y glorificando a Dios en sus cosechas, el profesional en su actividad, el artesano en su creación, aún sufriendo las peores tribulaciones.

Señor, mi vida sólo es vida en ti, ¡no necesito más! Amén.

WS

Creencia en oposición a la fe

La fe es la garantía de lo que se espera, la certeza de lo que no se ve. Hebreos 11:1

El concepto fe es muchas veces confundido con creencia. El creer es un convencimiento dentro o fuera de la lógica. Creer fuera de la lógica es aceptar como verdad algo que no se percibe con los sentidos e inclusive contradice la razón. Se da en dos aspectos:

1) Aceptar y confiar en mitos, leyendas o tradiciones o ideas surgidas de la propia imaginación, universalmente generalizados. Llamaremos a esto superstición (cábalas, horóscopos, numerología).

2) Abandonar todo pensamiento propio o mundano y confiar exclusivamente en las verdades del evangelio; vivir, confiar y testimoniar en base a la palabra de Dios. Este creer es la fe. El autor de Hebreos lo sintetiza así: "La fe es la garantía de lo que se espera, la certeza de lo que no se ve."

Todo hombre cree algo y, equivocado o no, se afirma en tal convencimiento. El hombre natural, no cree ni teme a Dios, teme y acepta el augurio de su horóscopo y cuidará celosamente en no romper un espejo para no tener mala suerte; en su tenebrosa mente cree fantasías. Aún el "religioso" cree que repetidas oraciones, peregrinaciones y promesas lo librará de la ira de Dios. La creencia no bíblica es un fundamento sobre la arena.

El creyente, a la luz del Espíritu Santo, sólo sabe que es pecador y está perdido, acepta y cree en un Dios misericordioso, que a través de Cristo, le perdona y da vida eterna. La fe salvadora se reflejará en una vida santa y consagrada. Será construir el fundamento sobre la roca.

Mi fe descansa en ti, Cordero que por mí, fuiste a la cruz. Amén.

WS

¿Justicia?

Porque Cristo murió por los pecados una vez por todas, el justo por los injustos, a fin de llevarlos a ustedes a Dios. 1 Pedro 3:18a

Indignación, impotencia, ¡asco! son los calificativos del hombre común hacia los fallos considerados absurdos de la justicia ordinaria especialmente en los países del cono sur. Los grandes ladrones "de guante blanco", asesinos, presos que merecieron el peor de los repudios gozan de libertad por influencias políticas, mientras miles "ladrones de gallinas" están bajo las rejas esperando ser juzgados.

¿Los jueces son injustos? ¡Están ubicados en sus cargos por el pueblo, son sus representantes! Históricamente, sabemos que la peor de las injusticias la dictaminó una masa popular irracional dando órdenes a quien debía impartir justicia. Dijeron a Pilato: "No nos sueltes a éste, sino a Barrabás" (Juan 18:40).

Todos continuamente somos jueces, y la mayoría de las veces nuestros juicios se vuelven "boomerang", condenándonos (Romanos 2:1). Apetecemos la ley del talión que se popularizó con un "el que las hace las paga". ¡Pobre de nosotros si el justo y santo juez en el día del juicio final nos dicta sentencia en base a este criterio! Infinidad de pecados nos sepultarían en eterna condenación.

Dios es el justo y eterno juez, y a la vez nuestro amoroso padre. Ese amor se manifiesta precisamente en un juicio "irracional" para la mente humana: Dios sentencia al peor de los castigos al justo e inocente y deja libre de culpa, absuelto, al culpable. Todo el género humano está bajo la maldición de la ley: "La persona que peque morirá" (Ezequiel 18:4). ¿Cómo actúa el juez? "Pero Dios demuestra su amor por nosotros en esto: en que cuando todavía éramos pecadores, Cristo murió por nosotros" (Romanos 5:8).

Señor Jesús, gracias por tomar el castigo que merezco. Haz que mi vida demuestre tu gracia. Amén.

WS

Cuerpo

¡Tus obras son maravillosas, y esto lo sé muy bien! Salmo 139:14

Maravillados quedamos cada vez que indagamos un poco en la hermosa "maquinaria" que Dios puso a nuestra disposición. ¿Sabes cuántas células fotosensibles tiene nuestro ojo? Ciento treinta millones de "conos". ¿Sabes cuántos ven los colores? Menos del diez por ciento, los demás solo ven blanco y negro. ¿Para qué? ¿Sabías que nuestro corazón tiene tres "motores"? ¿Para qué? Averígualo, es apasionante. ¿Has indagado en el cerebro, o en una "simple" célula? ¡Cuanto más investigamos, más descubrimos y más ampliamos el espectro desconocido!

Nuestro cuerpo es una revelación de quien lo creó, con sello de calidad, de sabiduría.

Pero tantas veces enceguecidos por egoístas metas –"mis planes", "mi vida"– por problemas cada vez más grandes, más pesados, que aplastan, y con nuestro orgullo tan colosal, no tenemos lugar para el creador y salvador.

Dejemos de correr una carrera vana que tiene un premio fofo y frío. Aquel que preparó tu cuerpo, sin tu intervención, y te dio todo lo que tú necesitas, tiene un plan. ¿Lo conoces? Jesucristo prometió y cumple, no te dejará ni te abandonará nunca, no importa lo que hagas, o a donde vayas, él está a tu lado porque te ama. Lo mejor que puedes hacer es conocerlo y disfrutarlo.

Hoy disfruto de la vida. Cristo es mi creador y salvador.

Jesucristo, gracias por darme un cuerpo que me revela tu creación; por la Biblia, que me revela tu gran amor, tu plan. Espíritu Santo, ayúdame a darle valor a todo lo que me has dado, y a disfrutar de la eternidad. Amén.

Reflexión: Si mi cuerpo es tan maravilloso, Jesús, ¿qué preparas para la eternidad?

JF

Escudriñar

Las Sagradas Escrituras... pueden darte la sabiduría necesaria para la salvación mediante la fe en Cristo Jesús. 2 Timoteo 3:15

Te animo a ir más allá de una simple lectura. Probemos tomar notas de nuestra propia relectura, haciendo resúmenes, bosquejos temáticos de capítulos, de libros. Investiguemos sobre personajes, historias, dogmas. Atrévete a aprender versículos de memoria, a analizarlos y a repensarlos. Pidámosle al Espíritu que nos ayude a encontrar el mensaje profundo de cada palabra, que por ellos nos guíe a tomar decisiones, a aplicarlos a nuestra vida. Comparemos diferentes traducciones. Aventurémonos rescribiendo el texto desde nuestra historia y para nuestra historia. Puede ser una oración, una canción, un artículo para un periódico o revista, un mini libreto para representaciones en cultos o actividades especiales, una devoción. El Espíritu te llevará. Ora, escribe, y comparte tus inspiradas y ocurrentes aplicaciones. Es inmensa la posibilidad de estudio y desarrollo que la Biblia nos ofrece. ¡Nunca nos aburrirá!

El Padre hoy quiere hablarnos, Jesús quiere enseñarnos y el Espíritu quiere llenarnos para que vivamos en él, con él, por él, una vida plena. Sí, ¡su Palabra re-crea nuestra vida!

Hoy disfruto de la vida. Cristo alimenta mi espíritu con su Palabra.

Señor, a veces no entiendo tu Palabra. Enséñame tus verdades, sé mi maestro, guíame, dame hambre y sed de ti, de tu voluntad, dame fe y confianza para enfrentar y disfrutar tus desafíos. Amén.

Reflexión: En la Biblia encuentro todo lo que necesito saber para la vida. ¿Comparto esta certeza con otros?

JF

Sociales

No se olviden de hacer el bien y de compartir con otros lo que tienen. Hebreos 13:16

Dios, desde la creación, personalmente nos enseñó a ayudar. En Edén, Eva fue la ayuda adecuada de Adán. Así se instauró la sociedad en la humanidad. Dios entregó a través de ella una catarata de bendiciones: entrega, apoyo, encastre, dulce compañía, amor, multiplicación, fortaleza, desarrollo, expresión. Adán y Eva eran seres individuales, independientes y originales pero, desde ahora, sociales. Interactuamos y nos necesitamos mutuamente.

En la formación de nuestro matrimonio, nuestra familia, la iglesia, la sociedad, Dios nos proveyó todo lo necesario para vivir bien y para compartir esa buenaventura. No necesitamos una cátedra universitaria sobre el cuerpo o un edificio para recordar los beneficios de la diversidad en la unidad. Aprovechemos al máximo las diferencias que hay entre nosotros.

A nuestro duro egoísmo divisor Dios con amor contrapone su Palabra: "No te hagas el desentendido... No te portes con indiferencia"(Deuteronomio 22:1, 3). "Ayúdense unos a otros a llevar las cargas..."(Gálatas 6:2).

Sólo Cristo cambia nuestro entendimiento, abre nuestro corazón, tiende nuestra mano. Quizás nuestras actitudes fructifiquen en un gracias, una sonrisa, una cara de alivio, un abrazo, o tal vez sea motor para otra mano tendida... o tal vez no. Dejemos actuar a Dios. Veremos los frutos en la eternidad.

Hoy disfruto de la vida. Cristo me ayuda a ayudar.

Querido Padre, a tus planes maravillosos les he presentado mi monumental orgullo. Por favor perdóname. Para ti nada es imposible, tampoco cambiarme a mí. Que tu amor sea mi motivación. Amén.

Reflexión: Es más bienaventurado dar que recibir.

JF

Santo

"Sean santos." Levítico 19:2

Santo significa perfecto, puro, casto, cortar, separar, apartar una cosa o persona de su uso o esfera común para uso divino, consagrar para Dios y su servicio, tener comunión completa con él, vivir en su voluntad.

Dios llama y separa a quien ama para que sea santo. No es algo que podamos realizar por nosotros mismos. Nosotros podemos frenar, despreciar, tapar. Tristemente nuestro abandono, pereza, desidia, ¡y cuántos condimentos más!, hacen que muchos santos se abandonen a una vida común, chata, seca, infructuosa, lejos de los planes de Dios, temporal o eternamente.

Cristo, siendo santo, totalmente consagrado a la voluntad y a los propósitos divinos, vino al mundo, pero no se revolcó en el fango de la carne. En medio de la oscuridad de la muerte y del pecado encendió la luz de la vida. Desde esa luz nos llama a la santidad.

¿Nuestros pecados no nos dejan acercarnos a él? Por ellos murió Cristo. Él es nuestra garantía. No frenemos la operación del Espíritu. Dejemos que estirpe el cáncer del pecado. Entreguémosle frenos y oposiciones. Dios es santo, así quiere que lo conozcamos y así quiere que vivamos. ¿Escuchas su llamado? Destellos de su gloria nos señalan el camino.

Hoy disfruto de la vida. Cristo me santifica.

Padre, sabes que en mi carne no hay deseos de santidad. Jesús, toma mis frenos. Espíritu, santifícame en la obra de Cristo en corazón, alma y vida. Amén.

Reflexión: ¿Cómo trabajo la santidad que Cristo me da? Cristo quitó el lastre y en santidad me eleva al cielo, separándome de pecados, actitudes, ideas, palabras del mundo, pero no de la gente.

JF

Santos

"Sean santos, porque yo soy santo." 1 Pedro 1:16

Qué bueno que es tener ejemplos en las matemáticas, en las actitudes, en las palabras. Es bueno tener ejemplos para ir de lo palpable y conocido a lo abstracto y desconocido; de la duda y la fragilidad, a la seguridad y la firmeza. Paso a paso, corrigiendo errores, superando etapas, crecemos ampliando nuestra visión, en el colegio, la vida, y también en la santificación. Ejemplos más ejercicios, excelente combinación.

Por gracia somos santos. Cristo tomó nuestro pecado y nos heredó su santidad. Nos llama y guía a crecer, a alcanzar instancias superiores, a abrir nuestra visión, a ser, saber, y vivir verdaderamente libres y santos.

¡Qué maravilloso! Dios mismo es nuestro ejemplo. ¡Así es posible el crecimiento! Dios nos da el privilegio de seguir los pasos de Cristo, a mí y a ti, que no merecíamos más que su condenación. En su gran amor nos hace santos, como él. Amados y perdonados, nos salva, nos ayuda, nos sostiene, nos enseña, nos colma de vida, gozo y esperanza. ¡Nos llena de Cristo! ¿Qué más hace?

Nos prepara un cielo y una eternidad para disfrutar. Y como si fuera poco nos consagra una misión, un hermoso trabajo, el de compartir con otros todas sus bendiciones. ¿Vale la pena? ¡Claro que sí! Es un gozo servir a Cristo, nadar en su amor y santidad diariamente.

Hoy disfruto de la vida. Cristo me hace santo como él.

Querido Padre, gracias por rescatarme de una vida vana. Espíritu, gracias por hacerme santo y darle sentido a mi vida. Jesús, gracias por ser mi salvador, guía y ejemplo por la eternidad. Amén.

Reflexión: Santo: apartado, separado, consagrado. ¿De qué? ¿Para qué? ¿Cómo fomento la santidad?

JF

Bulbos

...con ganas de morirse. 1 Reyes 19:4

Bulbos hay de muchas variedades: anémonas, narcisos, azucenas, marimoñas, tulipanes. Sus flores deslumbran en primavera, y en otoño desaparecen completamente. ¿Desilusión por verlas morir? No, sólo hay que esperar un tiempo; el próximo invierno resurgirán.

Dios manifestó muchos milagros a través de Elías. Predijo una sequía de tres años. En la casa de la viuda de Sarepta no faltó aceite, harina, ni agua. Resucitó al hijo de la viuda. Enfrentó a los cuatrocientos cincuenta sacerdotes de Baal. Dios mostró su victoria a través de él, y aún así, él se sintió temeroso y solo. Sufrió altibajos, depresión, persecución, miedo, aun cuando en su vida jamás fue abandonado realmente por Dios.

Pero tuvo esa sensación. Los sentimientos no siempre resultan fáciles de manejar. Intentan manejarnos a nosotros. Si no estamos advertidos, los sentimientos nos disturban.

Dios le envió a Elías un tiempo de descanso; tiempo de tomar nuevas fuerzas. Había mucho camino por recorrer todavía. Tiempo de desierto. Tiempo de ayuno. Dios le habló en un suave, apacible, y delicado susurro. Le dio una nueva misión y una aclaración: "Siete mil israelitas aún no han doblado sus rodillas ante otros dioses. No te sientas solo, hay muchos que aún siguen siendo fieles."

El invierno, el tiempo de resurgir, volvía para Elías.

Dejemos que Jesucristo, el Maestro jardinero, nos hable, explicándonos. Permitamos que con amor trabaje su tierra, desmalece y nos transplante como más le guste.

Hoy disfruto de la vida. Cristo me tiene paciencia.

Señor, te entrego mis sentimientos. Gracias porque dulcemente susurras tu voluntad. Que cada día sea primavera. Amén.

Reflexión: Analizo mis sentimientos, los comparto con Dios. ¿Los comparto también con alguien de confianza?

JF

Me

¿...por qué me persigues? Hechos 26:14

Es inspiradora esta pequeña pregunta. Piensa cada palabra. ¿Quién la dijo? Viendo el contexto, encontramos un hombre: Saulo. Él persigue a hombres y mujeres. Los castiga, los obliga a blasfemar e incluso aprueba la muerte de quienes persisten en ser fieles a Cristo.

Desde el punto de vista humano, quienes recibían las palizas, los insultos, y a quienes se les arrebataba la vida eran hombres y mujeres. Pero, ¿ellos preguntaron?

Cambiemos la visión.

Vayamos a Mateo 25:34. "Todo lo que hicieron por uno de mis hermanos, aún por el más pequeño, lo hicieron por mí". ¿Entiendes? No estás solo. Cristo cumple la promesa. Él ascendió a los cielos, pero a través del Espíritu Santo está con nosotros, vive en nosotros. Lo que nos pasa a nosotros, le pasa a él. Lo que sufrimos, lo que disfrutamos, lo que damos. ¡Todo pasa por él! "Todo lo que hicieron... lo hicieron por mí."

Ningún creyente está solo. En todos está Cristo. Entonces todo lo que le haces o le dices, a uno de tus hermanos en Cristo, en realidad no se lo haces solo a él sino también a Jesús. "Todo lo que hicieron... lo hicieron por mí."

Los que aún no lo conocen tampoco están solos. Cristo está llamando a la puerta de su corazón. ¡Los ama! Por ellos también murió nuestro Señor.

¿Qué haces tú por... Jesús? ¿Por qué me persigues?

Hoy disfruto de la vida. Todo lo hago por Cristo.

Señor, enséñame a verte en quienes me rodean, a amarte, a darme. Amén.

Reflexión: De perseguidor a seguidor. Saulo... y yo.

JF

Murmuraciones

¿Puede acaso brotar de una misma fuente agua dulce y agua salada? Santiago 3:11

El hielo es simple agua congelada. ¿Imaginaste lo que es capaz de hacer una "simple agua congelada"? Piensa en el Titanic.

Sin darnos cuenta, una palabra trae otra. Fríos, como un hielo. Filosos como un témpano. Hundimos a otros, como a nuevos Titanic.

Como creyentes no deberíamos murmurar, pero lo hacemos. La lengua es más rápida, o nuestro amor un tanto lento. Es una señal que nuestra armadura espiritual está necesitando mantenimiento.

En la familia, en el trabajo, en los medios de comunicación –y la iglesia no queda exenta– muchos problemas surgen por "simples" murmuraciones. Incendiamos a unos. Lastimamos a otros. Sembramos desgano. Frenamos el trabajo. Cerramos puertas de bendiciones. Perdemos gozo. Negamos a Cristo. Olvidamos nuestra misión. ¿Quién gana?

Cristo, aceitando nuestra armadura, nos llama a hablar de frente, a perdonar y a disciplinar, y a disciplinarnos (Mateo 18). No es fácil. El camino del amor de Cristo nunca se ve fácil con nuestros ojos humanos, pero lo es con el poder de su Espíritu. Démosle la oportunidad al maestro de demostrarlo. Aunque tengamos una lengua rápida, fuego en nuestro interior, y filo en nuestro témpano, Cristo sabe cómo hacer de ellos instrumentos de dulce bendición. En su amor y perdón veremos maravillas.

Hoy disfruto de la vida. Cristo reestructura el uso de mi lengua.

Señor, sabes el uso incorrecto que le doy a mi lengua, a mis pensamientos. Te pido perdón. Te entrego el control de ellos. Que tu gran amor se manifieste. Amén.

Reflexión: Interpretar todo en el mejor sentido y disciplinarnos. ¿Cómo manifiestan a Cristo, mi lengua y pensamientos?

JF

Enfermos

No son los sanos los que necesitan médico sino los enfermos. Mateo 9:12

Distorsionas imágenes doblando un espejo. Frente a un espejo que distorsiona puedes verte gordo y petiso o alto y flaco. Hay una gran diferencia entre como te ves, y como eres en realidad.

Somos santos, por obra y gracia de Cristo, por fe en él.

Hay quienes se ven santos, dejando de lado al Salvador. Se creen limpios de todo pecado gracias a sus obras y esfuerzos, cumplen con Dios. Nadie es tan bueno como ellos.

Cuidémonos de la levadura farisaica. Nadie está exento. San Pablo advierte: "Si alguien piensa que está firme, tenga cuidado de no caer" (1 Corintios 10:12). Atentos. No afirmemos nuestra santidad en la forma en que vemos o concebimos nosotros a Dios.

A través de Cristo y su Palabra, miremos como Dios ve. Porque heredamos el pecado, merecemos la terrible y temible condenación eterna. No hay sistema humano capaz de librarnos de ello. Sólo Cristo. Nadie tiene un pecado tan grande que él no redima. En su muerte en la cruz, cargó con todos los pecados del mundo. Puedes creerlo o hacer tu camino. Recuerda que Cristo vino a buscar y a salvar lo que se había perdido. A restaurar tu comunión con el Padre.

Mateo, un despreciable y traidor cobrador de impuestos, escuchó a Jesús. Sólo una palabra –sígueme– bastó. Si quieres saber más de Mateo, lee el evangelio que escribió.

Hoy disfruto de la vida. Cristo no desprecia a nadie. Tampoco a mí.

Querido Señor, gracias por limpiarme de todo pecado. Dame humildad y amor para no despreciar a nadie, porque todos somos salvados por tu amor. Amén.

Reflexión: Mateo era mala propaganda para Jesús. Pero él lo amó. ¿Amo yo así?

JF

Religar

...se rodearán de maestros que les digan las novelerías que quieren oír.
2 Timoteo 4:3

La necesidad de comunión con nuestro creador es una marca indeleble que todos tenemos en nuestro espíritu. A lo largo de todos los tiempos, la raza humana ha buscado la veta que abra la comunicación con el creador.

Nos cuesta aceptar que esta puerta sólo tiene picaporte del lado de Dios.

Ávidos de comunión inventamos infinidad de inservibles religiones que procuran re-ligar, intentando elevar al hombre hasta Dios. Tanta es el hambre espiritual que adoramos estatuas, hacemos peregrinaciones de rodillas; miramos el imponente cielo y calculamos días, horas, y nos hacemos toda una historia, horóscopos, borras del té, líneas de manos, cartas, cintas rojas, ajos, San La Muerte, la virgen Desata Nudos. El propio nombre de Jesucristo es usado en religiones vanas, donde se enseña una religión por obras. Todo se acepta.

¿No somos responsables de dejar que esto pase? ¿No callamos el mensaje de Dios? Proclamemos al mundo: Dios abrió una única puerta a la verdadera comunión; sólo Jesucristo, verdadero Señor, salvador y maestro. Su mensaje claro, completo y eficaz, sólo está en la Biblia. Tal mensaje y tal obra se validan sólo por el don de la fe.

Hoy disfruto de la vida. Cristo es la puerta a la eterna comunión.

Querido Señor, te pido perdón por ver que todo esto pase, aún entre mis hermanos, y yo no hago nada. Dame celo por tu mensaje, amor por las almas, sabiduría y valor para compartirlo. Amén.

Reflexión: ¡No cerremos la puerta!

JF

Adviento

¡Alégrate mucho, hija de Sión! ¡Grita de alegría, hija de Jerusalén! Mira, tu rey viene hacia ti justo, salvador y humilde. Viene montado en un asno, en un pollino, cría de asna. Zacarías 9:9

Estamos en días previos a las celebraciones tradicionales de fin de año, especialmente Navidad. El ambiente festivo se observa anticipadamente en hogares, templos, ¡aún en el mundo secular!

Pero estas semanas previas a la natividad del Señor recordamos precisamente eso: las circunstancias previas al cumplimiento de la promesa divina de enviar al Mesías; este tiempo lo llamamos "adviento", que quiere decir "venida". Durante los cuatro siglos antes del Nuevo Testamento, (de ahí que el tiempo de Adviento es de cuatro semanas) no hubo profeta en Israel, por lo que el pueblo escogido ansiaba la llegada de aquel que "habría de redimir a Israel", el Cristo; lo esperaba ansiosa y pacientemente. Y el Cristo vino, a su debido tiempo y lugar de acuerdo a las profecías, lo cual demostró que Dios es fiel a sus promesas, y que su pueblo puede vivir confiado en ellas.

Adviento es sinónimo de venida, llegada, espera de consumación de una promesa.

El tiempo de adviento se identifica pues con estas realidades: Cristo vino en carne en la noche de Belén, presentándose como el Redentor del mundo entero y sometiéndose a la ley de Dios en lugar del hombre. Su llegada a Jerusalén humildemente montado en un burrito, para morir cual sustituto nuestro en la cruz. Viene a nuestros corazones por medio la predicación del evangelio, y vendrá por segunda vez, para llevar a su amada esposa, la iglesia, a su gloria eterna. Es por eso que debe estar preparada para tal fin, en verdadero arrepentimiento, cuyos frutos se verán en una vida consagrada y santificante.

¡Ven a nosotros, Señor, para que podamos ir a ti! Amén.

WS

Preparativos

Y tú, hijito mío, serás llamado profeta del Altísimo, porque irás delante del Señor para prepararle el camino. Lucas 1:76

Siempre en vísperas de un acontecimiento importante, y más cuando esperamos visitas, el orden y la limpieza de la casa es una prioridad. El invitado y la ocasión exigen una ambiente apropiado. La escoba y el jabón, la pintura y el pincel son instrumentos necesarios para adecuar el lugar. ¿No es ésta la atmósfera de estos días? ¿A quién esperamos?

Sí, viene el niño Jesús, es tiempo de Adviento, y la llegada de tal singular huésped exige un orden y una limpieza muy especial. Es Dios mismo que viene a nosotros, y el espacio que debe adecuarse es nuestro corazón, la habitación que debe ser "barrida y limpiada" con el arrepentimiento. Juan el Bautista perpetúa su clamor en Adviento: "Produzcan frutos que demuestren arrepentimiento."

Si es necesario que haya arrepentimiento es porque hay culpas y pecados, y es el mismo huésped que llega quien ofrece el medio para limpiar y purificar. La misión del niño que viene es morir en la cruz para limpiarnos de toda culpa, "barrer" toda inmundicia de pecado. Quien verdaderamente está preparado para recibirlo es aquel que sumiso y humilde reconoce y confiesa su falta, y este proceder quedará demostrado en algo visible, testimonial: una vida nueva, consagrada, de servicio, de amor, y de entrega. Esto se verá reflejado en su actitud hacia sus hermanos. Quien comparte lo suyo movido por el perdón y su reconciliación con Dios (v. 11), demostrará que ha recibido gozosamente a su huésped en su corazón.

Ven a mi corazón, oh Cristo, pues en él hay lugar para ti. Amén.

WS

Preparación

Así mismo deben ustedes estar preparados, porque el Hijo del hombre vendrá cuando menos lo esperen. Lucas 12:40

En nuestra reflexión precedente enfatizamos la necesidad de "preparar el terreno" para la recepción de quien viene a nosotros. La parábola del Señor en la lectura de hoy nos advierte sobre un requerimiento imprescindible para el encuentro con el Señor en su segunda venida: estar verdaderamente preparados, dado que su venida será "como ladrón en la noche". El estar verdaderamente preparados lo señala la figura del "depósito de aceite", la verdadera fe depositada en el Hijo de Dios.

Esta parábola, además, nos enseña dos cosas: 1) Que es torpe, necio y peligroso dejar lo más importante para lo último. Ésta es la actitud de muchos "tibios" que consideran con premura las riquezas temporales y se afanan por cuestiones de esta vida y no son cuidadosos respecto a su vida espiritual: saben que llegará un día el juicio, pero subestiman la gravedad del pecado y la necesidad de reconciliarse con Dios; dan poco valor al sacrificio de la cruz de Cristo. Todo esto es para ellos "cosa de viejos, para considerar cuando ya no tengamos otra cosa que hacer". "¡Necio! Esta misma noche te van a reclamar la vida" (Lucas 12:20).

2) Nos advierte que hay cosas que no se pueden "pedir prestadas", no podemos vivir de algo que no nos pertenece (la fe de otros). Podemos pertenecer a una respetable familia creyente o ser miembros de una iglesia ortodoxa, pero la salvación depende exclusivamente de la gracia de Dios por medio de la fe, de nuestra íntima comunión con aquel que es nuestro Señor y Salvador.

Bendito Consolador, Espíritu Santo, mantén siempre llena mi vasija de aceite. Amén.

WS

Pobres ricos y ¡pobres ricos!

Les digo que éste es el momento propicio de Dios; ¡hoy es el día de salvación! 2 Corintios 6:2b

No encontramos otra parábola más sencilla y clarificadora respecto al tema del destino eterno de la humanidad que en nuestra lectura de hoy: salvación por medio de Cristo y perdición eterna por incredulidad. El rico no se perdió por el simple hecho de su condición y por darse algunos gustos, sino porque su vida estaba sumergida en el amor al dinero, viviendo egoístamente sin consideración a su prójimo, el enfermo Lázaro, el más inmediato que podría y debería haber ayudado si la fe hubiera ocupado su corazón. Su egoísmo y su enceguecimiento por vivir en y para la riqueza, demostró que no amaba tampoco a Dios, porque quien ama a Dios, indefectiblemente ama a su prójimo. Fue un... ¡pobre rico! Lázaro murió "el mismo día". ¡Qué magistral simbolismo de igualdad ante la realidad de la muerte! Ricos y pobres, famosos y marginados, un mismo final pero distinto destino, según dónde descansaba su corazón en esta vida.

Lázaro no fue llevado por los ángeles al cielo por ser pobre y marginado, como si su condición serviría como canje de gracia de parte de Dios. Fue salvado porque no le importó llevar la dura prueba que tenía que soportar, sino que sustentaba su alma en la divina esperanza en las riquezas de Dios. Pobre, pero... ¡rico!

Quien no aprovecha la gracia de Dios ofrecida en Cristo en esta vida, no tendrá otra oportunidad, como enseñan algunos (Hebreos 9:27), ni tampoco reconocerá su necesidad espiritual hoy y aquí, ¡aunque le prediquen ángeles!, a menos que le sea revelado a través de la Escritura.

Señor, eres mi única riqueza ¡no me dejes perderte! Amén.

WS

Doblemente rico

No he venido a llamar a justos sino a pecadores para que se arrepientan. Lucas 5:32

Jesús y sus discípulos dirigiéndose a Jerusalén pasan por Jericó, ciudad famosa por su producción y comercialización de perfumes, bálsamos y especias. Donde hay producción hay también gente rica, como es el caso del hombre de las historia. Era un "pobre rico" que necesitaba la verdadera riqueza que sólo Dios concede, (lo demostró con su actitud del v. 4). Todos despreciaban a este hombre por ser cobrador de impuestos para el erario extranjero; su nombre, bastante sugestivo para su función: "Zaqueo". Para sus conciudadanos era un manifiesto pecador, pero así como tal, también lo somos nosotros. Zaqueo tenía una conciencia de la cual emanaba una necesidad espiritual muy especial, y que el Señor bien conocía. De ahí el llamado de Jesús a este hombre por su nombre: "Zaqueo, baja... porque tengo que quedarme hoy en tu casa." ¿De quien era la necesidad?, ¿de Jesús por alojamiento? No, en la privacidad de su propio hogar, este hombre de escasa estatura llegó a conocer la gran estatura del amor de Dios; en esta breve visita el Señor se limitó a hacer lo que había venido a hacer a este mundo. Seguramente el Señor le habló de la inmensa gracia de Dios en perdonar al pecador que se arrepiente, y de esa enseñanza se vieron los frutos de la incipiente fe de un recién convertido: se olvidó de sí mismo y se acordó de su prójimo.

También hoy Jesús transita a lo largo de nuestros días. ¿Escuchas su voz: "...hoy necesito quedarme en tu casa"? ¡Quien atienda sus palabras se verá verdaderamente enriquecido!

Señor, necesito que vengas a mi casa cada día. Amén.

WS

Adornos

Pero allí donde abundó el pecado, sobreabundó la gracia. Romanos 5:20

El grave pecado de idolatría ha sido perdonado por la intercesión del fiel siervo de Dios, pero no fue exento de castigo. El Señor envió una plaga sobre su pueblo; pero no sólo fue ésta su consecuencia. Todo pecado que es perdonado, sin embargo, sufrirá su consiguiente resultado. Hasta ahora Dios mismo iba delante de ellos, pero de aquí en más, aunque sigue firme su promesa de otorgarles la herencia prometida, su presencia tan amorosa y paciente, estará "fuera del campamento". Cuando el pueblo oprimido por la esclavitud clamó en Egipto, Dios descendió misericordioso en su ayuda; aquí, observándolos "cabeza duras", se aparta de ellos. Ante un pueblo tan terco y obstinado, corría el riesgo de que la santidad divina se encienda en justiciera aniquilación. Pero..."donde abundó el pecado, sobreabundó la gracia". El Señor deja un mensaje conciliador: debían quitarse todo adorno, toda ornamentación ostentosa, suntuosidad figurativa de justicia propia. Debían desnudarse de sí mismos, para ser vestidos por la gracia. Sólo así, despojados de todo brillo fatuo que ostente merecimiento o glorificación personal, podían nuevamente cobijarse bajo las alas de la inmensa gracia divina tan bellamente ilustrada al comienzo: "Los he traído como sobre alas de águila" (Éxodo 19:4-5).

El pueblo humillado, castigado y triste, al pie del monte Horeb de donde estaban ya dispuestos a partir nuevamente, dejaron de usar sus joyas, reconociendo así su real condición y situación.

Estimado lector: ¿Cuál es la falsa joya que ostentas de la que deberías despojarte?

¡Lejos esté en nosotros gloriarnos si no sólo en la blancura de la justicia de Cristo! Amén.

WS

Marionetas

...nuestra lucha no es contra seres humanos. Efesios 6:12

"Aléjate de mí, Satanás", le dijo Jesús a Pedro (Mateo 16:23). Pero no rechazó a Pedro. Dios nos ama. Tenemos su gracia. Sin embargo, frecuentemente los creyentes nos dejamos llevar. Nuestros pensamientos, palabras, y actitudes, terminan siendo instrumentos del diablo.

Si nosotros caemos, cuanto más los que no son de Cristo. El diablo, el pecado, el mundo y los propios deseos carnales cercan, dominan, esclavizan tanto que terminamos como marionetas. Somos títeres, que piensan, dicen, dejan de hacer o hacen, bajo el dominio de fuerzas espirituales malignas, fortísimas pasiones que seguramente no se entienden. Somos empecinados, encerrados, creamos maldades. Todos somos pecadores que Cristo salvó. Jesús pagó el rescate con su sangre, y victorioso resucitó por todos. Cristo cortó todos los hilos de todas las marionetas. ¡No los atemos otra vez!

Nuestro verdadero enemigo se llama Satanás y está vencido; pero tenemos que recordar que aún tiene artimañas y poder. Nuestra lucha es contra poderes espirituales, no contra seres humanos. No nos confundamos.

Muchas veces, enceguecidos por lo que vemos, descuidamos lo que no vemos. Atacamos a las personas, empeorando situaciones. ¡Atentos! Nuestros verdaderos enemigos no son nuestros semejantes, los pecadores. Es Satanás y contra él luchamos con Cristo. Restaurados estemos atentos, vigilantes; perdonemos, amemos.

Hoy disfruto de la vida. Cristo nos libra de nuestros enemigos.

Querido Padre, perdón por mis desvaríos, por castigar a mis semejantes. Jesús, tú te levantaste vencedor, vive en mí. Espíritu, no dejes que me saque la armadura; ayúdame a afilar la espada. Amén.

Reflexión: Si caigo, gracias por darme tu mano. Si caes, gracias por tomar la mía.

JF

Herederos

... justificados por su gracia, llegáramos a ser herederos. Tito 3:7

En una monarquía hereditaria, el príncipe primogénito es el heredero del trono. Este privilegio le corresponde, no por mérito ni obra propia, sino simplemente por ley, por ser el primer hijo de los reyes. Si las cosas marchan bien, festejarán su coronación. Aunque a veces, alguien interviene y todo cambia, y los príncipes se quedan sólo con ilusiones de trono y corona.

Nosotros, de nuestros padres, heredamos muchísimo. Nuestro cuerpo, con sus rasgos, facciones y características, que recibimos no por mérito ni obra propia, sino simplemente por ser sus hijos.

Más importante que nuestra herencia jerárquica o genética es la herencia espiritual que recibimos de Dios de igual modo: sin obra ni mérito propio. Nuestro Padre celestial nos adoptó como hijos por gracia, obra y méritos de nuestro Señor y Salvador Jesucristo, cuando éramos sus hostiles enemigos.

Dios está a tu lado y te ama. Él quiere que vivas llevando mucho fruto. Permanece atento, sin desesperar. Hay enemigos que quieren tu corona, pero recuerda, ellos están vencidos.

Tú puedes abandonar tu trono, escaparte, renegar, o recibir de Cristo la herencia y la segura protección. Él legisló promesas para ti. No te dejes encandilar por la luz de una vela. Eres hijo de una luz más intensa. Dios te llama a iluminar. Confía, el Espíritu te guía.

Hoy disfruto de la vida. Cristo, me da herencia eterna.

Querido Padre, muchas veces por temor, siendo heredero tuyo, he abandonado mi puesto, he mendigado, deambulando por la vida, errante, confundido, desorientado. Jesús, gracias por tu gran amor, sólo tu Espíritu puede restaurarme. Amén.

Reflexión: Soy heredero, por amor me hago cargo de mi lugar.

JF

Capacidad

...les encargó sus bienes. Mateo 25:14

Cuando en una empresa toman a un nuevo empleado, generalmente sopesan sus capacidades y acorde con ellas le ofrecen distintos responsabilidades y remuneraciones de acuerdo al cargo. Qué alegría resulta cuando se consigue un mejor trabajo. Qué satisfacción resulta para el que concedió el empleo cuando consiguió a la persona idónea. Qué dolor, resulta cuando no funciona.

Si hoy tuvieras que hacer un inventario de todas tus cualidades, dones y habilidades, ¿qué incluirías en la lista?

Dios ha sopesado tus capacidades desde antes de nacer. Te ha dotado de talentos, seguro de que tú podrás sacar de ellos el mayor provecho, para su gloria, para salvación de muchos y para tu gozo.

Permíteme preguntarte: Con tus dones ¿estás llevando satisfacción a Dios, salvación a quienes te rodean y gozo a tu corazón? Dios no te acusa. Quizás haya cosas que corregir. Mañana todos tendremos que hacer un arqueo, un balance de nuestra vida, y de nuestras inversiones en todo sentido. ¡Espero que mi cuenta no esté en rojo, y la tuya tampoco!

Hoy disfruto de la vida. Cristo me guía en mis inversiones.

Señor, sé que mañana juzgarás las intenciones de mi corazón. Mi saldo no me resulta favorable. Pero por el ayer no puedo hacer nada más que dejarlo en tus misericordiosas manos. Padre, dame del amor de Cristo y la sabiduría de tu Espíritu. Quiero invertir mis talentos según tus planes, aprovechar mis capacidades al máximo. Amén.

Reflexión: Hacer un buen negocio, conseguir un mejor empleo, o invertir correctamente, alegra el corazón. Entregar mis capacidades al servicio del amor, mucho más.

WS

Interrogantes

¿Hasta cuándo, Señor...? Habacuc 1:2

Democracia, libertad, igualdad, justicia, globalización, ecología, salud. Hermosos carteles, tapan acciones contrarias, que aplastan y hacen más abstractos estos sustantivos. Manipular es un verbo de moda.

¿Por qué...? ¿Por qué...? ¿Por...? Hay preguntas que comienzan individualmente y que terminan en boca de todos, ametrallando nuestras mentes hasta que quedamos por el suelo, abatidos, medio muertos, ávidos de explicaciones desde la niñez. Los porqué suenan y ¡YA! queremos la respuesta... que no llega. Exacerbados despilfarramos nuestras energías en infructuosas acciones.

Habacuc, un tiempo atrás, sintió algo parecido y le preguntó a Dios si estaba sordo o indiferente. Tantas cosas sucedían, tanto veía "¿...sin que tú me escuches?"; "¿...sin que tú nos salves?" "¿...no puedes ver...?"

Nuestro presente negro oscurece la fe y el futuro. El amor de Dios es mayor. "Mi plan es tan sorprendente que aunque te lo expliquen te costará creerlo... aunque parezca tardar... sin falta vendrá... ten fe y vivirás para verlo" (paráfrasis). La justicia de Dios trae muchos "¡Ay...!" Para los que están cubiertos con el manto de la injusta justicia humana.

Yo, ¿estoy exento?, ¿sin pecado?, ¿verdaderamente me cubre mi justicia? NO. A todas las preguntas, Jesucristo es la respuesta. De él recibo fuerza y fe.

Hoy disfruto de la vida, Cristo desarrolla su plan.

Clamamos con Habacuc: "Señor, he sabido de tu fama; tus obras, Señor, me dejan pasmado. Realízalas de nuevo en nuestros días, dalas a conocer en nuestro tiempo; en tu ira, ten presente tu misericordia." Estamos en tu paciencia aún. Que tu muerte y resurrección no sean sólo carteles, sino sellos de tu victoria en nosotros. Amén.

Reflexión: ¿Hago eco de Habacuc 3:17-20?

JF

Libres

...tú y tu familia serán salvos. Hechos 16:31

La Biblia nos habla de nuestra completa libertad a través de Cristo. Libres del diablo, del pecado, de nuestra propia carne, del mundo. Somos libres, por su perdón. Es real.

Pero podemos no creerlo y vivir encarcelados. Podemos pasar nuestros días abrumados, lamentando nuestra triste visión, encerrándonos en nuestro pasado, que nosotros mismos no nos permitimos perdonar. Caídos volteamos a otros. El diablo siembra dudas, susurra ideas oscuras a nuestro enclenque espíritu sin Cristo. Cada palabra suya quita cimientos a la Palabra, al amor, a la fe, al gozo, al crecimiento, al servicio.

Hermano, al ayer no puedes negarlo. Nada lo cambiará. Pero ya pasó. Cristo quiere sanarlo. Con él, puedes aprovechar tu pasado. Trabaja con Cristo cada barrote de la celda que te atrapa; permite que uno a uno los quite, no sólo los de arriba, sino todos. Escarba con el Espíritu el baúl de tus recuerdos; aquellos duros, que no quieres recordar... entrégalos también. Suéltalos. No los cubras. Permite que su sangre los redima. Su brazo fuerte se ha levantado victorioso, ni el infierno, ni la muerte, ni el pecado de toda la humanidad lo han podido detener. ¿Lo detendrá tu pasado? ¡Claro que no! Cree entonces. Y serás salvo tú y tu casa.

Hoy disfruto de la vida. Cristo es mi salvador.

Querido Padre, perdóname. Señor Jesús, que tu obra sea real en mí. Espíritu, sana todas mis heridas; no quiero esconder ninguna, no permitas que te mienta mintiéndome, ni que te tome a la ligera. Sana mi comunión contigo, con mi familia, con todos. Hazme verdaderamente libre, completamente sano. Amén.

Reflexión: Con Cristo hay un presente libre, sano, y nuevo.

JF

Rut

"...iré adonde tú vayas." *Rut 1:16*

Dios nos llama a ser fieles más allá del aquí y del exigente ahora. Cada vez corremos más, cumpliendo con presiones que nos impiden ver más allá –y no hablo de diez o cincuenta años–. Para resolver estos problemas, hay excelentes universidades, buenas compañías aseguradoras. Hablo de la eternidad, de nuestro lugar en la eternidad. El "hoy" juega un papel preponderante, y cómo enfrentamos ese "hoy", aún más.

Hoy, ¿soy fiel a Dios? En todas las circunstancias, en todo momento, ser fiel tiene un costo alto, imposible de pagar sin la ayuda y la misericordia de Dios. Genera luchas y peleas internas que enfrentan carne y espíritu, que presenta opiniones completamente antagónicas, enemigos acérrimos dentro nuestro. Si Jesucristo, con sus promesas no se presentara, jamás habría esperanza, ni fuerzas, ni salida. Sólo chatura y muerte. Por su fidelidad nos enseña que cuando la lucha es mayor, mayor será la victoria. Que cuando más cuesta, más se disfruta. Cuando el esfuerzo es más grande, mayores y mejores frutos veremos. ¿No es así, en tu propia experiencia y en muchas historias bíblicas?

Rut fue una extranjera fiel a Dios, coronada de victoria, redimida en su tiempo por Booz, bisabuela del rey David, antepasado del Mesías. Ella confió. Disfrutará los frutos de la fidelidad de Dios, por toda la eternidad.

Hoy disfruto la vida. Dios es fiel.

Querido Señor, perdón por mis infidelidades. Sé que tu sangre cubre todos mis pecados. Dame el gozo de mantenerme fiel, de confiar, de esperar en ti. Permíteme ver tus frutos en mí. Úsame, Señor. Amén.

Reflexión: La fidelidad es un suave perfume de Dios.

JF

Anhelos

Dios me mandó... Génesis 45:5

Los sueños se pueden mal interpretar. Míralo a José, sus sueños despertaron envidias en sus propios hermanos. Pero Dios, siempre fiel, jamás lo abandonó. "Depende de la perspectiva" dicen algunos.

Mi madre se arma de paciencia para sacar manchas en prendas que aprecia. Remoja con jabón, agrega sal o limón, extiende al sol, aguarda con paciencia y... ¡adiós mancha! Dios suele usar técnicas que distan mucho de los actuales "quitamanchas instantáneos".

José fue traicionado por sus propios hermanos, y vendido como esclavo. Prosperó pero ante una nueva traición fue encarcelado. Olvidado, sufrió dos penosos años... Hasta que Dios desplegó todo el esplendor de su obra. Obra de sus anhelos. Anhelos de su corazón: corazones transformados...

¿Tienes anhelos de servir a Dios? Cree, ora, no pierdas las esperanzas, cuando el camino se vea intransitable, cuando las tormentas te cierren las salidas, cuando las dificultades parezcan cancelar tus planes... Si Dios ha puesto en ti sus anhelos, allanará las piedras del camino. Todas las dificultades serán puertas: ¡Por Cristo, ábrelas! Confía, espera, ármate de paciencia. ¡Verás su gloria!

José no tuvo una vida fácil pero gozará eternamente haber sido un instrumento de Dios y un ejemplo para muchos creyentes. Atrévete a vivir los sueños que Dios tiene para ti.

Hoy disfruto de la vida. Cristo tiene anhelos para mí.

Señor, quita todas las manchas de mis pecados. Te doy gracias por las ganas de servirte que has puesto en mi corazón. Dame confianza y seguridad. Amén.

Reflexión: Le lleva tiempo moldear una vida a Dios ¡Pero qué magníficos resultados! ¿Conmigo cómo va?

JF

Dificultades

¿Quién nos apartará del amor de Cristo? Romanos 8:35

"La vida sólo nos presenta oportunidades", dijo David. "¿Vives una utopía o eres miope? Con todos los problemas que tengo...", respondió Juan.

Sí, los problemas y dificultades son oportunidades para asirnos más de Dios y hacer más palpable su realidad en nuestras vidas. Cada página de la Biblia contiene promesas del creador, salvador y sustentador; promesas que esperan hacerse realidad cambiando nuestras realidades. Son un cheque de Dios. ¿Esperas en Dios?

Dios dispone todas las cosas para el bien de quienes lo aman. Todas, aún las más críticas situaciones, son oportunidades para aumentar nuestra comunión. Son muestras propias de la gloriosa grandeza de Dios. Es hermoso ver a Dios y su obra en ti; gozarte con los hermanos en Cristo y proclamar al mundo que hay un Dios vivo que quiere vivir en cada corazón.

¿Lo crees? Pues créelo y disfrútalo. Él preparó todo para que así fuera. Si todo está bajo su providencia, podemos estar tranquilos y dormir confiados. Él obra.

Confiar y creer no significa que no habrá dificultades. Quizá todo lo contrario. Pero gracias a Cristo, nada ni nadie podrá apartarnos de su gran amor. Quizás vengan muchas sacudidas, pero seremos más que vencedores por medio de aquel que nos amó.

Hoy disfruto de la vida. Con Cristo, todas son oportunidades.

Señor, mis pensamientos negativos me impiden ver el lado positivo de cada cosa. Ayúdame a ver todo desde tu punto de vista, a creer en tus promesas, a crecer. Obra en todas mis situaciones, aflicciones, y dificultades. Amén.

Reflexión: La muerte, ¿es también una oportunidad? ¿Cómo?

JF

Las zorras tienen madrigueras...

Así que dio a luz a su hijo primogénito. Lo envolvió en pañales y lo acostó en un pesebre, porque no había lugar para ellos en la posada. Lucas 2:7

Hace siglos, en un pueblito de Palestina llamado Belén, una futura madre buscaba un lugar donde alojarse para dar a luz a su primer hijo. Muy pocos sabían que el niño que nacería era el mismo Dios en forma humana que descendía del cielo para traer lo que la humanidad necesitaba: su reconciliación con su Creador, y consecuentemente un beneficio integral en espíritu, alma y cuerpo.

Pero la humanidad no reconoció en él su necesidad. Es por eso que aún hoy los hombres no tienen horizonte, están sumergidos en el temor, la duda, la incertidumbre y a expensas de sus ideas carnales y egoístas.

Jesús, el niño de Belén, el Salvador del mundo, sigue buscando que reconozcan en él todo lo que Dios sigue ofreciendo a la humanidad: donde hay odio, él es amor, donde hay incertidumbre, él es seguridad; donde hay culpa, él es perdón, donde hay dolor e incomprensión él es consuelo, donde hay soledad, él es compañía.

Jesús sigue buscando que se le dé cabida; él no viene ofreciendo confort, éxito, poder o riquezas.

La única riqueza es contar con su presencia en la vida personal de cada uno, porque él es amor en esencia, es la vida en esencia, es perdón y paz espiritual. ¿Dónde tendrá cabida el niño...? Él está a la puerta y sigue llamando. ¿Habrá un lugar en tu vida? Tu respuesta determinará dos posibilidades: que Jesús siga buscando, o ¡que encuentre un lugar para compartir junto a ti la aventura maravillosa de la vida!

Ven a mi corazón, ¡oh Cristo!, pues en él hay lugar para ti. Amén.

WS

El regalo más sublime

¡Gracias a Dios por su don inefable! 2 Corintios 9:15

La costumbre del regalo navideño no puede dejarse de lado por más austero que sea nuestro presupuesto. Aunque sea algo que no está estipulado por una norma bíblica, es una hermosa costumbre cristiana que representa una verdad maravillosa: en aquella noche de Belén Dios nos dio el regalo más necesario. Y así como cuando alguien regala un sobretodo está regalando abrigo, así Dios, al darnos a su Hijo, nos regala vida y salvación.

La característica del regalo es que es gratis, "de gracia". Así, el regalo inmerecido más grande es el que vino envuelto en pañales aquella noche en Belén.

Por eso es hermoso hacer regalos en Navidad, no importa su valor material. Lo importante es que refleje el sentido del regalo que bajó del cielo. Cuando regalemos en Navidad, nuestro regalo no debe estar motivado por una obligación o tradición; regalemos con el espíritu auténtico que nos inspira el amor de Dios, porque no importa si regalamos una casa o un par de calcetines. Lo importante es que al dar, damos amor. Un regalo por corresponder a otro en realidad no es un regalo, es un precio que se paga. Los sabios regalaron oro, incienso y mirra. Nosotros, ¿qué regalaremos? No tenemos nada propio porque todo proviene de Dios. Pero Jesús se complace en que reflejemos nuestra fe en obras de amor en beneficio de otros. Ayuda a tu hermano con amor, y estarás postrado junto a los sabios ante el niño de Belén.

Señor, no tengo nada para ofrecerte, sólo el calor de mi corazón. Amén.

WS

San Esteban

Les aseguro que a cualquiera que me reconozca delante de la gente, también el Hijo del hombre lo reconocerá delante de los ángeles de Dios. Lucas 12:8

Hoy recordamos a San Esteban, el primer mártir del cristianismo. Esteban no era uno de los doce discípulos del Señor, ni se lo recuerda como evangelista o apóstol; era sencillamente uno de los siete diáconos elegidos por la iglesia. La propuesta de los doce, de elegir diáconos, era acompañada por la requisitoria de que fueran "hombres de buena reputación, llenos del Espíritu y sabiduría"; y es en Esteban por excelencia que se encuentra esta disposición. Su tarea junto a los otro seis sería sencilla: atender las mesas de los necesitados. Pero no se limita a esta función: haciendo uso de sus dones no deja de dar testimonio por medio de señales y prodigios, actitud que lo lleva a ser un paradigma del Señor Jesús, es falsamente acusado y mansamente se deja llevar a juicio ante las mismas autoridades de aquel Viernes Santo. No se defiende a sí mismo, sino que promulga la verdad de la Palabra sin importarle las consecuencias. Se humilló a sí mismo, y fue lleno del Espíritu Santo. Así se cumplía la profecía del Señor (Juan 15:26-27).

Esteban es un ejemplo para todos. No le importó si debía ocuparse humildemente de una función de servicio o enfrentar a quienes se le oponían, aún al precio de su vida. Demostró así ser un "pequeño Cristo" encomendando su alma a Dios y rogando por sus enemigos.

Esteban es el grano muerto que hace nacer una nueva planta: en un equivocado Saulo penetra desde ahora la plenitud del Espíritu Santo para convertirlo en el gran apóstol Pablo.

Celestial consolador, habita siempre en nosotros. Amén.

WS

Libertad

...actuar como personas libres... que viven como siervos de Dios. 1 Pedro 2:16

La libertad es un precioso don que Cristo ganó para todos los seres humanos. En la cruz hizo el pago: "No con oro o plata..." En la resurrección se pronuncia la victoria: "¿Por qué buscan entre los muertos al que vive?" Cristo pone en nuestras manos la libertad.

La libertad que Dios nos da produce testimonio de gratitud en nuestros corazones, que se manifiesta con responsabilidad, calma, paciencia y seguridad ante él. Aún a riesgo de sufrir injustamente. Cuando esta instancia llega... Cristo nos da fuerzas. Por Cristo hay paz en nuestras almas. Cuando los excesos de los demás logran desestabilizarnos, recordamos a aquel que sufrió consiguiendo nuestra libertad.

Libre sigo a Cristo. Porque sé que es el mejor y más seguro camino. Soy esclavo liberado que elijo ser siervo por amor, sin olvidar de dónde fui rescatado, aprovechando las heridas de ayer. Sólo desde Cristo sirve mirar para atrás, recordando cómo vacuna, no disimulando ni la maldad pasada ni los errores actuales. El Espíritu produce anticuerpos para no volver a caer en la misma trampa. Sí, no me resulta fácil. Pero Cristo me sostiene. Afirmando el presente, cuidando de no esclavizar ni pisar a nadie. Soy libre con un propósito. De cara al futuro comparto su libertad para que el mensaje de Cristo libere a otros.

Hoy disfruto de la vida. Por Cristo soy libre y tengo un propósito.

Querido Padre, gracias por darme la convicción de la libertad y por permitirme seguir tus pasos. Seguro estoy en tu completa libertad. Amén.

Reflexión: He muerto al pecado, ya no vivo yo sino que Cristo vive en mí.

JF

Santos inocentes

Porque todo el que ha nacido de Dios vence al mundo. Ésta es la victoria que vence al mundo: nuestra fe. 1 Juan 5:4

Existe un enemigo vencido que no se da por vencido: la serpiente antigua, quien habiendo logrado hacer caer al primer Adán, tuvo la osadía de intentarlo con el segundo, Cristo (Mateo 4:1-11); y luego en forma indirecta a través de siniestros personajes: los "faraones" y los "Herodes". ¿Tendrá alguna significación que los únicos cumpleaños mencionados en la Biblia sean de estas dinastías genocidas? En medio de sus festejos derramaron sangre (Juan el Bautista y el jefe panadero).

Satanás pensó que aniquilando la simiente de Abraham –a través de la cual habría de venir el Mesías– impediría su llegada; pero cuando éste llegó, intentó hacerlo con la misma arma: la segunda matanza de niños inocentes. Aquella vez en Egipto, esta vez en Belén.

Pero así como Satanás utiliza elementos humanos para sus propósitos, así también Dios. Con firme actitud llena de fe, una mujer levita construye una arquilla de papiro embadurnada en brea y asfalto en la que "preserva" a su pequeño (comparar Génesis 6:14), y lo encomienda en manos del Dios que puede hacer todo y más allá de lo que ella pueda llegar a entender. Así fue salvado Moisés –"sacado de las aguas"– y luego criado ante las mismas barbas del Faraón al que luego deberá enfrentar y vencer.

También, la fe y perseverancia de José y María, preservaron al niño Jesús. La fe tuerce los planes del enemigo y ejercita el poder de Dios. El enemigo, aunque vencido, sigue haciendo de las suyas. ¡No hay arma más efectiva que la fe!

Dame más fe, oh Salvador. Amén.

JF

Diáspora

...incluidos también ustedes, a quienes Jesucristo ha llamado. Romanos 1:6

Muchas son las razones por las cuales personas o familias completas emigran, dentro del propio país o a lugares difíciles de nombrar en algún recóndito rincón del mundo. Si estas personas conocieron al salvador Jesús, seguramente llevarán su Biblia (la espada espiritual), el gozo del Señor (la fortaleza) en su corazón y voz, y anhelarán reunirse con hermanos (comunión) alentándose y dándose una mano en lo espiritual y en todos los sentidos. Gracias a estos tres motores, alimentados con amor, el evangelio se proclamó, se formaron misiones, y muchas personas se salvaron por la gracia de Dios.

Sí, claro que el esfuerzo humano es grande, pero cuando miro a Cristo me pregunto: ¿Qué no dio el Señor por ti? Piensa en Pablo y sus esfuerzos misioneros. Rastrea cuánto trabajo hubo detrás para que el evangelio llegara hasta tu hogar, hasta tu propia vida.

Ahora nos toca a nosotros. Sí. A ti y a mí. Dios nos llama, casi nos empuja. Muchos son los que están sin Dios, sin esperanza, sin vida eterna, sin comunión. Nosotros tenemos todas esas bendiciones. Oremos por la iglesia, por los creyentes, por los que están solos, por los que están alejados físicamente, para que estén muy cerca en comunión, llenos de Cristo. Movidos por su amor ¡vamos a orar, a proclamar, a trabajar!

Hoy disfruto de la vida. Cristo me llama.

Señor, perdón. Tú nos has hecho hermanos, miembros, iglesia. Bendícenos con tu comunión y con tu poder para proclamar tu amor. Amén.

Reflexión: El Espíritu nos llama a ser misioneros. "Den y se les dará... una medida llena, apretada, sacudida y desbordante" (Lucas 6:38).

JF

Deudores

Yo soy el que por amor a mí mismo borra tus transgresiones y no se acuerda más de tus pecados. Isaías 43:25

Cuando una persona está en deuda con otra, sea del tipo que sea –deuda de compromiso, dinero, trabajo– y lo ve venir en la calle, por lo general le escapa su mirada o rehuye el saludo. Así, una deuda puede llegar a ser motivo de separación, distanciamiento, de ruptura de diálogo. Pero quien genera esta situación por lo general no es el acreedor, sino el deudor: "¡Tras que me debe, me niega el saludo!", suele lamentarse el acreedor. Muchas veces, por vergüenza o por miedo, sucede que un deudor se aleja de su acreedor aunque éste fuese su amigo. Pero esta actitud es señal de falta de confianza, que si la hubiera, no tendría inconveniente de plantear su situación. A pesar de la deuda, puede permanecer un vínculo continuo entre ambos.

Todos tenemos una deuda con Dios. Cuando le debimos fidelidad y no lo hicimos, cuando somos deudores de hacer su voluntad, Dios, quien es "acreedor", en su gracia no rompe el vínculo con nosotros. La misma voz de Dios restaura la confianza y nos dice: "Mírenme de frente, yo he hecho desaparecer las deudas y pecados de ustedes, vuélvanse a mí, yo soy su redentor y libertador. Sólo espero que reconozcan su deuda, su impotencia de cubrirla, y así, a través del inmenso caudal de gracia que emana de la cruz, cambiaré totalmente la situación de ustedes: dejarán de ser deudores para ser acreedores de una hermosa herencia."

Señor, merecíamos desaprobación y castigo. ¡No permitas que olvidemos cuán grande es tu misericordioso perdón! Amén.

WS

Futuro

No se inquieten por nada; más bien, en toda ocasión, con oración y ruego, presenten sus peticiones a Dios y denle gracias. Filipenses 4:6

El mundo con su vertiginosa carrera y su accionar alocado no deja vislumbrar más que inseguridad para los días venideros. La pequeña manada, la santa iglesia cristiana en medio de él sólo observa esperanza y seguridad, no precisamente en la dirección del mundo, sino en las promesas de Dios. La seguridad de la salvación, el suave descanso espiritual en la gracia y el perdón de Cristo le son todo, aunque la oposición del mundo a través de las cosas temporales tratan de eclipsarlo.

Es verdad que los días son inciertos, que desconozcamos dónde y en qué situación nos encontremos mañana, pero teniendo la seguridad en lo espiritual, lo temporal no debe ser de preocupación, como lo señalara el Señor en su mensaje en la montaña.

La situación de la pobre viuda era extrema, algo similar a lo que pueda llegar a suceder en nuestros días (remate de la propiedad, enfermedad, falta de trabajo). El milagro sucedido ante la intervención del profeta suena a ficción a los oídos del mundo. Si el Señor nos ha enseñado que no debemos preocuparnos por el mañana en cuestiones temporales, es porque nos quiere recordar que él es el mismo ayer, hoy y siempre; y así como se dio en aquel entonces un milagro inusual jamás visto en beneficio de quien "acudiera al profeta", así también, acudiendo al Señor en oración, ¿sería distinta su respuesta? ¡Bástenos su gracia, su perdón, su misericordia, su cielo! ¡Lo demás vendrá por añadidura a su modo y a su tiempo!

Tus maravillas se renuevan cada mañana, Señor. ¡Siempre esperamos en ti! Amén.

WS

Celebraciones especiales de la iglesia cristiana

Día de la transfiguración

Y el verbo si hizo carne y habitó entre nosotros. Y hemos contemplado su gloria... que corresponde al Hijo unigénito del Padre, lleno de gracia y de verdad. Juan 1:14

El esplendor, la gloria, la magnificencia del Señor Jesús le es eterna junto al Padre y al celestial Consolador. El eterno Hijo del Padre se hizo hombre, habitó en medio de hombres, y como substituto de todos ellos asumió sus culpas humillándose hasta la cruenta y vergonzosa muerte de cruz.

Pedro, Santiago y Juan, los tres discípulos seleccionados por el Señor fueron testigos de ello desde su agonía en el huerto de Getsemaní, pero también tuvieron el privilegio de grabar en sus mentes y corazones la majestuosa manifestación de la gloria divina en el monte de la transfiguración.

El contraste entre ambos extremos, su honda humillación, y un destello de su gloria eterna, les sirvió para comprender el profundo amor de Dios por la humanidad toda: Dios el eterno, se ubica en el tiempo; el dueño del mundo y rey del universo tuvo hambre y sed; el supremo juez permite ser juzgado como malhechor; el que es único digno de glorificación y alabanza se presta a servir. Con tal experiencia, los tres testigos, con un leve soplo de inspiración del Espíritu Santo, volcaron en la Palabra escrita esta verdad para que todo el mundo pecador haga trizas su propia gloria y encuentre en su lugar, la única necesaria: ¡la cruz del Señor!; y a partir de allí todos sus pensamientos, hechos, y palabras reluzcan para la gloria de Dios.

Su gracia –tan inmensa– permitirá que un día nosotros sus hijos, no seamos menos que Moisés y Elías.

Gracias, bendito Dios, que podamos por la fe en Cristo tener un anticipo de tu gloria. Amén.

WS

Lavarse las manos

Soy inocente de la sangre de este hombre. Mateo 27:24

Admirables semejanzas de actitudes encontramos a lo largo de la Biblia, y en especial en este caso aquel Viernes Santo. Los principales sacerdotes se lavaron las manos delante de Judas: "...eso es cosa tuya." Es la misma respuesta que reciben de Pilato cuando piden la crucifixión del Señor: "...es cosa de ustedes", lavándose las manos. En medio de esto hay un denominador común: "...he entregado sangre inocente" y "Soy inocente de la sangre de este hombre". Judas y Pilato reconocieron la inocencia de Cristo, sin embargo se perdieron, uno lavándose las manos, otro quemándole el remordimiento de su culpa.

Aunque todo esto pareciera ser algo "curioso", va mucho más allá de algo anecdótico. Todos tenemos algo de Judas. Cometemos errores que en un principio parecen superfluos, sin medir las consecuencias terribles que puedan tener, y que llegado el momento de su triste desenlace, amigos, familiares o quienes fueren, nos pueden llegar a decir: "A nosotros qué nos importa lo que hayas hecho, es cosa tuya, aguántatelas", y nos podemos ver solos. Si esto sucede, debemos recordar que en realidad no estamos solos. Dios es nuestra compañía siempre.

Todos tenemos algo de Pilato. Nos lavamos las manos en el facilismo, no tomando la decisión que corresponde al precio que fuere, en favor de la verdad.

Podríamos tomar las fáciles palabras: "Es cosa de ustedes" cuando como cristianos tenemos que involucrarnos, meternos en el ojo de la tormenta. Sin embargo, el Espíritu Santo nos anima a que, aunque heridos, podamos decir:

Gracias, Señor, porque nos ayudaste a no evadir nuestra responsabilidad, y a dar testimonio a la verdad. Amén.

WS

La Pascua

Éste es un día que por ley deberán conmemorar siempre. Éxodo 12:14

Bíblicamente hay dos pascuas. Una en el Antiguo Testamento, que celebra la salvación de los hijos del pueblo escogido, a través de la sangre de un cordero y la posterior liberación de la esclavitud egipcia.

Celebraban los resultados, el haber sido comprados por Dios. Ante un problema sin salida, Dios es la solución.

En el Nuevo Testamento, y posteriormente a la muerte de Cristo, celebramos una nueva pascua. Cristo es el cordero que derrama su sangre en el madero de la cruz. Él es quien compró toda la humanidad, librándonos de la esclavitud del pecado, del mundo y de nuestra propia carne. Ante un problema sin salida Cristo es nuestra solución.

Ambas pascuas nos muestran a Dios obrando. Él no es ajeno a las personas. No es un espectador. Obra personalmente proveyendo solución. Él es fiel. Él cumple.

Cristo te dice ven, no soy ajeno a tus problemas. Quiero intervenir personalmente en tu vida. Quiero celebrar una nueva pascua en tu corazón. Permítemelo y nada podrá separarte de mi amor. Te espero con los brazos abiertos. Ven a mí.

Hoy buscaré a Dios en su Palabra, y pondré toda mi confianza en él.

Espíritu Santo, te pido humildemente que intervengas en mi vida. Tú conoces mi situación, te suplico que me guíes a confiar en ti, en el nombre de Cristo. Amén.

Reflexión: Mis problemas son oportunidades para confiar en Dios.

JF

Ascensión del Señor

No los voy a dejar huérfanos; volveré a ustedes. Dentro de poco el mundo ya no me verá más, pero ustedes sí me verán. Y porque yo vivo, también ustedes vivirán. Juan 14:18-19

¿Por qué fue necesaria la ascensión del Señor? ¿Por qué no permaneció en medio del mundo? Sencillamente porque había cumplido su función de profeta y sacerdote en su estado de humillación para consumar su obra redentora. Con su gloriosa resurrección, en su estado de exaltación sólo cabía su trono en los cielos donde cumple su función de Rey de reyes sobre todo lo creado. Así como un albañil habiendo culminado su trabajo no permanece en la casa que ha construido sino que se la entrega a su dueño, así Jesús habiendo consumado la redención del hombre regresó al cielo para prepararnos un lugar (Juan 14:2); y de acuerdo a su promesa, no nos dejó huérfanos, sino que envió al Consolador, el Espíritu Santo, para que habite en medio de todos los redimidos y otorgue todos los beneficios que le son propios desplegar a partir de la fe. El albañil entrega su obra a su propietario quien se encarga de dar color y belleza a su habitación. La ausencia visible del Señor se hizo necesaria para que los dones del Espíritu Santo sean el color visible en cada uno de sus redimidos.

Sin embargo, guiados por el Espíritu, palpamos a cada instante la presencia del Señor de acuerdo a su promesa: “Yo estaré con ustedes siempre”; lo percibimos en su Palabra, el Bautismo, y la Santa Comunión.

Si el Señor estuviera físicamente en este mundo, sería crucificado nuevamente. Sólo su presencia espiritual como cabeza de la iglesia sirve para iluminar la tenebrosa situación del mundo.

Hazte visible, Señor, a través de mí. Amén.

WS

La Torre de Babel frente a Pentecostés

El SEÑOR cuida el camino de los justos. Salmo 1:6

La primera sociedad espontánea que hubo en la tierra fue después del diluvio con los descendientes de Noé, que habitaron en la llanura de Sinar. ¡Se asociaron con el solo propósito de hacerse famosos! "...construyamos una ciudad y una torre..., y nos haremos famosos". Les interesaba sólo exaltar la figura del hombre.

El creyente sabe que elevar la figura del hombre sin Dios es dar pie a una estrepitosa caída (recordemos la parábola de los cimientos en Mateo 7:24-29).

Al "construyamos una ciudad y una torre..." la respuesta de Dios fue: "...confundamos su lengua". Así, al pueblo que era uno, arrogante, y necio, Dios lo humilla y divide. Dios dividió y separó a los primeros habitantes de la tierra confundiendo sus lenguas y dando lugar así a muchos idiomas y dialectos.

Pero, ¡qué distinto es cuando Dios actúa para asociar a los hombres entre sí. En Hechos 2 vemos a Dios descender para manifestar el evangelio del perdón en el idioma propio de cada uno.

Así como Dios con juicio dividió a la orgullosa humanidad, en Pentecostés Dios los unificó a todos los que hablaban distintos idiomas, bajo las alas de su gracia. En el Monte Sinaí Dios declaró a través de su ley lo que el hombre debía ser, en un solo idioma. Su evangelio, que muestra lo que Dios es, lo hace en todos los idiomas conocidos y a través de los tiempos.

Señor, permítenos hablar sólo en tu idioma: el amor. Amén.

WS

Poema en tres actos

La gracia del Señor Jesucristo, el amor de Dios y la comunión del Espíritu Santo sean con todos ustedes. 2 Corintios 13:14

Dios es el creador de un hermoso poema en tres actos.

Dios Padre: la hermosura y perfección del gran arquitecto nos ha dejado una estrofa. Ha teñido los montes de blanca nieve, de verde las praderas, ha colorido las flores y el plumaje de las aves, ha puesto la fuerza en un rayo, coronando todo en la tierna sonrisa de un niño. ¡Y esto no es más que una estrofa!, la creación no es todo el poema.

Dios Hijo: la segunda estrofa no escapa del mismo color de la primera, al contrario, la magnifica. En Efesios 2:10 leemos: "Somos hechura de Dios creados en Cristo Jesús..." Este segundo acto fue escrito desde Galilea a Judea, y cerró su estrofa en el Calvario ¡Qué hermosa rima de amor y gracia! El justo paga por los injustos, movido sólo por su gran amor, para que nosotros también andemos en el mismo sendero. El final de la segunda estrofa nos orienta al matiz de la tercera.

Espíritu Santo: "...creados en Cristo Jesús para buenas obras". Esta estrofa es inconclusa. El Espíritu Santo escribió en tres líneas: Fe-poder-dones, y arrojando su pluma pone a nuestro alcance el privilegio de ser partícipes de su obra, concluyéndola: consagración-servicio-testimonio, y para que rime debe tener el matiz del amor y la excelencia, pero ¡siempre con la pluma del Espíritu Santo!

En Apocalipsis 4:11 los santos redimidos adoran al cordero como Creador, y en 5:9 como Redentor. Participemos con ellos concluyendo la tercera estrofa de santificación, entonces el mundo verá en la vida de los hijos de Dios, un pedacito de la obra divina.

¡Al que está sentado en el trono y al Cordero, sean la alabanza y la honra, la gloria y el poder, por los siglos de los siglos! ¡Amén!

WS